WeltTrends-Lehrtexte | 5

Politische Herrschaft in Süd- und Mittelamerika

herausgegeben von Raimund Krämer

Universitätsverlag Potsdam 2006

Politische Herrschaft in Süd- und Mittelamerika

Bücher

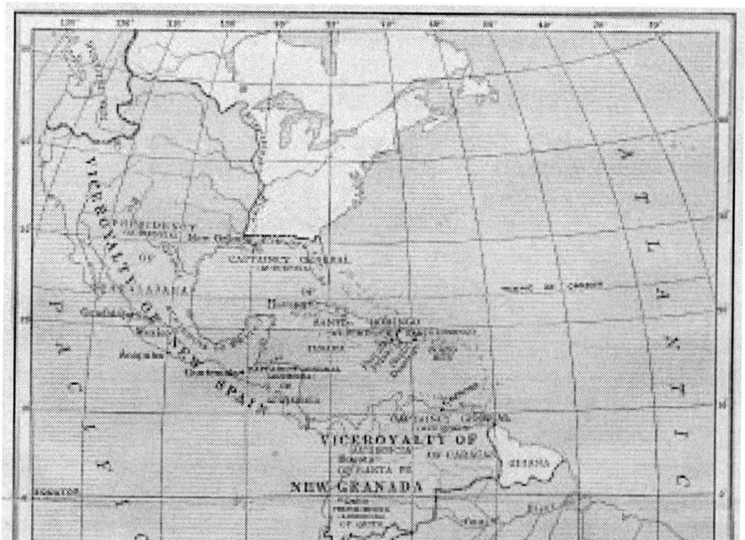
LATIN-AMERICAN
POLITICAL ORGANIZATIONS
in 1784
VICEROYALTY OF NEW SPAIN
VICEROYALTY OF
NEW GRANADA
VICEROYALTY OF PERU
VICEROYALTY OF BRAZIL
VICE-ROYALTY OF LA PLATA
PACIFIC OCEAN
ATLANTIC OCEAN

Inge Buisson

Zerfall des spanischen Weltreiches und die Staatenbildung in Spanisch-Amerika

In den Jahren 1808 - 1824 erkämpften die spanischen Kolonien in Amerika, die von Kalifornien bis nach Südchile, von Texas bis Patagonien reichten, ihre Unabhängigkeit. Nur Kuba und Puerto Rico blieben weiterhin unter spanischer Herrschaft. Noch während der Unabhängigkeitskriege zerfiel das bis dahin einheitliche Herrschaftsgebiet in eine Vielzahl unabhängiger Staaten. Als 1826 die spanische Flagge auf dem Festland niederging, waren hier sieben Republiken in der Nachfolge des Kolonialreiches entstanden: Großkolumbien, Peru, Bolivien, Paraguay, Argentinien, die Zentralamerikanische Konföderation und Mexiko. Einige von ihnen lösten sich in der Folgezeit auf und gaben durch ihren Zerfall den Weg frei für neue Staatsgründungen. So spaltete sich Großkolumbien in die drei nördlichen Andenstaaten Venezuela, Kolumbien und Ekuador, die Zentralamerikanische Konföderation zerfiel in vier Kleinstaaten, und eine Vereinigung von Peru und Bolivien wurde nach kurzer Zeit wieder aufgehoben. Uruguay erreichte im Kampf gegen Argentinien und Brasilien seine Unabhängigkeit. 1840, eineinhalb Jahrzehnte nach Beendigung der spanischen Herrschaft, war die Staatenbildung im wesentlichen abgeschlossen. Nach diesem Zeitpunkt erfolgte im Bereich des ehemaligen Kolonialbesitzes auf dem Kontinent nur noch *eine* dauerhafte staatliche Neubildung: Im Jahr 1903 entstand Panama durch Separation von Kolumbien.[1]

1. Veränderungen in der Alten Welt

Dieser zweifache und nahezu zeitgleiche Prozeß der Dekolonialisation und der weiteren Desintegration wurde durch externe Vorgänge, durch politische und militärische Veränderungen in der Alten Welt ausgelöst. In den napoleonischen Kriegen hatte Frankreich in der Seeschlacht bei Trafalgar seine Flotte verloren und damit seine Bedeutung als Seemacht eingebüßt, so daß Napoleon im Kampf gegen England auf andere Instrumente der Kriegsführung angewiesen war. Er versuchte, England durch eine Wirtschaftsblockade vom Kontinent fernzuhalten, indem er den europäischen Markt für englische Importe versperrte und Exporte nach England verhinderte. Eine Voraussetzung für das Gelingen der Kontinentalsperre war die

---

* Prof. Dr. Inge Buisson, Hamburg

1 Zur Geschichte der Unabhängigkeitsepoche: Raymond Buve/John Fisher (Hrsg.), Handbuch der Geschichte Lateinamerikas, Bd. 2 (Stuttgart 1992), Kap. II-III.

Kontrolle über die iberische Halbinsel, da Spanien und Portugal Zugang zum Atlantik besaßen. Dem portugiesischen Hof gelang mit englischer Hilfe die Flucht vor dem französichen Einmarsch. In Spanien hingegen konnte Napoleon Auseinandersetzungen und Intrigen innerhalb des Königshauses benutzen, um zu intervenieren, die spanischen Bourbonen abzusetzen und 1808 seinen Bruder Joseph zum König ausrufen zu lassen. Trotz des hartnäckigen Widerstandes der Bevölkerung besetzten französische Truppen fast ganz Spanien. Die Zentraljunta, die sich in Vertretung des gefangenen Thronfolgers Ferdinand als provisorische Regierung konstituiert hatte, fand ebenso wie die Nachfolgeinstitution, der Regentschaftsrat, nur noch im äußersten Süden des Landes Zuflucht. So waren die Jahre 1808 - 1810 für Spanien eine Zeit des Zusammenbruchs des Ancien Régime, des Entstehens von Nachfolgeinstitutionen mit begrenztem Aktionsradius und des andauernden Krieges gegen einen militärisch überlegenen äußeren Feind. In dieser Krisensituation war Spanien, das seine Flotte bei Trafalgar ebenfalls verloren hatte, nicht mehr in der Lage, politisch oder militärisch wirkungsvoll in seinen überseeischen Besitzungen einzugreifen.

2. Entwicklungen in den Kolonien

Für die Kolonien ergab sich daraus die Möglichkeit, über das Verhältnis zur Metropole und über die zukünftige politische Gestaltung selbst zu bestimmen. Entscheidungsträger waren die Kreolen, d.h. die in Amerika geborenen Spanier, die zwar nur etwa 20 % der Bevölkerung ausmachten, aber innerhalb der kolonialen Gesellschaft die Führungsschicht bildeten. Ihre Antwort auf die Frage, welche Autoritäten man in Zukunft anerkennen sollte, fiel ambivalent aus: In den größeren Städten traten die überwiegend kreolisch besetzten Ratskollegien (*cabildos*) zusammen, die einerseits ihre Loyalität gegenüber dem gefangenen Monarchen Ferdinand VII. bekundeten, andererseits aber vermehrte Beteiligung der Amerikaspanier an der Regierung und Verwaltung bis hin zur Autonomie verlangten[2] und ihre Forderungen mit Lehren von der Volkssouveränität, also mit eigenem Souveränitätsanspruch, begründeten. In Analogie zu den lokalen Juntas, die in Spanien den Kampf gegen Napoleon organisierten, wurden Juntas gebildet, die die Regierungsgeschäfte - zunächst provisorisch - übernehmen sollten[3]. Die kolonialspanischen Behörden, an deren Spitze zumeist peninsulare, in Europa geborene Spanier standen, waren jedoch nicht bereit, ihren Platz zu räumen, so daß sich Auseinandersetzungen

2 Die Schlüsselrolle der *cabildos* in den ersten Jahren der Unabhängigkeitsepoche betont Antonio Annino, Soberanías en lucha. In: Ders., u.a. (Hrsg.), De los Imperios a las Naciones: Iberoamérica (Zaragoza 1994), S. 238 - 241.

3 Souveränitäts- und Repräsentationsansprüche der Juntas untersucht François-Xavier Guerra, La desintegración de la Monarquía hispánica: revolución e independencias. Ebd., S. 195 - 227.

entzündeten, die sehr bald zu militärischen Konfrontationen führten und die Form des Bürgerkrieges annahmen, da Kreolen in beiden Lagern kämpften und beide Seiten, Patrioten wie Royalisten, freiwilligen oder zwangsweisen Zuzug aus den farbigen Unterschichten erhielten.

Obwohl der Anstoß für die hispanoamerikanischen Unabhängigkeitsbewegungen durch europäische Kriege gegeben wurde, lagen doch die Ursachen der Emanzipationsbestrebungen in Strukturen und längerfristigen Entwicklungen, die die Beziehungen der Kolonien zur Metropole belasteten. Die Reformpolitik des aufgeklärten Absolutismus hatte in der zweiten Hälfte des 18. Jahrhunderts zwar durch Liberalisierung des Handels zwischen Spanien und seinen Kolonien, durch Ankurbelung der landwirtschaftlichen Produktion und Modernisierung im Bergbau zu wirtschaftlichem Wachstum geführt. Unzufriedenheit mit der Wirtschaftspolitik blieb dennoch bestehen, da Spanien die Erwartungen, die die Hispanoamerikaner in die Reformen gesetzt hatten, nicht erfüllte und an merkantilistischen Prinzipien insofern festhielt, als es den direkten Handel mit dem Ausland weiterhin verbot und die Entwicklung von Gewerbe und Industrie behinderte, um keine Konkurrenz zu spanischen Unternehmen in Europa aufkommen zu lassen. Proteste richteten sich auch gegen steigende Abgaben, mit denen die reformierte und damit in der Kontrolle der Steuern effizienter gewordene Finanzverwaltung die Bewohner Hispanoamerikas belastete.

Trotz der Einschränkungen profitierte die Mehrzahl der Kreolen vom Wirtschaftswachstum der späten Kolonialzeit. Aber gerade diese Entwicklung bewirkte, daß mit wachsendem Wohlstand auch das kreolische Selbstbewußtsein stieg und die Bestrebungen zunahmen, mehr Einfluß auf Regierung und Verwaltung zu erlangen. Auf diesem Gebiet jedoch brachten die Reformen des aufgeklärten Absolutismus eher Rückschritte für die Hispanoamerikaner. Zwar wurden durch die Reformen Verbesserungen und Modernisierungen in Verwaltung und Justiz erreicht, bei der Ämterbesetzung aber wurden für die höheren Chargen stärker als in der Vergangenheit die Peninsulaner den Kreolen vorgezogen. Das führte nicht nur zur Vertiefung der Gegensätze zwischen den beiden Gruppen, die zusammen die weiße Bevölkerung der Kolonien stellten, sondern auch zur Verschärfung der kreolischen Opposition gegen die Politik der Metropole. Der Modernisierungsschub, den Wirtschaft und Administration durch die Reformen des aufgeklärten Absolutismus erhielten, hat demnach die Bindungen der kolonialen Führungsschicht an die Metropole gelockert, statt sie - wie es das politische Ziel der Reformer gewesen war - enger an Spanien zu binden. So haben externe und interne Faktoren beim Entstehen einer Krise zusammenwirkt, deren Ergebnis die Dekolonialisation und die Formierung einer stark gegliederten Staatenwelt anstelle eines zusammenhängenden Herrschaftsgebietes war.

3. Gemeinsamkeiten und desintegrative Tendenzen

Diese Fragmentierung Hispanoamerikas erfolgte, obwohl es Gemeinsamkeiten für das Gesamtgebiet gab, die zunächst als tragfähige Grundlagen für weiteren Zusammenhalt erscheinen könnten. Dazu gehörte die Existenz einer Oberschicht spanischen Ursprungs und spanischer Sprache, sowie die Einheit im katholischen Glauben als Folgen einer Kolonialpolitik, die Hispanoamerika vor Einwanderern anderer Nationalität oder anderen Glaubens verschlossen hatte. Zu den ethnischen-kulturellen Gemeinsamkeiten der gesellschaftlichen Elite kam die Einheitlichkeit des Rechtssystems und der Institutionen, die durch die jahrhundertelange spanische Kolonialherrschaft geprägt waren.

Gegenüber diesen Integrationsfaktoren gab es jedoch schon in der Kolonialzeit Strukturen, die auf die spätere Desintegration hindeuteten. Sie beruhten teils auf Einflüssen des geographischen Milieus, teils waren sie durch die spanische Kolonialpolitik geschaffen oder beeinflußt worden. Solche partikularen Tendenzen wies die Siedlungsstruktur der Kolonien auf. Die Siedlungsform für die spanischen Bewohner der Neuen Welt war im wesentlichen städtisch und in diesem Sinn eine Punkt- und keine Flächenkolonisation. Sie war von der Krone verordnet bzw. gefördert worden, weil sie die spanischen Eroberer und Besiedler besser vor den Gefahren der Natur und vor feindlichen Angriffen schützte, zugleich aber auch den Behörden bessere Kontrollmöglichkeiten als verstreute ländliche Siedlungen bot. Unter den Städten gewannen diejenigen an Bedeutung, die wirtschafts- oder verkehrsgeographisch begünstigt und/oder Sitz wichtiger Kolonialbehörden und daher nicht nur Konzentrationspunkte der weißen Bevölkerung waren, sondern Zuzug auch aus allen anderen Bevölkerungsgruppen erhielten. Solche städtischen Zentren, deren Bedeutung nicht zuletzt dadurch erhöht wurde, daß die Krone ihnen die Kontrolle über kleinere Ortschaften übertrug, lagen sowohl im Hochland (Mexiko, Quito, Bogotá) als auch in den Küstenzonen (Lima, Buenos Aires, Caracas, Montevideo, Santiago de Chile) und seltener im tropischen Tiefland (Asunción). Eine engere Kommunikation dieser Städte untereinander wurde durch die geographischen Verhältnisse - weite Entfernungen, Hochgebirgsketten, Flüsse, tropischer Urwald - erschwert oder verhindert, so daß der hispanoamerikanische Gesamtbereich deutlich untergliedert und damit eine Fragmentierung angelegt war.

Ansätze zu künftiger Desintegration enthielt auch das Regierungs- und Verwaltungsystem der Kolonialzeit. Zwar war dieses System zentral ausgerichtet, da die obersten Instanzen - der Indienrat unter den Habsburgern, die Ministerien unter den bourbonischen Herrschern - für den Gesamtbereich Hispanoamerikas zuständig waren. Aber diese Instanzen hatten ihren Sitz in Europa, d.h. das Zentrum der Regierung lag außerhalb der Neuen Welt. Im spanischen Amerika standen die großen administrativen Einheiten, die Vizekönigreiche[4], unverbunden nebeneinander; eine

---

4 Mexiko und Peru. Im 18. Jahrhundert kamen die Vizekönigreiche Neu-Granada und Rio-de-la-Plata durch Ausgliederung aus dem Vizekönigreich Peru hinzu.

zentrale Instanz gab es hier nicht und damit auch keine Institution, die für die einheitliche Lenkung des Gesamtgebietes Traditionen schuf, an denen sich die nachkoloniale Zeit orientieren konnte.

Desintegrationstendenzen waren auch im kolonialen Wirtschaftssystem angelegt. Den Grundsätzen des Merkantilismus entsprechend fiel den Kolonien im Güteraustausch mit der Metropole die Rolle des Lieferanten von Rohstoffen, Edelmetallen und Genußmitteln, und die des Abnehmers von gewerblichen Erzeugnissen zu. So lieferte Hispanoamerika vor allem Silber aus Mexiko und Peru sowie Zukker, Tabak und Kakao aus Kuba, den an die Karibische See grenzenden Gebieten und den heißen Zonen an der pazifischen Küste. Umgekehrt wurden aus Spanien oder auf dem Weg über Spanien Güter eingeführt, die die in Amerika ansässigen Spanier, gleichgültig ob es sich um Kreolen oder um Neueinwanderer handelte, für die Aufrechterhaltung europäischer Lebensgewohnheiten brauchten, d.h. vor allem Kleidung, Hausrat und Gerätschaften. Gegenüber diesem transatlantischen Handel traten die interkolonialen Wirtschaftsbeziehungen nicht nur zurück, sondern wurden auch durch Verbote und Zollschranken untereinander behindert. Die bourbonischen Reformen, die den Binnenhandel liberalisierten, kamen zu spät, um ein enges Zusammenwachsen der kolonialen Wirtschaftsräume zu ermöglichen. Damit entfiel ein wichtiger Integrationsfaktor und eine Möglichkeit, Zerfallstendenzen entgegenzusteuern.

Die vielfältigen partikularen Tendenzen wurden zunächst noch durch die Autorität der Krone überdeckt. Auch wenn die Bindungen der kreolischen Oberschicht an die spanische Krone im Laufe des 18. Jahrhunderts gelockert worden waren, bildeten sie doch immer noch eine starke Klammer nicht nur für die Zugehörigkeit der Kolonien zum spanischen Weltreich, sondern auch für den Zusammenhalt des spanischen Besitzes in Amerika. Nachdem die Monarchie in Spanien gestürzt worden war, entfielen diese Bindungen und wurden die zentrifugalen Kräfte freigesetzt. Der Zerfallsprozeß war allerdings nicht nur in den Strukturen der Kolonialzeit angelegt, vielmehr fügten die Unabhängigkeitsbewegungen und der Verlauf der militärischen Auseinandersetzungen den alten Desintegrationsfaktoren neue Elemente zu.

Die Antwort auf die oft gestellte Frage, ob die Unabhängigkeitsbewegungen „vorzeitig“ ausbrachen, wird immer von den Kriterien abhängig sein, die für die Bestimmung der „Rechtzeitigkeit“ angewandt werden. In *einer* Beziehung kann allerdings von „frühzeitig“ gesprochen werden: Der Zusammenbruch des Ancien Régime in Spanien traf die Kolonien unerwartet und insofern unvorbereitet, als Absprachen und Planungen für gemeinsames Vorgehen nicht bestanden. Die Unabhängigkeitsbewegungen setzten daher unverbunden und zumeist auf lokaler Ebene ein, initiiert von den Ratskollegien der größeren Städte, und diese in der Ausgangssituation fehlende Koordinierung war nur schwer nachzuholen. Auch wenn die militärische Zusammenarbeit in den späteren Phasen der Unabhängigkeitskriege überregional erweitert wurde, ist doch eine Zusammenfassung aller Kräfte unter einem einheitlichen Oberbefehl nie erfolgt. Entsprechend uneinheitlich war der Zeitpunkt, zu dem die Teilgebiete die Unabhängigkeit erreichten. Die La-Plata-Region wurde schon im ersten Ansturm, in den Jahren 1810 - 1813, *de facto* unabhängig von Spanien. In Venezuela, Kolumbien und Chile wechselten sich Patrioten und Royalisten in blutigen Kämpfen in der Herrschaft ab, bis auch diese Gebiete 1818 - 1821 dauerhaft unabhängig wurden. In Mexiko und Peru, den alten Zentren des spanischen Kolonialreiches, hielten sich die Royalisten noch bis 1822 bzw. 1824.

Die zeitlichen Unterschiede hatten weitreichende politisch Folgen, denn sie brachten es mit sich, daß in den Teilgebieten Regierungen gebildet und souveräne Staaten konstituiert wurden, die nach dem Abschluß der Kämpfe gegen Spanien nicht mehr bereit waren, eben erst erstrittene Hoheitsrechte wieder abzutreten. Das war die Erfahrung, die Bolívar 1826 mit dem Kongreß von Panama und dem Versuch, ein ständiges übernationales Koordinationsinstrument zu schaffen, machte. Der Kongreß wurde nur von wenigen Staaten beschickt und konnte sich selbst auf lose Formen der Zusammenarbeit in Krieg und Frieden nicht einigen.

4. Der weitere Zerfall der Großstaaten

Für die Abgrenzung der Staatsräume wurde allgemein der Grundsatz akzeptiert, daß sich die unabhängigen Staaten an jene administrativen Grenzen halten sollten, die 1810 innerhalb des spanischen Kolonialreiches bestanden hatten. Umstritten aber war, ob das juristische Prinzip des „uti possidetis“ auf die großen territorialen Einheiten, d.h. die Vizekönigreiche, oder auf kleinere Territorialbezirke des kolonialen Hispanoamerika zu beziehen sei. Damit war die Frage gestellt, ob einige wenige Großstaaten oder eine Vielzahl kleinerer Staaten die Nachfolge des spanischen Kolonialreiches antreten sollten.

Der Versuch, den territorialen Bestand der ehemaligen Vizekönigreiche zu wahren und in diesem Rahmen Großstaaten zu bilden, ist - ausgehend von den alten Hauptstädten - überall gemacht worden, ohne jedoch, mit Ausnahme Mexikos, zu bleibendem Erfolg zu führen. Selbst die Autorität eines Bolívar vermochte nicht, das von ihm geschaffene Großkolumbien, das der Ausdehnung des Vizekönigreiches Neu-Granada entsprach, zusammenzuhalten. Der Zerfall seiner Schöpfung trug maßgeblich dazu bei, daß Bolívar kurz vor seinem Tod den Entschluß faßte, Amerika zu verlassen und nach Europa zu gehen.

Die zentrifugalen Kräfte, die die Entstehung von Großstaaten in den Grenzen der Vizekönigreiche verhinderten oder sie zu einer vorübergehenden Erscheinung machten, lagen in regionalen Interessengegensätzen, an denen die Rivalität der Städte großen Anteil hatten[5]. Die Vizekönigreiche hatten jeweils mehrere große Städte umfaßt, deren kreolische Ratskollegien oder die aus ihnen hervorgegangenen Juntas in den Anfangsstadien der Unabhängigkeitsbewegungen das Recht beansprucht hatten zu entschei-

---

5 Zur Bedeutung der Städte für den Desintegrationsprozeß, José Carlos Chiaramonte, Modificaiones del pacto imperial. In: De los Imperios a las Naciones ... a.a.O., S. 118.

den, auf welche Weise das Machtvakuum gefüllt werden sollte, das durch die Krise des Ancien Régime entstanden war. Nach einer solchen Phase der Selbstbestimmung war die Neigung dieser Städte gering, sich in einem unabhängigen Staat mit zweitrangigen Positionen gegenüber einer neuen Metropole, der Hauptstadt des ehemaligen Vizekönigreiches, zu begnügen. Mit Prestigefragen waren zumeist sehr reale wirtschaftliche Interessen verbunden. So beruhte die Weigerung Montevideos, sich den Vereinigten Provinzen des La Plata anzuschließen und damit im Großraum des alten Vizekönigreiches zu bleiben, vor allem auf der Furcht vor der wirtschaftlichen Überlegenheit von Buenos Aires und dem von der Hauptstadt beanspruchten Außenhandelsmonopol. Regionale Konflikte im Prozeß der Staatsbildung entstanden auch, wenn periphere Gebiete angesichts großer Entfernungen und unzureichender Verkehrsverbindungen ihre Delegierten nicht rechtzeitig oder vollzählig in die Hauptstadt entsenden konnten und sich daher in Entscheidungsprozessen ungenügend vertreten sahen. Dieses Problem belastete z.B. die Beziehungen von Venezuela und Ekuador zu Kolumbien mit seiner Hauptstadt Bogotá und trug ebenfalls zum Zerfall Großkolumbiens bei.

Alle diese Divergenzen sprachen gegen die Formierung oder den Fortbestand einiger weniger Großstaaten und für die Bildung kleinerer Staaten, in denen die Zahl der konkurrierenden Städte geringer, die Kommunikation leichter war. Die Abgrenzung der unabhängigen Staaten orientierte sich daher letztlich an - im Vergleich zu den Vizekönigreichen - kleineren Territorialbezirken des Kolonialreiches. Vor allem richtete sie sich nach den Zuständigkeitsbereichen der ehemaligen *audiencias*, seltener nach denen der *gobernaciones*[6]. In diesen Grenzen erwies sich der Zusammenhalt als stark genug, um den durch die Unabhängigkeitsbewegungen in Gang gesetzten Prozeß der Desintegration zum Stillstand zu bringen.

Die Integration auf dieser regionalen Ebene war, wie der Rückgriff auf koloniale Strukturen bei der Festlegung der Staatsräume zeigt, nicht erst ein Ergebnis der Unabhängigkeitsepoche. Im 18. Jahrhundert waren durch die bourbonischen Reformen die regionalen Institutionen auf Kosten der vizeköniglichen Kompetenzen verstärkt worden, so daß die einzelnen Regionen in politisch-administrativer Hinsicht bereits autonome Züge aufwiesen[7]. Regierung, Verwaltung und Rechtsprechung auf regionaler Basis wurden daher noch in der Kolonialzeit für die Bewohner Hispanoamerikas eine stärkere Realität als die von den Vizekönigen meist aus großer Entfernung ausgeübte Herrschaft. Damit wurden in den Territorialbezirken Traditionen geschaffen, die nach außen abgrenzten und nach innen den Zusammenhalt förderten.

---

[6] *Audiencias* = königliche Gerichtshöfe, die zugleich mit Regierungs- und Verwaltungsbefugnissen ausgestattet waren. *Gobernaciones* = Territorialbezirke unterschiedlicher Größenordnung.

[7] Horst Pietschmann, Los principios rectores de la Organización Estatal en las Indias. In: De los Imperios a las Naciones..., a.a.O., S. 81f. verfolgt die Wurzeln dieser Entwicklung zurück ins 16. und 17. Jahrhundert.

In diesen institutionell geprägten Grenzen entwickelte sich ein regionales Eigen- und Solidaritätsbewußtsein der kreolischen Oberschicht, das nicht nur auf Traditionen und gemeinsamen Interessen, sondern auch auf sozialen und emotionalen Bindungen beruhte. Es fand bereits während der Kolonialzeit Ausdruck in den zahlreichen Apotheosen, in denen die Vorzüge des eigenen Landes und seiner Bewohner gepriesen und oft weit über die Wirklichkeit hinausgehend verherrlicht wurden. Zu den Äußerungen der Verbundenheit trat die Ablehnung der Fremden, die nicht im Land geboren waren und denen daher kein Heimatrecht zugebilligt wurde, selbst wenn sie Hispanoamerikaner waren. Dieser an der *patria chica*, der engeren Heimat, regional orientierte Patriotismus[8], der auch als Protonationalismus bezeichnet worden ist, gewann erhebliche politische Bedeutung im Prozeß der Staatenbildung, da er sich als der wohl wichtigste Kohäsionsfaktor für die Formierung und den Bestand der jungen Staaten erwies. Allerdings war die regionale Integration keineswegs vollständig oder unumstritten. Innerhalb der neuen, nach europäischen Maßstäben immer noch großräumigen Staaten kämpften Subregionen - vielfach unter der Fahne des Föderalismus und häufig mit militärischen Mitteln - um größere Unabhängigkeit von der Zentrale und beschritten in Einzelfällen auch den Weg der Sezession. Dauerhafte Staatsbildungen haben sie jedoch nicht hervorgebracht.

5. Rolle der auswärtigen Mächte

Die auswärtigen Mächte haben die politische Neuordnung Hispanoamerikas eher reaktiv als initiativ begleitet. Das galt sowohl für die USA als auch für die europäischen Staaten, obwohl bei ihnen in der Zeit der großen europäischen Kongresse in den Jahren 1815 - 1822 die „Südamerikanische Frage" auf der Tagesordnung stand und den Verhandlungen über die politische Gestaltung der Alten Welt eine neue, transatlantische Dimension hinzufügte. Es ging dabei zunächst um die Frage, ob das „Legitimitätsprinzip" auch auf den spanischen Kolonialbesitz in Amerika Anwendung finden sollte. Die Großmächte, die den Kampf gegen Napoleon getragen hatten - England, Rußland, Österreich und Preußen - sahen ihre Hauptaufgabe neben der Wiederherstellung des europäischen Gleichgewichts vor allem in der Wiedereinsetzung der angestammten Herrscherhäuser und deren Schutz gegen revolutionären Umsturz. Unter diesem Aspekt konnte auch Spanien auf Unterstützung hoffen, als es 1816 mit der Bitte an die Mächte des „Europäischen Konzerts" herantrat, in den Auseinandersetzungen um seine amerikanischen Kolonien zwischen den Parteien zu vermitteln. Der Vermittlungsvorschlag, der daraufhin unter englischer

8 Für Neu-Granada/Kolumbien: Hans Joachim König, Auf dem Wege zur Nation, Nationalismus im Prozeß der Staats- und Nationbildung Neu-Granada 1750 - 1856 (Stuttgart 1988), Kap. II - IV. Für Chile Ricardo Krebs, Origines de la conciencia nacional chilena. In: Inge Buisson, Günter Kahle u.a. (Hrsg.), Problemas de la Formación del Estado y de la Nación en Hispanoamerica (Köln/Wien 1984), S. 107 - 125.

Federführung ausgearbeitet wurde, ging dann auch grundsätzlich davon aus, daß der koloniale Herrschaftsanspruch Ferdinand VII. legitim sei. Er sah aber gleichzeitig konkrete Zugeständnisse an die Rebellen vor: Die spanische Krone sollte in direkten Verhandlungen den Patrioten eine allgemeine Amnestie, sowie die politische Gleichstellung der Kreolen mit den Europaspaniern zusichern und Hispanoamerika dem Handel mit anderen Nationen öffnen. Die letzte Bedingung spiegelte vor allem das englische Interesse am transatlantischen Handel wider. Zum Erfolg führten diese Vorschläge ebensowenig wie spätere Vermittlungsbemühungen, denn weder das absolutistische Regime Ferdinands VII. noch die spanischen Liberalen in ihrem kurzen Zwischenspiel von 1820 - 1823 waren bereit, in direkte Verhandlungen mit den Patrioten einzutreten[9]. Vor allem aber wurden die Vermittlungsaktionen der Großmächte von den Ereignissen in Hispanoamerika überholt, durch die das monarchisch-restaurierte Europa zunehmend mit der Etablierung republikanischer Staaten konfrontiert wurde. Zwar hatte Spanien, als mit dem Ende der napoleonischen Kriege Truppen in Europa freigesetzt wurden, ein größeres Kontingent zur Verstärkung der Royalisten nach Amerika entsenden können und dort verlorengegangene Gebiete zurückerobert. Die Erfolge waren jedoch nicht von langer Dauer; seit 1819 gewannen die Patrioten die Oberhand, und nachdem 1820 das spanische Heer, das im Hafen von Cádiz nach Amerika eingeschifft werden sollte, rebelliert und die Abreise verweigert hatte, war die militärische Lage der Königstreuen in den Kolonien aussichtslos geworden. In dieser Situation begann England, seine Haltung zu korrigieren und Lieferungen sowie Kredite an die Patrioten zu tolerieren oder inoffiziell sogar zu fördern. Auf dem Kongreß von Verona, der 1822 als letzter der großen europäischen Kongresse der Restaurationsepoche tagte, forderte der englische Minister Canning unter Berufung auf bereits bestehende Handelsbeziehungen die *de facto* Anerkennung der hispanoamerikanischen Republiken, während die konservativen Mächte Rußland, Österreich und Preußen, die sich 1815 in einem Solidaritätsbund zur „Heiligen Allianz" zusammengeschlossen hatten, auf der Einhaltung des Legitimitätsprinzips beharrten. Damit zerbrach die Übereinstimmung der europäischen Mächte in der „Südamerikanischen Frage". England ging in den folgenden Jahren schrittweise dazu über, Schiffsflaggen der unabhängigen Staaten anzuerkennen, Konsuln zu ernennen, Handelsverträge abzuschließen und schließlich auch die völkerrechtliche Anerkennung einzelner Republiken auszusprechen. Vorreiter waren allerdings nicht England, sondern die USA, die auf restaurative Prinzipien keine Rücksicht zu nehmen brauchten. In einer Botschaft, in der 1823 der amerikanische Präsident die offizielle Anerkennung Großkolumbiens rechtfertigte, wurden in den später als Monroe-Doktrin bekannt gewordenen Passagen die europäischen Mächte ausdrücklich vor dem Versuch gewarnt, ihr Sy-

9 Hans-Otto Kleinmann, Die deutschen Staaten und die Unabhängigkeit Lateinamerikas. In: Felix Becker u.a. (Hrsg.), Iberische Welten. Festschrift für Günter Kahle (Köln/Weimar/Wien 1994), S. 124. Für Einzelheiten der Vermittlungsversuch Manfred Kossock, Im Schatten der Heiligen Allianz (Leipzig 1964), S. 78f.

stem auf Amerika auszudehnen[10]. So kam es in der „Südamerikanischen Frage“ zu einer atlantischen Blockbildung[11], in der auf der einen Seite England, die USA und die nach Anerkennung strebenden hispanoamerikanischen Staaten und auf der anderen Seite die Mächte der Heiligen Allianz standen.

Konkrete Pläne für Intervention in der Neuen Welt gab es jedoch beim konservativen Mächteblock, dem sich Frankreich angeschlossen hatte, zu keiner Zeit. Zwar wurden auf dem europäischen Kontinent militärische Aktionen zur Niederschlagung revolutionärer Strömungen unternommen, und auch in Spanien griffen französische Truppen im Auftrag der Heiligen Allianz ein, um das absolutistische Regime Ferdinands VII. wiederherzustellen. Interventionen in Übersee waren jedoch ohne Unterstützung und Absicherung durch die englische Flotte aussichtslos, darüber waren sich die Staatsmänner des konservativen Lagers im klaren. Hinter der Fassade des Legitimitätsprinzips begann auch auf konservativer Seite der Widerstand gegen die neu entstandenen Republiken zu schmelzen, je mehr deutlich wurde, daß der Unabhängigkeitsprozeß nicht rückgängig zu machen war. Zwar blieb die Furcht vor einem Übergreifen revolutionärer Strömungen von der Neuen auf die Alte Welt bestehen, doch sprachen die wirtschaftlichen Interessen dafür, England nicht allein das Feld auf dem amerikanischen Markt zu überlassen. Die am Atlantikhandel interessierten Staaten - Frankreich, Holland, aber auch Preußen und die Hansestädte - gingen daher dazu über, nach englischem Muster Vertreter zu ernennen, Handelsverträge auf der Grundlage des Freihandels abzuschließen.[12] Damit erkannten sie die Unabhängigkeit der hispanoamerikanischen Republiken *de facto* an, auch wenn die offizielle völkerrechtliche Anerkennung noch nicht ausgesprochen wurde. Auf diese Weise waren um die Mitte des 19. Jahrhunderts die neuen Staaten in das Welthandelssystem integriert[13] und die ideologischen Vorbehalte der europäischen Mächte weit hinter kommerziellen Interessen zurückgetreten.

6. Schlußbemerkungen

Der Zerfall des spanischen Weltreiches weist Parallelen zum Untergang der beiden Weltreiche auf, die ein Jahrhundert später zerbrachen: Auch der Zerfallsprozeß des Osmanischen Reiches und der Habsburger Monarchie stand in unmittelbarem Zusammen-

---

10 Grundlegend zur Geschichte der Monroe-Doktrin: Dexter Perkins, The Monroe Doctrine 1823 - 1907, 3 Bde. (Nachdr. Gloucester, MA, 1965 -66). Hier Bd. I, Kap. II und III.

11 Zum Problem internationaler Blockbildung, allerdings nicht in Bezug auf die „Südamerikanische Frage“: Heinz Gollwitzer, Ideologische Blockbildung als Bestandteil internationaler Politik im 19. Jahrhundert. In: Historische Zeitschrift Bd. 201 (1965), S. 306 - 333.

12 Walter L. Bernecker, Das Verhältnis Europa - Lateinamerika im 19. Jahrhundert, Handelsoffensiven und Wirtschaftsinteressen. In: Michael Salewski/Jürgen Elvert (Hrsg.), Staatenbildung in Übersee (Stuttgart 1992), S. 27 - 31.

13 Hierzu Felix Becker, Los tradados de amistad, comercio y navegación y la integración de los estados independientes americanos en el sistema internacional. In: Problemas de la Formación del Estado y de la Nación en Hispanoamérica, a.a.O., S. 247 - 276.

hang mit militärischen Niederlagen der Metropole in internationalen Konflikten. Im spanischen Weltreich waren es jedoch nicht ethnisch-kulturelle Unterschiede, die als Sprengkraft wirkten und zur Entstehung einer Vielzahl unabhängiger Staaten anstelle eines zusammenhängenden, von einem Zentrum aus gelenkten Herrschaftsgebietes führten. Die Träger der hispanoamerikanischen Unabhängigkeitsbewegungen waren gleicher Abstammung mit der Bevölkerung der Metropole und weitgehend homogen im Gesamtbereich der nach Unabhängigkeit strebenden Gebiete, so daß hier keine Kriterien für „nationale" Abgrenzung lagen. Abgrenzungsmöglichkeiten boten dagegen die politisch-administrativen Strukturen, die das spanische Kolonialreich regional untergliedert und geprägt hatten. In ihrem Rahmen hatte sich das Solidaritätsbewußtsein der Eliten soweit entwickelt, daß es ein wesentliches Element für die Formierung unabhängiger Staaten bildete und eine weitere Fragmentierung verhinderte. Die innere Konsolidierung von Staat und Gesellschaft blieb allerdings noch aus, vielmehr kennzeichneten Aufstände und Bürgerkriege, politische und soziale Konflikte die Jahrzehnte, die auf den Zusammenbruch der alten Ordnung und die Gründung souveräner Staaten folgten.

„Merkur und Minerva trösten America"
Allegorie, die Alexander von Humboldt seinem Buch
„Voyage de Humboldt et Bonpland" voranstellte

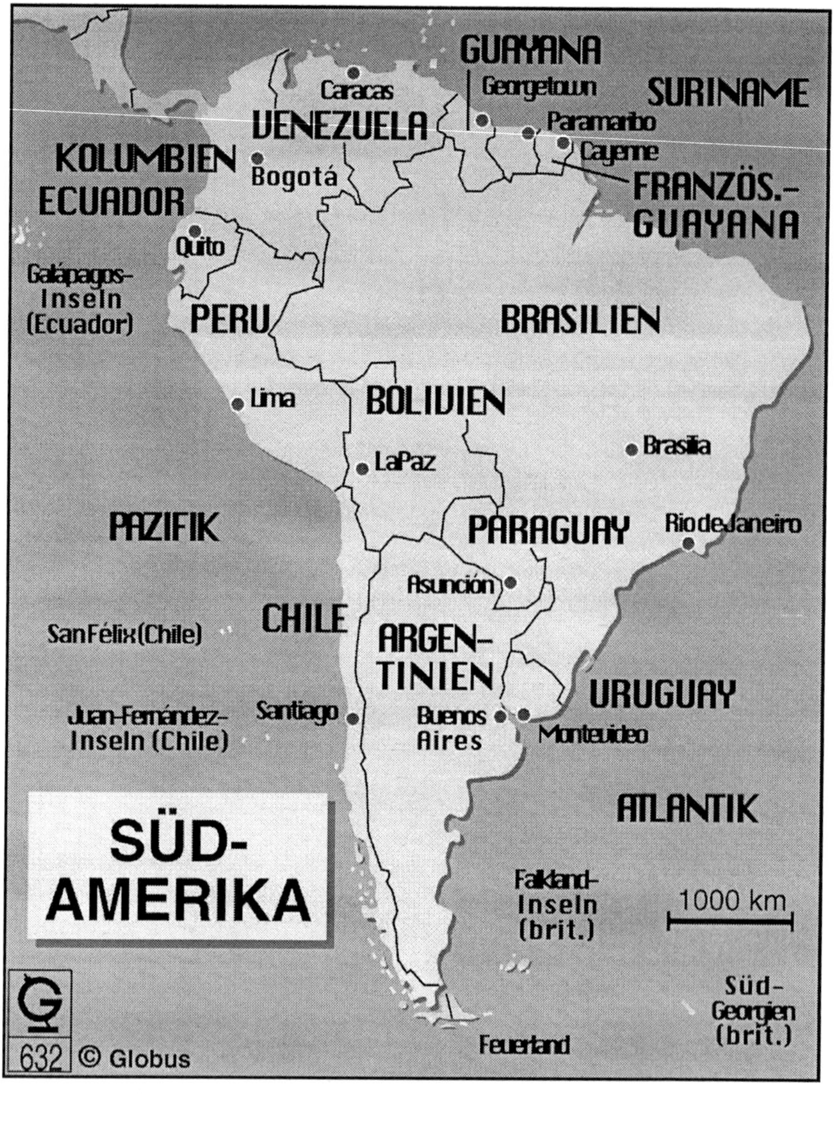
GUAYANA
Caracas
Georgetown
SURINAME
VENEZUELA
Paramaribo
KOLUMBIEN
Cayenne
Bogotá
FRANZÖS.-
GUAYANA
ECUADOR
Quito
Galápagos-
Inseln
(Ecuador)
PERU
BRASILIEN
Lima
BOLIVIEN
Brasilia
LaPaz
PAZIFIK
PARAGUAY
RiodeJaneiro
Asunción
CHILE
SanFélix(Chile)
ARGEN-
TINIEN
URUGUAY
Juan-Fernández-
Inseln (Chile)
Santiago
Buenos
Aires
Montevideo
ATLANTIK
SÜD-
AMERIKA
Falkland-
Inseln
(brit.)
1000 km
Süd-
Georgien
(brit.)
Feuerland
632
© Globus

Manfred Mols

Begriff und Wirklichkeit des Staates in Lateinamerika

Sich zum lateinamerikanischen Staat zu äußern, hat in Deutschland eine lange, breitgefächerte und bis in die unmittelbare Gegenwart hineinreichende Tradition. In jüngerer Zeit haben besonders Richard Konetzke[1] und sein Schülerkreis[2] umfangreiche, ganze Epochen abdeckende Arbeiten vorgelegt, die uns nicht nur in historiographischer, sondern auch in staatstheoretischer Sicht ein zuverlässiges, einigermaßen vollständiges Bild des kolonialen Iberoamerika und seiner Transformation in die Nationalstaaten des 19. Jahrhunderts liefern. Doch auch die Sozialwissenschaftler und die Juristen haben das ihre zur Erhellung des Staatsverständnisses in Lateinamerika beigetragen, wobei der Ductus des Vorgelegten zwischen politischen Prozeßanalysen[3] über die Bestandsaufnahme ganzer Regierungssysteme[4] bis hin zu mehr theoretischen Reflexionen über die Natur von Staat, Politik und Gesellschaft in Lateinamerika schwankt.[5]

Der folgende Beitrag ist alles in allem – auch mit Blick auf die internationale Literatur zum Thema – der Versuch einer kritischen Bilanz. Es wird allerdings nicht nur auf den Diskussionsstand um Staat und Gesellschaft in Lateinamerika zu achten sein[6], sondern auch auf den Staat als höchst aktuelles politisches Problem in einem Subkontinent, der besonders in unserem 20. Jahrhundert immer mehr zu einer weltpolitischen Krisenregion wurde.

Im ganzen ist Lateinamerikas Staats- und Politiktheorie dabei, sich von früheren Vorlagen, insbesondere vom lange Zeit in Mode befindlichen dependenztheoretischen Muster, zu lösen[7] und neue Profile zu entwickeln[8], ohne daß man ganz sicher sein kann, daß die sozialwissenschaftliche Re-Orientierung in der Bundesrepublik ausreichend zur Kenntnis genommen wurde[9]. Wenn daher hier die Rede ist vom Versuch einer kritischen Bilanz, dann geht es darum, den Bogen zu spannen zwischen spanisch-kolonialen Vorgaben und späteren Denkanstössen aus dem 19. Jahrhundert und unserer Gegenwart, die allesamt dazu beitragen sollen, der Krise von Staat, Gesellschaft und Entwicklung in Lateinamerika Herr zu werden. Es machte wenig Sinn, sich den Begriff des lateinamerikanischen Staates isoliert vorzustellen. Es kommt auch darauf an, ihn mit seiner Realität zu konfrontieren, einschließlich der endogenen wie exogenen Bedingungen seiner Entfaltung.

Die vorstehenden Bemerkungen deuten in etwa die Gliederung an. Der Verfasser ist sich der Tatsache bewußt, daß er an einigen Stellen von einer gesamtlateinamerikanischen Perspektive ausgeht, die für einzelne Länder problematisch erscheinen mag. Besonders die brasilianische Staatskonzeption und ihr lusitanisch-koloniales Erbe kommen etwas zu kurz[10]. Auch auf die komplizierte Frage nach einer empirisch faßbaren Einwirkung präkolumbianischer Herrschaftsverhältnisse auf den lateinamerikanischen Staat kann hier nicht eingegangen werden.

Die Idee des lateinamerikanischen Staates: Das etatistische Erbe

„Historisch hat man in Lateinamerika dem Staat eine Bedeutung beigegeben" – schreiben *Howard Wiarda* und *Harvey Kline*[11] –, „die ihm in den klassischen Modellen nicht zukommt. Der Staat wird als eine mächtige und unabhängige Agentur eigenen Rechtes angesehen, über und häufig unabhängig von dem Gerangel der Klassen und Interessengruppen ... Ob in sozialistischen Regimen wie in Cuba oder in rechten wie dem in Brasilien, es ist (immer) der Staat und seine zentrale Führungsrolle, die weitgehend die Gestalt des Systems und seine Entwicklungsrichtungen bestimmten."

Angesprochen ist hier nichts anderes als eine Hypostasierung von Staatsidee und Staatsanspruch, die in Lateinamerika seit dem frühen 16. Jahrhundert zu beobachten ist[12]. Der Staat ist nicht Sozialgebilde unter Sozialgebilden, sondern eine ins Mystische überhöhte, apriori zuständige, alles andere nachordnende Agentur menschlicher Daseinsgestaltung.[13] Wenn der Mexikaner *Ládzaro Cárdenas*[14] in den 30er Jahren einer der geachtesten und erfolgreichsten lateinamerikanischen Präsidenten, ausdrücklich sagt: „Nur der Staat hat ein allgemeines Interesse, und deshalb hat er eine Vision des Ganzen", dann kommt hier eine Staatsauffassung zum Tragen, die vom frühen 16. Jahrhundert bis in unsere Tage andauert und bezeichnenderweise auch die sozialistischen Varianten Lateinamerikas (Cuba, Chile unter Allende, Nicaragua) nicht ausgelassen hat. Der überhöhte Staat – *Norbert Lechner*[15] spricht von einer *estadolatría* von einer Staatsvergötzung–, ist die Konsequenz der Mystizierung der Staatsidee, die sich quer durch Lateinamerikas politische Lager und quer durch die Jahrhunderte hinzieht. Der Präsidentenkult des 20. Jahrhunderts und selbst noch seine arbeitsteilig funktionalen Differenzierungen wie auch die modernen Konzepte eines allzuständigen *estado activo* sind Nachwirkungen eines Beginns, der später, anders als in Neuengland, nie durch einen „novus ordo saeclorum" (Hannah Arendt) ausdrücklich aufgehoben wurde. In der oft zitierten Formel von *Richard M. Morse*[16] „The conquest, colonialism, and independence were problems never resolved, never placed behind." In den knapp 500 Jahren lateinamerikanischer Geschichte gibt es keinen genossenschaftlichen Anfang[17] – das ist hier der Punkt. Der etatistische Anfang blieb unberührt durch die Unabhängigkeitsbewegungen, durch die großen Revolutionen, die immerhin in einigen Ländern des Subkontinentes stattgefunden haben (Mexiko 1910, Bolivien 1952, Cuba 1959, Nicaragua 1979) und, um es zu wiederholen, unberührt selbst durch die vereinzelten sozialistischen Versuche der Gegenwart. Der lateinamerikanische Staat begann als Leviathan[18] (freilich als ein katholischer!) – und er ist es geblieben. Feststellungen dieser Art sind in der Lateinamerika-Forschung nicht unumstritten. Besonders im (neo)-marxistischen Lager und unter seinen Sympathisanten neigt man dazu, den modernen Staat mehr oder minder exklusiv als Produkt der kapitalistischen Produktionsweise und Lateinamerikas Staaten folglich als eine ein weiteres Mal abhängige Variable im extern verordneten peripheren Kapitalismus hinzustellen[19]. Solche Auffassungen haben gut zwei Jahrzehnte lang noch bis gestern eine sehr maßgebliche staats- theoretische und soziologische Strömung in der Region gebildet[20]. Sie sind nicht deshalb falsch, weil wir zur Stunde Zeugen eines sozialwissenschaftlichen Paradigmenwechsels in Lateinamerika sind[21], sondern weil sie zu kurz greifen.

Der lateinamerikanische Staat ist eine iberische Schöpfung. Er beginnt mit den Entdeckungen des Cristóbal Colón und des Pedro Alvarez Cabral, spätestens 1511 mit der Gründung der *Audiencia* von Santo Domingo bzw. den *donatárias*, dem System lehnsrechtlicher Schenkungen des portugiesischen Königs Johann III., im Jahre 1534 an den Küsten des heutigen Brasilien. Begründet werden im damaligen Verständnis keine Kolonien, sondern überseeische Reichsteile, Vizekönigreiche (Neuspanien, Peru), wie der offizielle Rechtstitel im spanischen Amerika heißt. Ab 1573 ersetzt man bezeichnenderweise in den *ordenanzas* das Wort *conquista* (Eroberung) durch *pacifación* (Befriedigung).

Die Gründungsidee, die Formen der Institutionalisierung und die Motivation der Beteiligten bilden ein kompliziertes Geflecht analytisch wie real-geschichtlich bedeutsamer Elemente, die nur in ihrer Zusammenschau Begriff und Wirklichkeit des lateinamerikanischen Staates erschließen.

Die *Gründungsidee* zumindest des spanischen America ist ohne den fließenden Übergang von *Reconquista* (erfolgreiche Rückeroberung Spaniens von den Mauren) und unmittelbar nachfolgender *Conquista* kaum zu verstehen[22]. Am 2. Januar des Jahres 1492 hatte sich Granada dem Heer der Katholischen Könige Ferdinand und Isabella unterwerfen müssen; ein gutes halbes Jahr später sollte Kolumbus auf einer Antilleninsel landen, die er San Salvador nannte. Aus der „Wiederherstellung der christlichen Herrschaft über Land und Leute auf der iberischen Halbinsel" (*Konetzke*) wird der Versuch der Etablierung der christlichen Herrschaft über die Welt, ein Unternehmen übrigens, das durch den zwischen Portugal und Spanien abgeschlossenen Vertrag von Tordesillas sogar der päpstlichen Billigung sicher sein konnte, so daß hier ein Besitztitel entstand, der dem allgemeinen Rechtsdenken der Zeit der Entdeckungsfahrten entsprach: Man „hielt die Aneignung von neu aufgefundenen Ländern, die nichtchristlichen Fürsten gehörten, für erlaubt"[23]. Und die bald folgenden innerspanischen Diskussionen über die neu erworbenen Gebiete, an der sich hervorragende Gelehrte wie *Francisco de Vitoria, Bartolomé de las Casas, Palacios Rubios, Juan Solórzano* oder *Miguel de Ucurrum* beteiligten, wurden zwar kontrovers geführt, bekräftigten aber im Saldo schon deshalb solche Auffassungen, weil diese auch als Ergebnis eines wissenschaftlich-theologischen Disputes gelten konnten. Die spanische Krone suchte ihre überseeische Herrschaftsausweitung sowohl durch universalgeschichtliche *translatio*-Vorstellungen zu verbrämen[24] wie auch durch den Gedanken der Heidenmission zu popularisieren. In den Weltreichsplänen der führenden katholischen Universalmonarchie ihrer Zeit konnte man noch einmal aus der Tradition des mittelalterlichen Reichsdenkens darangehen, eine (habsburgische) Einheit von *sacerdotium* und *imperium* anzustreben. Verbindet man solche Ableitungen mit den gesellschafts- und staatstheoretischen Vorstellungen des spanischen 16. Jahrhunderts, wie sie in besonders prägender Form von *Vitoria* und *Francisco Suárez*[25] ausgesprochen wurden, hat man im Entwurf jenes „System, über das sich sowohl das spanische Imperium als auch die iberolateinische Gesellschaft errichteten“[26]. Nach dieser Gesellschaftsauffassung geht es letztlich um eine naturrechtlich vorgesehene Harmonie unter den Menschen, über die die „Regierungen als etwas Natürliches, Notwendiges und durch Gott Eingesetztes“[27] eine „voluntad superior“ verkörpern, die weit entfernt ist von allen neuzeitlichen sozialvertraglichen und individualrechtlichen Ansprüchen. Der Mystizismus der lateinamerikanischen Staatsidee bekommt hier eine frühe und bleibende (!) philosophisch-theologische Begründung. Die so gesehene Gesellschaft ist korporativ-organizistisch angelegt, wobei die Krone an der Spitze der soziopolitischen Pyramide für die Ausfüllung der staatserhaltenden Funktionen (Frieden, Recht, Religion, Handel ...) verantwortlich ist und zugleich als oberster und allein verbindlicher Regulator und selbst Gestalter des gesellschaftlichen Lebens wirkt. Diese Tradition, d.h. die Kontinuität der ibero-lateinischen Staats- und Gesellschaftsauffassung, erweist sich als so stark, daß sie bis zur Stunde Geist und Wirklichkeit der lateinamerikanischen Verfassungen, die Staatstheorien selbst (z.B. *Guillermo O'Donnel's* Konzept des autoritär-bürokratischen Staates[28]), die nationalen „Rekonstruktionsphilosophien“ in unserer Gegenwart[29] der manifesten Krise der praktizierten Staatsformen und – was im ganzen viel signifikanter ist – die im 20. Jahrhundert in den meisten Ländern vorgenommenen Zuordnungen von „Staat“ und „Gesellschaft“ substantiell mitprägt.

Damit haben wir längst die *Formen der Institutionalisierung* des lateinamerikanischen Staates angesprochen. Unter Historikern wie Sozialwissenschaftlern gibt es einen Streit darüber, wie modern man den Beginn einzuschätzen habe. Für die einen ist auch der spanische Staat der *Conquista* in erster Linie zunächst einmal mittelalterlich (“das institutionelle Äquivalent des zeitlichen menschlichen Lebens in all seiner Entfaltung“[30]), insofern er in hierarchischen Abstufungen, ausgehend von einer im Vizekönig und im Indienrat verkörperten Zentralgewalt, die Ordnung des menschlichen Zusammenlebens „von oben“ „nach unten" delegiert[31]. Für andere – in der deutschen Lateinamerikanistik ist hier vor allem Horst Pietschmann[32] zu nennen – nimmt das nach Übersee ausgreifende Spanien viele Züge des neuzeitlich bürokratischen Anstaltsverbands Max Webers vorweg. Bei genauerem Hinsehen gibt es Übergänge zwischen den anscheinend diametralen Auffassungen. Das überseeische Spanien konstituiert sich in einer Gemengelage verschiedener Elemente. Wenngleich z.B. das frühneuzeitliche Kastilien der *Conquista* nicht völlig frei war von mittelalterlich-feudalistischen Reminiszenzen, die letztlich auch wieder in den Americas aufbrechen sollten (z.B. anläßlich der Streitigkeiten um eine in der *encomienda*[33] dem europäischen Lehenswesen verwandten Zueignung personengebundener subterritorialer Herrschaft), war die Krone bemüht, den Ansprüchen lokaler Herren und Stadtgewalten ein anderes, moderneres Staatsverständnis entgegenzuhalten: nämlich die Identifikation des Königtums mit dem Staat als „Träger einer abstrakt verstandenen, über den unterschiedlichen gesellschaftlichen Gruppen und Interessen stehenden öffentlichen Gewalt"[34]. Konsequenterweise erhält auch das überseeische Spanien rechtlich einen eindeutigen Organisationsrahmen: Es ist de jure zentralistisch und hierarchisch aufgebaut und bekommt im Indienrat eine höchste, unmittelbar der Krone zugeordnete bürokratische Instanz, die, von den bourbonischen Reformen des 18. Jahrhunderts abgesehen (Einführung des Intendantensystems), die Verwaltung der überseeischen Reichsteile übernimmt. Neben den Zentralbehörden im Mutterland bestand dort ein mit klaren Kompetenzen ausgestattetes Geflecht von Unterinstanzen: Vizekönige, Präsidenten, Gouverneure, Gerichtskörperschaften (*audiencias*), untergeordnete Jurisdiktions- und Munizipalgremien, den Oberbehörden zugeordnete Finanzkassen usw. Daneben kennt man das übliche Geflecht ordens- und weltkirchlicher administrativer Hierarchien[35]. Und dennoch muß man sich davor hüten, in diesem bürokratisch patrimonialen Staat ein bis ins letzte durchrationalisiertes Gebilde zu sehen. Gewiß fällt das *desde arriba* auf, das „von oben herab" politischen Entscheidens, Gewährens, Planens – bis heute einer der kennzeichnendsten Züge des lateinamerikanischen Staates gleich welcher ordnungspolitischer Prägung (!). Damit sind Initiativen „von unten", überhaupt die Vorstellung einer in sich autonomen *civil society*, nahezu ausgeschlossen – und die anhaltende Schwäche weiter Teile der lateinamerikanischen Gesellschaft gegenüber einem so gut wie allmächtigen Staat hat sich ja in der Tat bis heute erhalten. Dem Legalismus der Krone standen faktisch große Freiräume der kreolischen Oberschicht gegenüber. Man muß daher sehen, daß zentralistisch bürokratischer Anspruch und Penetrationskapazitäten immer auseinanderklafften. Das immer noch ungebrochene Patron-Klientel-Verhältnis der lateinamerikanischen sozialen und politischen Kultur[36] ist der maßgeblichste Indikator dafür, daß dem rationalen Verwaltungsstaat parafeudale Grenzen gesetzt waren (und sind). So gesehen zeigt sich der lateinamerikanische Staat seit seinen kolonialzeitlichen Anfängen als ein Gebilde in einer komplizierten Schwebelage zwischen den Polen Bürokratismus/Zentralismus und

(Para-)Feudalismus/Lokalismus. Der patrimoniale Charakter dieses Staates fängt die Spannung ebenso ein wie das von oben nach unten abgestufte Gefühl des staatlichen „Eigentums" selbst noch an gesellschaftlich-ökonomischen Lebensverhältnissen. *Howard Wiarda*[37] hat für viele Erscheinungen des modernen Lateinamerika die Konsequenzen aufgezeigt: Der lateinamerikanische Staat übe seine Schirmherrschaft (*patrocinio*) aus, indem er u.a. einzelnen Gruppen Privilegien und Betreuungsprogramme zum Austausch gegen konkrete Unterstützungsleistungen (*support*) gewähre. Oder: Die in vielen Ländern hochaktuelle Agrarreform sei weniger ein Instrument sozioökonomischer Korrektur als ein Mittel zur Sicherung soziopolitischer Kontrolle[38] – usw.

Die *Motivation der Beteiligten* ist damit schon angesprochen. Schon die überseeische Herrschaftsgründung war letztlich für jeden der Mitwirkenden zugleich „staatlicher" wie „privater" Natur[39]: für die Krone, der es bei allen heilgeschichtlich verbrämten Weltreichsplänen immer auch um die Erschließung neuer Erwerbsquellen ging; für die sozusagen privat haftenden *Conquistadores* und ihre Krieger und Mönche, die Eroberungsauftrag und Eroberungsprivileg ihres Königs subjektiv bruchlos mit den Zielen persönlicher Vorteile zu amalgamieren wußten – man lese nur einmal die Äußerungen des *Hernán Cortés* und seiner Unterführer bei *Bernal Díaz del Castillo*[40] nach; für die generationenlang nachrückenden Eliten der geistlichen und weltlichen Verwaltung wie für die iberischen Auswanderer überhaupt, die nie aus dem Streben nach persönlicher Pfründensicherung im Dienst an Krone und Kirche herausfanden. Dank der mitgelieferten und auslegungsfähigen religiös-ideologisch-staatstheoretischen Rechtfertigung sah man keine Schwierigkeiten darin, Eroberung und Verwaltung der Americas in ein Bild verantwortlicher Staatlichkeit zu inkorporieren. Heute bereichert man sich im Namen des „Fortschritts", der „Modernisierung", natürlich auch der „Revolution". Der Drang zur idealistischen Selbsttäuschung über die eigene Stellung in den öffentlichen Belangen, zur staatstheoretisch-ideologischen Verschleierung des Nutzens für sich selbst als Nutzen für die Allgemeinheit, ist geblieben. Hier kommt im übrigen eine ganz und gar zentrale Eigenschaft des lateinamerikanischen Staates zum Tragen, die ihm seit seinem Beginn geblieben ist: Der Staat ist immer auch eine Pfründe für diejenigen, die den Herrschaftsapparat besetzen bzw. ihn als Beamte verwalten. Für die Kolonialzeit schreibt Pietschmann[41]: „Die Amtsauffassung des Beamtentums, das das Amt als gerechte Belohnung für sich selbst oder von Angehörigen geleistete Dienste und mithin als Pfründe ansah, entsprach nicht den aus modernen Staatsideen abgeleiteten Vorstellungen von den Aufgaben und Pflichten eines Beamten, da es nicht gelang, die persönlichen Beziehungen zwischen Beamten und König durchgehend im Sinne einer Identifikation von monarchischem Prinzip und abstrakter Staatsauffassung zu versachlichen." Das Ganze hat weitreichende Konsequenzen gehabt, denn das hier angesprochene Problem ließ sich nicht auf das Binnenverhältnis Krone-Beamtenschaft beschränken[42]: Eine „Versachlichung gelang ebensowenig in Bezug auf das Verhältnis zwischen König und Untertan, das weiterhin durch ein „persönliches Abhängigkeitsverhältnis patriarchalischer Art" (*Konetzke*) gekennzeichnet blieb. Die Folge davon war, daß das Königtum immer wieder genötigt war, Einzelnen, ganzen sozialen Gruppen oder bestimmten Korporationen Belohnungen für geleistete Dienste, Exemptionen, Privilegien oder Zugeständnisse zuteil werden zu lassen, deren Verleihung den Prinzipien der allgemeinen Politik zuwiderlief." Mit den bourbonischen Reformen in der zweiten Hälfte des 18. Jahrhunderts versuchte die Zentralgewalt eine Gegensteuerung – ohne sich damit durchsetzen zu können. Auch der postkoloniale Staat ist ein Instrument der Pfründensicherung geblieben. „Von wenigen Ausnahmen abgesehen kam der zerfallenden Staatsmacht (des 19. Jahrhunderts, *Mols*) primär die Funktion zu, ständig wechselnden Gruppierungen aus Großgrundbesitz, Klerus und Armee mittelbare Vorteile zur Austragung privater Konflikte und persönlicher Bereicherung zu verschaffen.[43]" Naturgemäß hatten alle Beteiligten ein reges Interesse daran, solche Sachverhalte der öffentlichen Diskussion zu entziehen. Heute geben die von den jeweiligen *power seekers* verkündeten „Pläne" eine typisch „lateinamerikanische" Verbrämung ideologisch-gemeinwohlbezogener Natur des Spiels um Macht und Pfründen ab[44]. Vor allem aber kommt in einem im Regelfall ungewöhnlich aufgeblähten öffentlichen Dienst[45] und in seinem noch immer bestimmenden Rekrutierungsmechanismus, dem Beutesystem, d.h. der Versorgung ganzer politischer Klientelschaften mit Posten in der staatlichen Verwaltung oder im parastaatlichen Wirtschaftssektor (nach gewonnenen Wahlen oder wie immer vollzogenen Machtwechseln), der Pfründencharakter des lateinamerikanischen Staates voll zur Geltung. Wobei nicht verschwiegen werden soll, daß sehr häufig nicht die dienstliche Stellung an sich und das damit verbundene Gehalt den Ertragsnutzen ausmachen, sondern die oft mitgegebene Möglichkeit des „Zubrots". In Lateinamerika werden allzu häufig staatliche Dienst- und Verwaltungsleistungen weniger als öffentliche Verpflichtung, vielmehr eher als ein persönlicher Gefallen zwischen Beamten und „Bittstellern" aufgefaßt, die sich folglich auch erkenntlich zu erweisen haben.

Wenn hier mit großem Nachdruck die These von einer Kontinuität des Etatismus in der lateinamerikanischen Staatsidee und der gelebten Staatsauffassung vertreten wird[46], dann seien damit die Modernisierungsimpulse des 19. und 20. Jahrhunderts keineswegs heruntergespielt. Es wäre etwas verwegen, den zeitgenössischen Staat durchgehend als organizistisch, patrimonial und korporatistisch abzutun. Aber: So gut wie alle früheren Impulse haben sich, wenn oft auch in sozusagen säkularisierter Form, erhalten. Sie bestehen neben den Beigaben aus den letzten beiden Jahrhunderten und insbesondere aus den Leitvorstellungen unserer Jahrzehnte in ihrer Substanz weiter. Ungefähr das meint *Victor Alba*[47] wenn er die These vertritt, daß gerade „für den Lateinamerikaner ... die Vergangenheit einen Teil des Jetzt" bildet, insofern wir Gesellschaften vor uns haben, „in denen sich Vergangenheit und Gegenwart vermischen." Diese „Gleichzeitigkeit des Ungleichzeitigen" hat zu in sich gebrochenen politischen Systemen und gespaltenen Gesellschaften geführt, in denen ein traditional-gestriges Lateinamerika in einem vitalen Widerspruch steht zu strukturell modernen politischen und sozioökonomischen Entwicklungen.

Dem Leser mag aufgefallen sein, daß bisher kaum die Rede war von den Mehrheiten in den lateinamerikanischen Bevölkerungen. In der Tat sollten sie bis in unser Jahrhundert keine herausragende Rolle spielen. Die Herrschaftsunterworfenen standen zur Disposition derjenigen, die die Idee des Etatismus „staatstragend" ausfüllten. Eine Aktivbürgerschaft hatte im überkommenen Staat keinen Platz.

Staatsentwicklung und Staatsverständnis im unabhängigen Lateinamerika

„Ein Charakteristikum der Geschichte Lateinamerikas im neunzehnten Jahrhundert" – so Alba[48] weiter – „ist die Bemühung, einen modernen Staat zu schaffen, ohne gleichzeitig die Gesellschaft zu modernisieren. Die offensichtliche Unmöglichkeit eines solchen Unternehmens, das soziologisch gesehen einfach absurd ist, hatte zur Folge, daß Lateinamerika nach eineinhalb Jahrhunderten der Unabhängigkeit sich nicht wesentlich vom Lateinamerika der Jahre 1810-1820 unterschied, das heißt, im Grunde genommen hatte sich nichts wirklich verändert." Die neuen Staats- und Politikentwürfe und das Beharrende in den Gesellschaften sind daher etwas genauer anzusehen, wobei noch ergänzt sei, daß die Zeit der Unabhängigkeitsbewegung (ca. 1807-1824) keine strenge Zäsur bildet. Vieles ist schon seit der zweiten Hälfte des 18. Jahrhunderts vorbereitet.

Da das heutige Lateinamerika eine iberisch-europäische Schöpfung ist, bedeutet die historisch zweite große Phase, die wir hier betrachten, vor allem die Exponiertheit erst der späten Kolonien und dann der jungen Staaten gegenüber den philosophischen, sozialen und staatstheoretisch-politischen Ideen aus dem nordatlantischen Raum[49]. Es wird so gut wie keine der europäisch-nordamerikanischen Ideen der letzten beiden Jahrhunderte geben, die man nicht in imitierter Form oder (seltener!) in verarbeiteten Versionen in den Ländern südlich des Rio Grande diskutiert. Republikanismus und Föderalismus, Liberalismus und Positivismus, Sozialismus und Anarchismus, die gängigen westlichen Wachstumsideologien unserer Zeit wie die zeitgenössische Kapitalismuskritik – sie alle sind, meist mit einer nur sehr geringen Phasenverschiebung, in Lateinamerika eingedrungen, spielten ihren Part in den Salons, Universitäten, Militärakademien, Forschungsinstituten usw., standen Pate bei der Formierung politischer Ideologien, beeinflußten Verfassungen und Gewerkschaftsbewegungen, Parteien und Revolutionen, und wurden doch zuletzt immer wieder von Verhaltenstraditionen und Denkstilen überwuchert, die *Wiarda*[50] ein weiteres Mal auf die Formel bringt „traditionalistisch, elitär, klientelistisch, autoritär, korporativ und paternalistisch".

Daß sich die katholisch-iberische Tradition immer wieder durchsetzte, hat mehrere Gründe. Einen sehr wichtigen hat *Alba*[48] genannt (und wir werden ihn weiter unten nochmals ansehen müssen): Wo die Gesellschaft sich wenig oder gar nicht ändert, fehlt die wesentlichste Voraussetzung für eine dauerhafte Aneignung moderner Ideen. Daß diese Ideen fremd waren, von außen importiert, nicht im Kontext eigener Probleme entstanden, ist ein zweites Begründungselement, der von außen konditionierte (wirtschaftlich und letztlich auch politisch) und nach außen orientierte (weltmarktbezogene, auf fremde Entwicklungsbilder gerichtete) Staat, eben jener „Leviathan Criollo", von dem Marcos Kaplan spricht, ein drittes. Geistesgeschichtlich-ideologische, sozioökonomische und internationale Verursachungen mischen sich dabei. u.a. hatte Lateinamerika keinen aktiven Anteil an jener großen westlichen, modernisierenden Bewegung, die man Aufklärung genannt hat. Gewiß fielen die Ideen der europäischen Aufklärung in Lateinamerika „auf einen fruchtbaren Boden", d.h. sie wurden rezipiert und diskutiert, dienten als Maßstäbe der Kritik wie als Impulsgeber für Anregungen, aber sie wurden, wie *Octavio Paz*[51] in einem feinen Wortspiel gesagt hat, adoptiert, nicht adaptiert. Man nahm sie als die leitenden Ideen einer Zivilisation zur Kenntnis, der sich die fortschrittlichsten Geister der Kolonien (und später der unabhängigen Staaten) selbst zugehörig fühlten. Der andere wichtige Schritt der aktiven Mitgestaltung, der Ausgestaltung für die eigenen Lebensverhältnisse, blieb der Rezeption untergeordnet. Dies vor allem in staatstheoretischer und staatspolitischer Hinsicht. Die rezipierten, weitgehend von den USA oder von Frankreich kopierten Verfassungen des lateinamerikanischen 19. Jahrhunderts geben ein plastisches Beispiel ab[52]. Ein anderes ist die weitgehende Umfunktionierung liberalen Gedankenguts zur äußerlichen Legitimationsfassade einer Gesellschaft, deren Elite sich gern modernistisch gab, um sich unter der Oberfläche eines formalen staatsrechtlichen Liberalismus sich um so beharrlicher nach neokolonialen Privilegienmustern einzurichten. Ein drittes die staatsrechtliche Vortäuschung einer politischen Souveränität, die zumindest im 19. Jahrhundert kein einziger lateinamerikanischer Staat de facto für sich beanspruchen konnte.

Was das Beharrende der lateinamerikanischen Gesellschaft angeht, so ist hier auf vier Elemente zu achten. Erstens ist die Unabhängigkeitsbewegung selbst überwiegend ein Intraelitenkonflikt. Die grundsätzliche Neuordnung von Staat und Gesellschaft steht bei Niemandem ernsthaft zur Disposition. Zweitens kommen zwar neue Schichten auf, z.B. eine neue Gruppe von Bergwerksbesitzern, Plantageneignern, Exporteuren und Importeuren, nach und nach auch eine neue Mittelschicht im sich ausweitenden Sektor staatlicher Dienstleistungen und im Handel, doch muß man sich davor hüten, in diesen Gruppen die gleichen *change agents* zu sehen, wie wir das aus Europa und den USA gewohnt sind. Neue funktionalen Eliten vermischen sich rasch mit der alten Oligarchie, deren Wertmuster, Normen, Statussymbole sie möglichst deckungsgleich zu übernehmen suchen[53]. Die neuen Mittelschichten wiederum bemühen sich, sich im Rahmen des Möglichen den Lebensstil und das Sozialgebaren der Oberschicht anzueignen – ein Phänomen, das bis heute zu beobachten ist und eine mit dem Namen *John Johnsons*[54] verbundene These, wonach die Mittelschichten Lateinamerikas eigentlicher Motor der Modernisierung, ja Demokratisierung seien, erheblich relativiert[55]. Drittens – dies geht nun in das 20. Jahrhundert hinein – kommt ganz allmählich eine Arbeiterklasse auf, die besonders dort, wo sie sich gewerkschaftlich organisieren läßt, zu einer Arbeiteraristokratie wird, die sich nach unten möglichst eindeutig abzugrenzen sucht. Viertens spielt der große „Rest" der lateinamerikanischen Bevölkerungen – das sind im Regelfall immerhin 80-95% der in den jeweiligen Ländern lebenden Menschen – in all diesen Zusammenhängen keine wahrnehmbare Rolle. Für die lateinamerikanischen Staaten, zumindest des 19. und oft auch des 20. Jahrhunderts, waren die *campesinos*, landlose Tagelöhner, *indios*, Dienstleute, Handwerker, Hilfsarbeiter usw. keine ernsthaft ins politische Kalkül zu stellenden Größen. Die also auch nach der Unabhängigkeit sich weiter fortsetzende Oligarchisierung der Gesellschaften ist durch eine denkbar enge wirtschaftliche und soziale (!) Verbindung zum rasch einströmenden ausländischen Kapital erheblich erleichtert worden. Direkt und indirekt besorgten auswärtige Interessen die Mitfinanzierung der Fusion zwischen der überkommenen Oberschicht und den neuen Eliten, insofern sie Kredite, Märkte, machtpolitisch-hegemoniale Absicherungen usw. zur Verfügung stellten, selbstverständlich auch Freundschaften, „Verbindungen", Heiratsmöglichkeiten. In den Worten von *Marcos Kaplan*[56]:

„Während des 19. und zu Beginn des 20. Jahrhunderts entwirft und realisiert man in den wichtigsten Ländern Lateinamerikas ein Modell des wirtschaftlichen Wachstum des Typs des abhängigen Exporteurs von Primärgütern, und es organisiert sich eine hierarchisierte, polarisierte und rigide Gesellschaft mit einer starken Konzentration von Reichtum und Macht in den Händen einer Minorität, die ihren Schwerpunkt im Bereich des Agrar- und Bergbauexports hat, (und zwar) in Verbindung mit den Metropolen und ihren Unternehmen internationaler Reichweite. In Bezug auf diese historische Operation oktroyiert die herrschende Fraktion (Großgrundbesitzer, Bergwerkseigner, Händler und Financiers, hohe politische Führer und Beamte, führende Militärs und kirchliche Würdenträger) ihre eigenen Formen der Macht und der Autorität, ihr politisch-institutionelles System und ihre eigene Legitimität, und sie erreicht die Unterstützung anderer Fraktionen der herrschenden Klasse (regionale Oligarchien), und den Konsens oder die passive Unterwerfung der nationalen Mehrheiten, die sich zusammensetzen aus Mittel- und Unterschichten."

Es gibt eine Reihe recht ähnlicher Bezeichnungen für diese sich mit leichten Phasenverschiebungen allenthalben in Lateinamerika abspielende Entwicklung. *Natalio Botana*[57] spricht etwa von der „konservativen Ordnung", *Tulio Halperin Donghi*[58] von einer „neokolonialen Ordnung", *Marcos Kaplan*[59] von einem „Leviathan Criollo" – und auch die Datierungsphasen der Historiker tragen diesem Sachverhalt Rechnung[60]. Die „oligarchische Republik“ beginnt hier früher, dort später (in Chile z.B. nach 1830, in Brasilien erst ab 1889)[61]. Auch wenn die konservativen Republiken spätestens nach der Weltwirtschaftskrise von 1930 neuen Regimen weichen müssen (nämlich populistischen Versuchen und Experimenten neokonservativer Beharrung[62]), kommen ihnen unter staatstheoretischen wie wirkungsgeschichtlichen Vorzeichen fünf Eigenschaften zu, die alle samt ganz und gar prägende Verständnis-, Stil-, Performanz- und Überlebensbedingungen der lateinamerikanischen Politik geblieben sind und sich mit Sicherheit auch noch bis in das 21. Jahrhundert halten werden:

- Der „Leviathan Criollo“ lebt von einer engen Symbiose zwischen exogener Assistenz und endogener Willfährigkeit derer, die sich unter dem *status quo* nach eigenen Vorteilen einzurichten wissen. (Daher der Begriff der „Brückenkopfbourgeoisie“ in der Dependenztheorie.)
- Die starke Symbiose mit dem (im Regelfall westlichen) Ausland läßt eine entsprechende Auslandsorientierung in den herrschenden Schichten entstehen. Die beiden Seiten dieser nämlichen Münze heißen: Lateinamerikas Eliten sind sehr stark kosmopolitisch orientiert (ungleich stärker als ihre europäischen oder gar ihre nordamerikanischen *counterparts*); die Kehrseite ist eine markante kulturell-ideologische Entfremdung von der eigenen Nation, insbesondere von ihren unteren Schichten.[63]
- Die soziokulturelle und die politisch-ökonomische Bindung an das westlich-kapitalistische Ausland suggeriert die Übernahme dortiger Ordnungs- und Entwicklungsbilder, die in dem anderen lateinamerikanischen Kontext die Qualität eines verfremdenden Vorbilds erhalten.
- Diese Übernahme bezieht sich vor allem politisch auf die Kopie westlicher Staats- und Verfassungselemente, ideologisch insbesondere auf die Akzeptierung der herrschenden westlichen Ordnungsvorstellungen des 19. Jahrhunderts: des Liberalismus.
- Da in den letzten 200 Jahren der Zivilisationsfortschritt unbestreitbar vom Westen ausgeht, wird sich die nach außen orientierte oligarchische Führungsschicht des unabhängig gewordenen Lateinamerika im ganzen diesem westlichen Fortschritt verpflichtet fühlen. Dies bedeutet u.a., daß man auf Modernisierungen flexibel reagiert: u.a. kultiviert man im politischen Bereich eine gewisse Disposition für (begrenzte!) Reformen[64].

Die obigen Punkte erfordern einige erläuternde Kommentare. So sehr der lateinamerikanische Staat gerade des 19. Jahrhunderts von der soeben skizzierten Oligarchie abhängen wird, so sehr der jeweilig Stärkste ihn sich zur Beute zu machen sucht[65], so sehr bleibt er Leviathan[66], d.h. eine Instanz, die sich nicht einfach gegebenen Klasseninteressen bis zur Aufgabe der Eigenständigkeit unterordnet. Die Vorstellung vom Staat als Leviathan ist daher von Anfang an mit dem Hinweis auf den „dualen Charakter“ des lateinamerikanischen Staates diskutiert worden[67]: Der Staat könne sich immer nur manifestieren unter konkreten historischen Verhältnissen, so daß von daher der Gedanke, er diene zeitlos allgemeinen Interessen oder der Gesellschaft in ihrer Gesamtheit, geradezu naiv sei. Die herrschenden Schichten würden immer versuchen, ihn so weit wie möglich zu instrumentalisieren. Aber gleichzeitig lebe doch jeder Staat in Situationen, in denen allgemeine Interessen der Gesellschaft gespürt würden, so daß er gezwungen sei, zumindest teilweise „als Schiedsrichter, als Inkarnation und Verwirklicher der Ordnung, der Gerechtigkeit und des Gemeinwohls aufzutreten."

Die westliche Bindung der lateinamerikanischen Oligarchie läßt es natürlich erscheinen, das europäisch-nordamerikanische Staatsmodell nachzuahmen – wenn und sofern man nicht diktatorialen Lösungen den Vorzug gibt (und so gut wie immer unter der Voraussetzung, daß die Substanz der gesellschaftlichen Ordnung gar nicht tangiert wird!)[68]:

„Für die Konstruktion der politisch-institutionellen Ordnung importieren die Oligarchien und die ihnen verbundenen Intellektuellen das europäische und nordamerikanische Modell eines unabhängigen und zentralisierten Staates, der formal auf (dem Prinzip) der Volkssouveränität und der repräsentativen Demokratie beruht. Dieses Modell wird auf Strukturen gestülpt, die im großen Maße traditionell bleiben und die es zum Teil zurückweisen, zum Teil brechen und ihm seine Kraft nehmen. Vor allem wegen einiger Aspekte, die mit der eingeschlagenen Eigenart der Gesellschaft und der Entwicklung zusammenhängen (auswärtige Dependenz, eine polarisierte und rigide soziale Stratifikation, scharfe sozioökonomische und regionale Ungleichgewichte), besitzen die Prinzipien und Formen der nationalen Einheit, die Souveränität und die Zentralisation der Staaten, die Partizipation der Massen und die repräsentative Demokratie eine (nur) begrenzte oder fiktive Geltung."

Die Übernahme des europäisch-nordamerikanischen Staatsmodells wirkt sich auf die jungen Staaten Lateinamerikas und ihre Gesellschaften ambivalent aus: Auf der einen Seite bleibt vieles Fassade, Potemkinsches Dorf, ein Schein vorhandener Verfassungsstaatlichkeit wo doch die Politik tatsächlich nach Spielregeln abläuft, in die nur ein kleiner Kreis hineinsozialisiert wird[69]. Auf der anderen Seite wird der offiziell übernommene „Verfassungsstaat der Neuzeit" immer mehr zur offiziellen politischen Ideologie des Subkontinents, zu der sich in unseren Jahren der manifesten Krise des lateinamerikanischen Staates selbst noch die „Hüter in Uniform" bekannten (Argentinien, Brasilien, Peru, Ecuador ...) oder bekennen (Chile ...).[70] Wenn heute auch von lateinamerikanischer Seite immer wieder betont wird, man verfüge als Leitbild für die eigene Entwicklung von Staat und Gesellschaft über ein solides Fundament[71], wenn Verfassungsreformen, das Ringen um Demokratie, überhaupt die Leitfiguren westlicher Verfassungsstaatlichkeit wie Menschenrechte und Gewaltenteilung, ein funktionierendes Parteienwesen und soziale Verantwortung, gewerkschaftliche Freiräume und die Autonomie von Universitäten zum unverzichtbaren Bestandteil politischer Reformbemühungen und staatstheoretischer Diskussionen gehören, dann haben wir hier einen zweiten, moderneren Traditionsstrang im lateinamerikanischen Staatsdenken vor uns, der sich vom katholisch-iberischen Etatismus weit entfernt hat. *Wiardas* These von der Prävalenz der iberischen Tradition – man findet sie in ähnlichen Formulierungen schon im Jahre 1955 in der Zeitschrift „Foreign Affairs", ausgesprochen von *Frank Tannenbaum*[72] – muß daher relativiert werden: Sie bezieht sich auf die „lebenden Verfassungen", also auf jene Kompromisse, die Verfassungsideal und die vorherrschenden gesellschaftlichen Kräfte immer wieder eingehen. Als staatlich-politische Grundnorm, Leitidee, als konstitutioneller Maßstab, als politische Gestaltungsmaxime ist die liberale, atlantische Version des modernen westlichen Staates dem überkommenen Etatismus ein Konkurrent geworden. Jeder Blick in die lateinamerikanischen Tages- und Wochenzeitungen, in die Gemeinschaftskundelehrbücher der Schulen, in die Kompendien der „Allgemeinen Staatslehre", in die Kategorien und die Forschungsprogramme der lateinamerikanischen Politikwissenschaft[73] zeigt dies mit unmißverständlicher Deutlichkeit.

Die Gefährdung der westlichen Staatsidee im 20. Jahrhundert, die Staatskrise der Gegenwart und die neuere Demokratiediskussion

Die „oligarchische Republik" ist im 20. Jahrhundert, teilweise sogar schon im 19. Jahrhundert, zusammengebrochen. Sie ließ sich weder aus ideologischen noch aus politisch-praktischen Gründen halten. Warum? Eine richtige Antwort ist sicher, daß sich auf die Dauer keine politische Stabilität gewinnen läßt, wenn offizielle Staatsidee und Verfassungspraxis, insbesondere auch Sozialpraxis, hoffnungslos auseinanderklaffen. Die zweite hängt mit dieser offiziellen Staatsidee selbst zusammen: Da die Oligarchie kosmopolitisch, modern, westlich sein will, weil in dieser offenen Außenorientierung (abgesehen vom innegehabten faktischen Machtmonopol) die eigentliche, ja die nahezu einzige Legitimationsgrundlage liegt, bleibt ihr gar nichts anderes übrig, als mit den politischen Reformvorstellungen des Westens mitzugehen, ja sogar Innovationen zuzulassen, die die eigene Monopolstellung gefährden. Wobei noch hinzukommt, daß Lateinamerikas im 19. und frühen 20. Jahrhundert führenden Schichten, besonders die intellektuell einflußreichen Gruppen, einem sozialdarwinistischen, positivistischen und utopistischen Fortschrittsglauben anhängen[74], der Veränderungen, Modifikationen, Reformen in Staat und Gesellschaft fast schon zum ideologischen Zwang macht (der später auch dann nicht aufgehoben wird, als Anarchismus und Sozialismus auf breiterer Front nach Lateinamerika, insbesondere in die Salons und die Universitäten, eindringen[75]). *Last not least* bleiben auch in Lateinamerika Staat und Gesellschaft selbst keine statischen, unveränderbaren Größen. Gleichgültig, ob man mehr an die „oligarchische Republik", an die im 19. und 20. Jahrhundert immer gegenläufigen Entwicklungsdiktaturen oder an das zeitgenössische Lateinamerika denkt: Entwicklung und Modernisierung sind beide kaum möglich ohne eine vorbereitende und sich ausweitende Staatstätigkeit[76]. Und was die lateinamerikanischen Gesellschaften angeht, so beobachten wir parallel zum sich ausdehnenden Staat zunächst ein immer stärkeres Gewicht der Mittelschichten, dann, in diesem Jahrhundert, auch ein sich allmählich politisch bemerkbar machendes industrielles Proletariat[77]. Die angedeuteten staatlichen und gesellschaftlichen Veränderungstendenzen bleiben nahezu untrennbar miteinander verbunden. Der lateinamerikanische Staat betreibt in Ansätzen schon im 19. Jahrhundert, gezielter aber nach 1930, eine durch einen sich immer mehr ausweitenden staatlichen Wirtschafts- und Finanzsektor abgestützte Entwicklungspolitik[78]. Ungefähr parallel dazu bedeuten die politischen Reformen, durch die die „oligarchische Republik" abgelöst wird, eine graduelle, wohlberechnete, soweit wie möglich kooptiv sich abspielende Hineinnahme der Mittelschichten in den politischen Prozeß und eine begrenzte Berücksichtigung (nicht mehr!) solcher Unterschichtensegmente, die, um einen modernen politikwissenschaftlichen Jargon zu gebrauchen, potentiell organisations- und konfliktfähig sind. Die mesokratische Herrschaft wird in Argentinien 1916 eingeleitet durch den Wahlsieg der Radikalen unter Hipólito Yrigoyen, in Brasilien durch den die „Alte Republik" ablösenden Staatsstreich Getulio Vargas' im Jahre 1930, in Mexiko durch die Herrschaft der Sonorenser nach 1920 und durch die Gründung der Revolutionspartei 1928/29 Sie wird dadurch erleichtert, daß a) (wie schon erwähnt) die Oligarchie als Orientierungsgröße durchgehend tonangebend bleibt, b) auch die Mittelschichten trotz aller von ihnen letztlich ausgehenden reformerischen Unruhen[79] keinem uferlosen, unkontrollierten Veränderungswillen anhängen und sich c) zwischen ihnen und den nach 1950 allenthalben an Gewicht zunehmenden Technokraten bzw. den sich teilweise schon seit den 30er Jahren, verbreiteter seit den 6oer Jahren als Statthalter für *Law and Order* gerierenden Militärs eine enge Interessengemeinschaft einpendelt, die solange anhalten wird, wie die gleichen Mittelschichten das Gefühl behalten, im vorherrschenden *bonanza*-Klima der lateinamerikanischen Entwicklung nicht zu kurz zu kommen. Das ist – bei allen länderspezifischen Schwankungen im einzelnen – etwa bis zur weltwirtschaftlichen Krise 1973/74 der Fall.

In den hier angesprochenen Jahrzehnten findet eine merkliche Gefährdung der westlich-liberalen Staatsidee statt, und die vorgetragenen Zweifel, Alternativprogramme, Gegenmodelle tragen das ihre zur Staatskrise der Gegenwart bei. Wenn ich es richtig sehe, sind es aus staatstheoretischer Sicht besonders sechs ideologisch-theoretische Konstrukte gewesen, die hier zu nennen sind: Populismus und (Neo)Korporatismus, der *estado desarrollista* der Nachkriegszeit, die Varianten eines lateinamerikanischen Autoritarismus einschließlich des Konzepts der Nationalen Sicherheit, Marxismus und Dependenztheorie. Wenn im folgendem diese Vorstellungen ganz kurz referiert werden, dann müssen, gerade für den deutschen Leser, zwei soziologische Sachverhalte ergänzend erinnert werden. Erstens haben staats- und entwicklungstheoretische Räsonnements in Lateinamerika immer stärkere praktische Auswirkungen gehabt als bei uns, was u.a. damit zusammenhängt, daß die Übergänge zwischen der Rolle des Intellektuellen und der des Politikers viel fließender sind[80]; zweitens gibt es, besonders nach 1945, in der ganzen Region beachtete internationale und nationale Institute, *think tanks*, Universitäten usw., die solchen Überlegungen eine Art institutionelle Garantie geben in dem Sinne, daß sie in geregelten Verfahren ausdiskutiert werden können und die Gelegenheit erhalten, in ausgereifter Form Politik, Gesellschaft und Entwicklungsprozesse zu beeinflussen. (Ich denke etwa an die UN-Wirtschaftskommission CEPAL in Santiago de Chile, die in verschiedenen Ländern angesiedelte „Lateinamerikanische Sozialwissenschaftliche Fakultät" FLASCO, Brasiliens Escola *Superior de Guerra ESG*, Perus berühmtes *Centro de Altos Estudios Militares* CAEM, die mexikanische Nationaluniversität *UNAM*, Chiles *Instituto de Estudios Internacionales* und viele andere.)

Im lateinamerikanischen *Populismus* kommt die Grundidee gradueller Reform bei möglichst weitgehender Schonung vorhandener Strukturen am reinsten zur Geltung[81]. Populismus nennt man den Versuch, die im Zuge - der vorhin angedeuteten Transformationszwänge mobil gewordenen sozialen Schichten politisch dadurch unter Kontrolle zu halten, daß man ihnen in der nationalen Politik (meist erstmals!) einen anerkannten Stellenwert gibt. Dies so gut wie immer unter deutlichem Bezug auf charismatische Führergestalten. Populistische Herrschaft ist mesokratische Herrschaft, eine mesokratische Herrschaft freilich, die „nach unten" offen ist (wie im Fall des Peronismus) und dann z.B. die Arbeiterschaft einbezieht. Populistische Herrschaft bedeutet oft auch die Suche nach einem dritten Weg zwischen Kapitalismus und Sozialismus, eben einen „national revolutionären Reformismus", wie vage er im einzelnen auch immer definiert sein mag[82]. Die klassische Zeit des Populismus sind die 30er und teilweise noch die 40er Jahre (Mexiko unter Cárdenas – 1934-1940; Brasilien unter Vargas in seiner ersten Regierungszeit – 1930-1945; Argentinien unter Peron - 1943-1955). Man kennt auch große, über die nationalen Grenzen ausstrahlende politische Parteien und parteiähnliche Gruppen, die dem Populismus zugeordnet werden müssen (die APRA in Peru, *Acción Democrática* in Venezuela, Boliviens *Movimento Nacional Revolucionario*). Der Populismus hat heute seinen Höhepunkt längst überschritten. Er erhielt – seine Anfänge gehen bis in die Mitte des 19. Jahrhunderts zurück[83] – einen teils strukturellen, teils nur konjunkturellen Charakter. In seinen puren Formen scheiterte er schon am Widerstand derer, die die mit ihm verbundenen sozioökonomischen Verteilungskosten nicht zu tragen bereit waren. Als Stilmittel der lateinamerikanischen Politik ist er jedoch höchst lebendig geblieben. Auch die Allende und Castro, die die bourgeoise Verführung der Massen zu verachten behaupteten, haben selten gezögert, sich seiner souverän zu bedienen. Er entstand als eine Strategie der limitierten sozio-politischen Integration „von oben" - und im Kern hat jede lateinamerikanische Herrschaft auch der Gegenwart einen unübersehbaren populistischen Grundzug, der sich z.B. zeigt in den Programmen der politischen Parteien, in den jährlichen Rechenschaftsberichten von Staatspräsidenten und Gouverneuren und vor allem in der tatsächlich praktizierten Politik.[84]

Man hält aufsteigende oder aufstiegswillige Schichten nicht nur dadurch in Schranken, daß man sie an überragende Führerpersönlichkeiten bindet und ihnen sozial- und/oder berufspolitische Konzessionen macht (Arbeitsgesetze, Programme eines offenen „civil service" etc.). Noch klüger ist es, es mit einem politisch-organisatorischen Rahmen zu versuchen, der tunlichst die neuen Gruppen und Schichten zu anderen wichtigen gesellschaftlichen Formationen in ein geordnetes Zuordnungsverhältnis bringt. So gesehen gehören Populismus und *(Neo)Korporatismus* eng zusammen. *James Malloy*[85] hat vor dem Hintergrund langjähriger eigener Forschungen über Peru und Bolivien den Korporatismus auf folgende Formeln gebracht: Die Anhänger der korporatistischen Philosophie gingen davon aus, daß man einen in sich harmonischen Modernisierungs- und Entwicklungsprozeß erreichen könne, wenn Staat und Gesellschaft eine adäquate Organisationsstruktur erführen bei der der Gedanke eines gerechten Anteils aller nicht notwendigerweise egalitaristische Konsequenzen impliziere. Der Staat suche damit den auch in der sich transformierenden lateinamerikanischen Gesellschaft virulenten Gedanken des Konflikts zu umgehen durch das Prinzip einer möglichst umgreifenden Integration „natürlicher" Gewalten. Mehr noch, der korporatistische Staat erhalte so eine ebenso natürliche Chance, seine eigentliche politisch Legitimität als oberster Regulator in Wirtschaft und Gesellschaft zu finden.

Es liegt nahe, dieses gleitende Ineinander von Populismus und Korporatismus im Sinne der *Tannenbaum*, *Morse*, *Wiarda* als eherne Bestandteile des spanisch-katholischen Legats Lateinamerikas zu erklären. Immerhin ist es nicht einfach die Fortsetzung der kolonialstaatlichen Staats- und Gesellschaftsstruktur. Es hat eine „liberale", sozusagen rechtsstaatliche Einfärbung bekommen, auch ein Stück innergesellschaftlicher Eigendynamik, die mit der Vitalität, dem Durchsetzungsvermögen gesellschaftlicher Kräfte rechnen muß, weswegen *Juan Carlos Portantiero*[86] es vorzieht, heute von einem Neokoporatismus zu sprechen. Wo jedoch die populistische Komponente überwiege, sei der zentralistische Etatismus unverkennbar. Ich sollte noch hinzufügen, daß in der Verbindung von Korporatismus und Populismus auch der seit dem frühen 19. Jahrhundert in Lateinamerika geläufige *caudillismo*[87] zumindest als Verhaltensform „von oben" überlebt hat, eben als Stilfigur für „von oben" aufgebaute Gefolgschaften. Populismus und Korporatismus sträuben sich nicht grundsätzlich gegen Modernisierungen, sondern fangen sie ab, um „unkontrollierbare" gesellschaftliche Potentiale klein zu halten. Sie verleihen Status, Gegenwert, unter Umständen Mitspielerqualität im politischen Spiel, reißen aber nicht das traditionelle Patron-Klientelschema auseinander, sondern versöhnen (unter der Bedingung der „korporatistischen" Einfügung) überkommene und neue gesellschaftliche Interessen. Es ist somit nur konsequent, daß in Lateinamerika viele Gewerkschaften, Parteien, Bauernligen ... Gründungen „von oben" sind, daß der Staat es ist, der zur Gründung von Industrie- und Handelskammern anregt und verpflichtet usw. Freilich sind dem Korporatismus auch Grenzen gesetzt, dann nämlich, wenn die innergesellschaftlichen Interessengegensätze zu groß werden, um in einer vagen Versöhnungsideologie Ansprüche kontrollierbar abzuschwächen oder wenn (was ja zeitweilig zum Trauma von Ländern wie Argentinien, Bolivien, Peru geworden ist) der Staatsgewalt die Kontrolle der Gesellschaft entgleitet. Daß Populismus und Korporatismus einen antidemokratischen Charakter haben, liegt auf der Hand. Im besten Falle tendieren sie zur Perpetuierung des Klientelstatus breiter Volksschichten, im Regelfall jedoch zu ihrer politischen Entmündigung. Im übrigen kann eine Staatsstruktur auch nicht demokratisch genannt werden, wenn sie – worauf Populismus und Korporatismus hinauslaufen – einzelne Gruppen bevorzugt und/oder zur staatstragenden Schicht erklärt.

In den Jahren nach dem Zweiten Weltkrieg reichen Populismus und Korporatismus nicht mehr aus zur Absicherung mesokratischer Herrschaft. Der von einer breiteren Bevölkerung ausgehende Partizipations-, Legitimations- und Distributionsdruck wird in dem Augenblick größer, als sich weltweit die Demokratien mit ihren wohlfahrtsstaatlichen Verheißungen durchzusetzen scheinen und als man (dies mit einer leichten Phasenverschiebung von wenigen Jahren) von lateinamerikanischer Seite selbst gezielt über die multiplen Verursachungen der eigenen Defizite nachzudenken beginnt. Man spricht daher heute von einer Zwischenphase der *estados desarrollista democráticos* der Nachkriegszeit[88]. Formeln dieser Art sind insofern immer etwas problematisch, als sie die Mischungsverhältnisse lateinamerikanischer Politik herunterspielen und die Vorstellung suggerieren, es habe ein eindeutig benennbarer Regimetyp vorgeherrscht. Richtig ist sicher, daß es nach 1945 und dann wieder zur Zeit von Kennedys „Allianz für den Fortschritt" (1961) in vielen Ländern des Subkontinents zu Versuchen kommt, die in den eigenen Verfassungen beschworene liberal-repräsentative Demokratie dadurch glaubwürdiger zu machen, daß man die politisch-partizipative wie auch die distributive Integration der bisher benachteiligten Bevölkerungsschichten weniger mit den bisherigen Strategien abgestufter, wohldosierter Kooptationsschritte (Populismus) als mit der Vorstellung verbindet, in einer sich zügig modernisierenden, von einem kräftigen Wirtschaftswachstum gestärkten Gesellschaft sei Platz für alle. Ein für entsprechende Modernisierungsschritte und Wachstumsraten verantwortlicher Staat sei der eigentliche Garant der Einlösung. Diese Wachstumsideologie ist als *desarrollismo* (*desarrollo* = Entwicklung) in die lateinamerikanische Entwicklungs- und Politikdiskussion eingegangen und für sich genommen deshalb interessanter als die zeitweilig beigegebene oder mitversuchte demokratische Parallele, weil ihre Kernvorstellungen trotz aller an ihr vorgetragenen Kritik[89] immer noch eine erhebliche

Ausstrahlungskraft behalten haben. Dieter Benecke[90] nennt *desarrollismo* eine „vorrangig auf die Wirtschaft und innerhalb dieser auf die Industrialisierung konzentrierte ... ökonomische Modernisierungsstrategie", die dem Staat allerdings ‚die tragende und initiierende Rolle" zuschreibe. Und weiter[91]: „Im Gegensatz zu den Anhängern der zentralen, möglichst viele Bereiche erfassenden Planung, folgen die Vertreter des *Desarrollismo* der Vorstellung, die Hirschmann als *Trickle-Down-Effekt* beschrieben hat. Demnach gilt es zunächst, Schwerpunkte für Investitionen festzulegen und somit Entwicklungspole aufzubauen. Dabei vertraut man darauf, daß von diesen zwangsläufig ... eine vertikale und horizontale Breitenwirkung ausgeht." Auf diese Weise „würden zahlreiche Arbeitsplätze geschaffen, das Volkseinkommen erhöht, die Einkommensverteilung verbessert, die ökonomische Struktur dynamisiert und das Ungleichgewicht allmählich abgebaut." Pate bei diesen Überlegungen standen lateinamerikanische Wirtschaftswissenschaftler, die nicht nur den gängigen Entwicklungsvorstellungen der beiden ersten Entwicklungsdekaden folgten, sondern auf Überlegungen zurückgreifen konnten, wie sie seit den frühen 50er Jahren von der CEPAL in Santiago vorgelegt wurden[92]. Der *Cepalismo* läuft darauf hinaus, die überkommenen Theoreme komparativer Kostenvorteile infrage zustellen zugunsten einer Aufhebung des Zentrum-Peripherie-Defizits mittels einer großflächigen, import-substituierenden Industrialisierung.

Um es kurz zu machen: Der *desarrollismo* ist trotz zeitweilig beachtenswerter wirtschaftlicher Wachstumsraten und trotz eines unter dem Vorzeichen einer „gemischten Ökonomie" ebenso beachtlichen Ausbaus in den Sektoren Infrastruktur und Industrie sozial und wirtschaftlich gescheitert. Sozial insofern, als man unter dem vorherrschenden Eindruck, wirtschaftliches Wachstum schließe die sofortige Umverteilung aus, dem Wachstum einen eindeutigen Primat gab und damit die ohnehin bestehenden sozialen Ungleichgewichte des Subkontinents eher noch verschärfte. Wirtschaftlich, weil man im ganzen weder die wirtschaftlich-technologische Auslandsabhängigkeit abbaute noch (mangels eingreifender distributiver Maßnahmen) nationale und/oder subregionale Märkte schaffte, die den anlaufenden Differenzierungsprozessen im Produktionssektor die nötige Nachfrage von Dauer beschieden hätten. Damit wurde zugleich aber auch der diesen *desarrollismo* tragende Staat diskreditiert. Den Anspruch eines *estado benefactor* vermochte er nicht einzulösen[93]; es fehlte ihm an Durchsetzungskraft gegenüber denjenigen, die die Nutznießer der eingeleiteten Wachstumsprozesse waren; der sich somit ergebende Aufstau der sozio-ökonomischen Spannungspotentiale minderte wiederum ganz erheblich die Chancen politischer, gar demokratischer Stabilisierung. Die von den einen gezogene Konsequenz war die Beibehaltung autoritärer, klientelistischer Formen der politischen Performanz und des sozialen Umgangs, in gewisser Weise also die leicht zu durchschauende Praxis populistisch-korporativen Staats- und Gesellschaftslebens unter der vorgegebenen Oberfläche demokratischer Öffnungsbereitschaft – was erheblich zur (zeitweiligen?) Schwächung des demokratischen Gedankens in Lateinamerika beigetragen hat. Die andere Schlußfolgerung war die bewußte Absage an den populistisch-bourgeoisen, demokratisch oder pseudodemokratisch experimentierenden Staat.

Der neue *autoritäre Modernisierungsstaat* wurde am entschiedensten etwa seit Mitte der 60er Jahre von den militärischen Machthabern neuen Typs[94] praktiziert. Im kontinentalen Trend beschränkte er sich aber keineswegs auf die Militärregime, weil der Wechsel des Paradigmas nicht einfach mit dem äußeren Austausch der Herrschaftsträger zusammenhing, sondern mit sich ändernden internen und externen politischen Konstellationen, strukturellen ökonomisch-politischen Veränderungen und der verbreiteten Auffassung, daß der „weiche" demokratisch-desarrollistische Staat sich zunehmend als unfähig erwiesen habe. Es gibt keinen allgemein verbindlichen Namen für die neue Entwicklung. „Brasilianisches Modell"[95], „Peruanisches Modell"[96], *estado autoritario modernizante*[97] oder – im Zuge der durch *O'Donnell*[98] ausgelösten staatstheoretischen Diskussion – „bürokratisch-autoritärer Staat" sind gängige Bezeichnungen geworden (hinter denen im einzelnen unterschiedlich ausgeprägte Modelle stehen).

Schon im Klima des Kalten Krieges der 50er Jahre, der Kubanischen Revolution, dann auch im Gefolge der bald einsetzenden lokalen *Guerrilla*-Bewegungen hatte man, besonders an den führenden Militärakademien darüber nachgedacht, ob man nicht durch geeignete politisch gesteuerte Gegenstrategien mit der von außen kommenden Bedrohung fertig werden könne. Die an den führenden Militärschulen des Kontinents entwickelte „Doktrin der Nationalen Sicherheit", in der sich in der bekanntesten, der brasilianischen, Version ein massiver Antikommunismus, die Sorge um Ordnung und Sicherheit im Innern und die Vorstellung einer großflächig greifenden Entwicklungsstrategie in einer als Großbetrieb gelenkten Gesellschaft bei gleichzeitiger grundsätzlicher Öffnung gegenüber dem ausländischen Kapital verbanden[99], war der Versuch einer angemessenen Antwort. Eine ergänzende Rolle spielte die Bedrohung, die für die etablierten Schichten von den *demands* der *masas populares* ausging. Hinzu kam noch die unübersehbare politische Instabilität. Weitere Wegbereiter des *estado autoritario modernizante* waren die im Zuge der nach 1930 bzw. nach 1945 verfolgten „gemischten Ökonomie" sich einstellende Technokratisierung der Politik sowie die Auffassung, daß die notwendige, kapitalistische Modernisierung nicht möglich sei ohne eine neue „Sichtweise und Konzeption nicht nur des Wirtschaftsprozesses, sondern auch der Gesellschaft als Klassengesellschaft und damit vor allem des Staates und dessen Funktionen"[100]. Der *estado autoritario modernizante* wurde für 15 bis 20 Jahre eine Art Durchschnitts- oder Prototyp lateinamerikanischer Staatlichkeit (im Chile des Generals Pinochet hält er immer noch an; aber auch in semiautoritären, bonapartistisch eingefärbten Staaten wie Mexiko erkennt man viele seiner Züge wieder). In seiner rigiden Form ist er u.a. von einem Mann beschrieben worden, der wie kaum ein anderer Lateinamerikaner unserer Zeit das ineinander gleitende Rollenspiel von Intellektualität und praktisch politischem Engagement verkörpert: *Fernando Henrique Cardoso*, langjähriger Senator in Brasilia und zugleich einer der angesehensten Sozialwissenschaftler seines Landes[101]: Der von einer starken, überzentralisierten Exekutive beherrschte Staat versuche, sich von keinerlei Klassen-, Verbands- oder gar Individualinteressen in den Entscheidungsprozeß hineinreden zu lassen. Zwar begünstige auch der bürokratisch-autoritäre Staat die korporative Strukturierung der Gesellschaft, weigere sich aber, die korporativen Organisationen als Verhandlungspartner anzuerkennen. Die auch in bürokratisch-autoritären Regimen unverzichtbaren Verbindungen zwischen Staat und Gesellschaft erfolgten auf dem Wege der Kooptation von Individuen, die nicht als Interessenvertreter, sondern als Berater fungierten. Im übrigen herrsche eine staatsbezogen dirigistische und hierarchie-orientierte Mentalität vor. Der Gedanke gesellschaftlicher und politischer Repräsentation sei suspekt, genauso wie die konfliktive Vertretung eigener Interessen in einem Staat verpönt sei, in dem die staatlich nationale Einmütigkeit (nicht die nationale Integration!) die im Konzept der Nationalen Sicherheit zusammengefaßte offizielle Ideologie sei.

Der bürokratisch-autoritäre Staat gilt heute als gescheitert. Teilweise traten die Machthaber mehr oder minder freiwillig ins zweite Glied zurück (Ecuador, Peru, Brasilien), teilweise konnten sie sich nach einer massiven militärischen Niederlage nicht mehr halten (Argentinien), teilweise war auch der internationale Druck stark genug, um einen demokratischen Neuansatz zu erzwingen (Uruguay, El Salvador, Guatemala ...). Internationale Faktoren wie die 1973/74 sich verschlechternde weltwirtschaftliche Lage, der Verfall der *terms of trade*, die Auswirkungen des von den USA, der EG und Japan praktizierten Protektionismus, zeitweilig auch die Menschenrechtspolitik Präsident Carters haben unzweifelhaft dazu beigetragen, den Neoautoritarismus in die Schranken seiner wirtschaftlichen Leistungsfähigkeit zu verweisen bzw. ihn an die Begrenztheit seiner Legitimität zu erinnern. Das Element des Scheiterns lag jedoch vornehmlich in der „Logik" des Modells selbst begründet. Im Grunde genommen wollte man einen effektiven *desarrollismo* praktizieren, ohne die Dringlichkeit populistisch-distributiver Korrekturen anzuerkennen. In dem Versuch der betriebswirtschaftlichen Steuerung des Staates lebte man an der schon seit Jahrzehnten in fast allen lateinamerikanischen Staaten erreichten gesellschaftlich-politischen Komplexität, eben auch an einem unübersehbaren internen Pluralismus vorbei. In dem Bemühen um eine neoliberalistische Steuerung der Wirtschaft, die in einzelnen Fällen die monetaristische Version der Chicago-Schule aufgriff, übersah man die Grenzen der eigenen ökonomisch-fiskalischen Disziplin, so wie überhaupt der von außen abgeguckte wirtschaftliche Neoliberalismus daran krankte, daß man sich der Illusion hingab, man könne ihn ohne ein freies Spiel der wirtschaftlichen und politisch-gesellschaftlichen Kräfte in einem rein technokratischen Sinn im Rahmen staatlich-bürokratischer Steuerung wirken lassen. Am Ende waren der partizipatorische Druck von unten, der Ruf nach distributivem Ausgleich, nach größerer Repräsentativität der staatlich-politischen Ordnung fühlbarer denn je. Der *estado autoritario modernizante* hinterließ einen allgemeinen Katzenjammer, nämlich das verbreitete Gefühl einer manifesten allgemeinen Staatskrise, die nur überwindbar sei, wenn Staat und Gesellschaft von Grund auf rekonstruiert würden. Die Pendelbewegung zu abermaligen demokratischen Ansätzen war damit vorgezeichnet[102].

Man könnte sagen, daß die aktuelle und vorläufig letzte Phase im lateinamerikanischen Staatsdenken dadurch erleichtert wurde, daß demokratische Verfassungen, ein weit über 100 Jahre akkumuliertes westlich-liberales Gedankengut und vor allem trotz der Unterdrückung reifer gewordene politische Kräfte und Wandlungsträger (verantwortliche Führer, Parteien, Gewerkschaften, eine soziopolitisch sensibler gewordene katholische Kirche[103]) allenthalben zur Verfügung standen – möglicherweise wie nie vorher in der lateinamerikanischen Geschichte. Es gibt jedoch keinen schlichten Wechsel des ideologisch-theoretischen Paradigmas auf der bloßen Basis struktureller Krisen und punktuell vitaler gewordener gesellschaftlich-politischer Kräfte. Die auf dem ganzen Kontinent zu beobachtende Neuorientierung des Staatsdenkens konnte nur stattfinden, wenn diejenigen, die sich als Theoretiker von Staat, Gesellschaft und Entwicklung Namen und Einfluß erworben hatten, dieses Umdenken mitmachten – wenn es zumindest maßgebliche und prominente Persönlichkeiten aus diesem Kreise taten.

Denn an einem möchte ich keinen Zweifel aufkommen lassen: Die Gefährdung, ja Diskreditierung der westlich-liberalen Staatsidee hing ja nur zum Teil mit sich wandelnden Verklammerungsmustern von „gelebten Verfassungen" und ihren typologischen Charakterisierungen zusammen („Oligarchische Republik", Populismus, Neo-Autoritarismus usw.). Auch diejenigen, die in Universitäten und Forschungsinstitutionen, in einflußreichen Medien wie überhaupt als Intellektuelle tätig waren, haben seit den 60er Jahren ihre Energien meist dafür eingesetzt, die bestehenden Regime in ihren offenkundigen Schwächen zu analysieren. Sie hatten es deshalb in der „Theorie" leicht, weil der dependente Kapitalismus in so gut wie allen lateinamerikanischen Gesellschaften in der Tat – um noch einmal auf Alba zurückzukommen – gesellschaftlich-politisch primär die Schonung seiner Privilegien, Pfründe und Interessen besorgt war, ohne groß um die Änderung der Regimetypen bekümmert sein zu müssen. War dies nicht besonders seit Mitte der 60er Jahre der Fall, als die Militärs endgültig im Zeichen des autoritär-bürokratischen Modells den Oberschichten die Früchte des technokratischen *desarrollismo* zukommen ließen? Bei all dem war es angesichts damit verbundener persönlicher Konsequenzen beachtlich, daß man in führenden Universitäten, in der politisch-publizistischen Öffentlichkeit usw. sich nicht einfach mit den jeweiligen Regimen arrangierte, sondern eine kritische Distanz zu wahren suchte. Es mag sein, daß Marx in Lateinamerika weniger bedeutende Anhänger gefunden hat, als man aufgrund des ideologischen Klimas der 60er und 70er Jahre hätte erwarten sollen. Richtig ist aber, daß sich damals eine ganze Generation von Forschern marxistischen Fragestellungen zuwandte[104]: einem kapitalismuskritischen, entmystifizierenden Vorgehen, dem Primat des Ökonomischen und Technologischen, der Klassenanalyse und den Korrelationen zwischen Wirtschaft, sozialer Stratifikation und politischer Macht... Die das Ganze mehr in internationale und historische Dimensionen wendende Dependenztheorie[105] – sie gehört zu den originellsten Beiträgen Lateinamerikas zur internationalen sozialwissenschaftlichen Diskussion und ist politisch mit ihren Denkfiguren nicht ohne Einfluß auf den Nord-Süd- Dialog der 70er Jahre geblieben – wußte der kritischen Perspektive noch mehr an Rechtfertigung zu geben. Dies ist nicht der Ort einer eigenen kritischen Auseinandersetzung. Ich halte es für eine erhebliche Überschätzung ihrer Rolle (wie für eine noch größere Unterschätzung der vorausgehenden politischen Ideengeschichte Lateinamerikas), wenn heute gelegentlich gesagt wird, mit der Dependenztheorie könne man eindeutig von einem „Weg zu einer lateinamerikanischen Staatstheorie" sprechen[106]. Die Attraktion der Dependenzansätze lag teilweise im Aufgreifen bisher nicht geläufiger Denkfiguren („strukturelle Heterogenität", „Marginalität", „Zentrum-Peripherie-Modell"...), die besonders im Zuge der Schwächephasen der den *desarrollismo* begleitenden Modernisierungstheorien Überlegenheiten zeigten. Teilweise hatten sie deshalb Konjunktur, weil sich in ihnen politische und wissenschaftliche Anliegen von marxistischen und bürgerlich-nationalistischen Forschern[107] trafen, wobei auch von der CEPAL eingebrachte Überlegungen zur Wiederherstellung internationaler Handelsgleichgewichte die gebührende Berücksichtigung fanden. Teilweise hängt ihr innerlateinamerikanischer Erfolg auch damit zusammen, daß sie, nun auf einer zeitgemäßen sozialwissenschaftlichen Basis, seit langem verbreitete antiimperialistische (= vornehmlich antinordamerikanische) Einstellungen (Rodó, Mariátegui, Haya de la Torre, Lombardo Toledano und viele andere) im Rahmen der eigenen Entwicklungsdefizite artikulierte. Schließlich war sie natürlich ein bequemer Weg der Schuldzuweisung „nach außen", so daß ihre Ausstrahlung auf politische Bewußtseinsinhalte in der praktischen Politik Lateinamerikas nicht hoch genug eingeschätzt werden kann. Aus heutiger staatstheoretischer Sicht fällt die Ambivalenz des dependenztheoretischen wie des marxistischen Denkens im engeren Sinne auf: Auf der einen Seite haben sie „die komplexen Verschränkungen der exogenen und endogenen Entwicklungsdynamik kaum adäquat behandelt", so wie sie überhaupt für die „spektakulären Erfolge einiger Schwellenländer mit ihrer integrativen Entwicklungsstrategie"[108] keine Erklärungen anzubieten wußten, so daß ihr gegenwärtiger relativer Positionsverlust nicht überraschend kommt. Auf der anderen Seite haben sie dem lateinamerikanischen Denken über Staat und Politik, das aus einer langen kulturellen Tradition[109] gespeist wird und ausgesprochen synkretistisch angelegt ist, wichtige Impulse vermittelt, die nach meinem Dafürhalten diese Politiktheorie differenzierter, problembezogener und weniger esoterisch gestalten als das, was bei uns oder in den USA zum Thema vor gelegt wird[110], die Einsicht, daß zumindest für Lateinamerika die Staatsdiskussion nicht geführt werden sollte ohne eine begleitende Entwicklungsperspektive; damit zusammenhängend die Notwendigkeit der Einbindung staatstheoretischen Denkens in den sozioökonomischen Kontext der Politik[111]; die weitere Einsicht, daß jedes konkrete Nachdenken über Staat und Entwicklung weitgehend unverbindlich bleibt ohne die angemessene Berücksichtigung der mitkonditionierenden internationalen Rahmenbedingungen[112]. Bei aller Anerkennung solcher Verdienste muß aber auch gesagt werden, daß die hier gemeinten sozialwissenschaftlichen Denkschulen wenig Alternativen zu konkretisieren wußten zu dem, was sie kritisierten[113]. Mehr noch – ich habe dies an anderer Stelle am Beispiel einer in Lateinamerika viel beachteten Schrift des kolumbianischen Soziologen *Orlando Fals Borda* gezeigt[114] sie trugen das ihre dazu bei, ein weiteres Mal die liberal-westliche Demokratie als bourgeois, formal, ja als „zweifelhaftes angelsächsisches Gesellschaftsmodell" abzutun. Dies gilt übrigens auch für eine zeitweilig sehr lebhaft geführte, auf Lateinamerika selbst bezogene Faschismus-Diskussion, insofern man den Verhärtungstendenzen in den sich abspielenden politisch-ökonomisch-sozialen Machtkonzentrationen (Brasilien, Chile, Uruguay, Argentinien) ungleich mehr Aufmerksamkeit widmete als der Frage partizipatorisch-repräsentativer Öffnungspotentiale[115]. Letztlich sollte der autoritär-bourgeoise-dependente Staat bloßgestellt werden, ohne daß immer deutlich wurde, was man sich selbst als tragfähigen Neuansatz unter demokratischen Vorzeichen vorstellte.

Solche Auffassungen, in unzähligen Varianten sophistizierterer und primitiverer Form vorgetragen, sind über einen langen Zeitraum bis weit in die 70er Jahre so etwas wie eine Mehrheitsposition in Lateinamerika gewesen: Unter den Sozialwissenschaftlern, in der publizistischen Öffentlichkeit, mit der zunehmenden Entdeckung eigener Interessen im Nord-Süd-Dialog und einer verbreiteten Dritte Welt-Philosophie (*tercermundismo*)[116] auch in der lateinamerikanischen Politik.

In unseren 80er Jahren heißt das zentrale Thema nun Demokratie. Der sich allenthalben vollziehende und unübersehbare Paradigmenwechsel in den Diskussionen um Staat und Gesellschaft hängt nicht nur mit dem Zusammenbruch der autoritären Systeme zusammen, sondern auch mit einem bereitwilligen Umdenken im Lager der Intellektuellen. Dieses kommt nicht von ungefähr[117]. Viele, die sich an der Kritik des autoritär-dependenten Kapitalismus beteiligt hatten, lernten unter dem oft physisch erfahrenen Eindruck der Repression, der Folter und des Exils erkennen, daß Menschenrechte, Rechtsstaatlichkeit und Gewaltenteilung eine „Eroberung der Menschheit"[118] sind und nicht nur politische Zusatzattribute nach vollzogenen materiellen Staatsreformen. Alte Vorbilder verloren wegen ihrer Leistungsschwäche aus Überbürokratisierung und der nie aufgegebenen Politik auswärtiger Bevormundungen an Glanz (Sowjetunion, Kuba), Lateinamerikas „Muster-Revolutionen“ (Mexiko, Bolivien, noch einmal Kuba) überzeugen nicht, weil sie den Durchbruch zu einer unbestreitbaren internationalen Autonomie und zu einer effektiv wahrnehmbaren internen Freiheit nicht geschafft haben, neue Vorbilder (Nicaragua) werden besten falls als mit großer Vorsicht zu beobachtende Experimente angesehen. Die Folge ist eine wieder gewonnene intellektuelle Unbefangenheit. Anders als früher sieht man zwischen Kapitalismus und Demokratie keine schlechthin unauflösliche Verknüpfung. Gleichzeitig verschweigt man auch nicht die konkreten Probleme einer Verbindung von Sozialismus und Demokratie. Die Folge des veränderten Erfahrungshintergrundes ist eine „Neubewertung der demokratischen Idee in Lateinamerika“[119], ein neues Interesse an einer „Versöhnung“ der Menschenrechtsidee und der politischen Rechte mit der Vorstellung von „sozialer Gerechtigkeit ... in einem lateinamerikanischen Kontext.[120]“ „Il faut rédefiner le possible“ – hat *Norbert Lechner*[121] vor einigen Monaten in der französischen Zeitschrift „Esprit“ geschrieben.

Die in voller Breite ausgetragene Neudiskussion des Demokratiethemas heißt zunächst einmal, daß die Distanzen zwischen früheren ideologischen Lagern deutlich geringer geworden sind, daß eingenommene Positionen auch dort, wo sie eigene Präferenzen betonen, in einem Grundton der Diskussionsbereitschaft mit anderen vorgetragen werden und daß die alte, lähmende, unfruchtbare Dichotomie hier „formale“, „bourgeoise“, „verschleiernde“ Demokratie, dort „eigentliche“, „soziale“, „sozialistische“ Demokratie, an Kraft verliert. „Man kann“ – schreibt Portantiero[122] – „die ökonomisch sozialen Voraussetzungen befriedigend einlösen, die Situation extremer Armut ausschließen, aber das garantiert nicht für sich selbst die Existenz von Demokratie. Diese ist notwendigerweise auch formal, weil sie auf die Einrichtung einer politischen Ordnung abhebt. Ihre Verwirklichung verweist auf den Konflikt als Element der Kreativität und der Transformation, und in diesem Sinne ist die Demokratie ein permanenter Willensakt..., ein Kampf ohne Unterbrechungen, durch den die Menschen ihren politischen Willen ausdrücken, um ihr Leben selbst zu kontrollieren.“

Die Neudiskussion des Demokratiethemas kann hier nicht in ihren Einzelheiten vorgestellt werden. Nach meiner Kenntnis trifft sie sich in vier oder fünf Konvergenzpunkten[123]:

- Es geht um eine Aufwertung der Gesellschaft gegenüber dem bisher fast allmächtigen „Leviathan“-Staat. Das schließt gesellschaftlichen Pluralismus ein; auch die Forderung nach Interessenartikulation und Interessenaggregation aus dem Raum der Gesellschaft.
- Die überkommene Segmentierung der lateinamerikanischen Gesellschaft ist durch einen neuen Sozialpakt aufzuheben.
- Konkordanzdemokratische Übergangslösungen könnten unter der Voraussetzung das Mittel der Wahl sein, daß mittelfristig ein partnerschaftlicher

Parteienpluralismus entsteht, der auch dem für jede funktionierende Demokratie unverzichtbaren Gedanken der konstruktiven Normalität der Oppositionsrolle besser als bisher Rechnung trägt.

- Mit solchen Überlegungen verbindet sich in allen Lagern die Forderung nach einer „Rückgabe externer Souveränität" an Lateinamerika.
- Demokratie wird nicht nur in ihren potentiellen Leistungen im Vergleich zu den anderen, in Lateinamerika bekannten Regimetypen gesehen, sondern auch als „Wert an sich" verstanden.

Wir haben hier ein weiteres Mal eine westlich-liberale Demokratierezeption vor uns, wie sie in ähnlicher Form auch schon früher in Lateinamerika versucht wurde. Und doch gibt es – im Gegensatz zum oberflächlichen Eindringen des verfassungsstaatlichen Liberalismus vor und während der „oligarchischen Republik" oder zu den anderen, in diesem Aufsatz genannten, Zwischenperioden einige interessante Besonderheiten. Lateinamerikas neues Demokratiedenken hat eine unverkennbare sozialdemokratische und/oder christlich-soziale Grundtendenz[124], d.h. in wichtigen ideologischen Lagern scheint sich ein programmatischer Grundkonsens über die materielle Ausgestaltung dieser Demokratie herauszubilden, der bis weit ins Lager der traditionellen populistischen Parteien reicht. Im Gegensatz zu früher ist die Anzahl und Festigkeit vitaler demokratischer Kräfte und ihrer Führer größer[125], so daß es maßgebliche politische Kräfte gibt, die bereit und fähig sind, den neuen demokratischen Konstitutionalismus auch zu leben. Es kommt hinzu, daß zwar Länder wie Argentinien, Ecuador, Venezuela ... sicher noch weit davon entfernt sind, als Musterdemokratien so etwas wie eine tiefgreifende demokratische Stabilisierung via gelebter Erfahrung auszustrahlen (in einem gewissen Umfang tut das Costa Rica!). Es wäre jedoch auch nicht mehr korrekt, die korrespondierenden politischen Systeme ausschließlich als parademokratische Fassadendemokratien mit darunter völlig intakt gebliebenen bourgeois-oligarchischen Strukturen anzusehen. Ein dritter Gegensatz zu früher ist, wie gesagt, das Einschwenken vieler prominenter Intellektueller in den Kreis derer, die um eine lebensfähige lateinamerikanische Demokratie besorgt sind. Ein vierter und ganz wichtiger: In der Diskussion um diese Demokratie herrscht auch Konsens darüber, daß ihr Erfolg immer auch eine Funktion extern begünstigter, belassener oder verweigerter Autonomie ist.

Dies alles gibt der neuen Demokratie noch keine Bestandsgarantie. Das überkommene etatistische, oligarchische, korporative, auch technokratisch-autoritäre Lateinamerika ist nicht zur Gänze untergegangen, sondern lebt – zumindest partiell – in jedem (!) der lateinamerikanischen Länder so fort, daß es in anderen Großkonstellationen durchaus wieder dominant werden könnte (wobei zu ergänzen bleibt, daß es in bestimmten Schichten ohnehin nicht an Attraktion verloren hat). Als Beimischung ist es der lateinamerikanischen Politik selbst dort beigegeben, wo man moderne Alternativen zu diesem traditional-gestrigen Lateinamerika versucht. Der letzte Bericht des Inter-American Dialogue[126] im

Augenblick wohl das unabhängigste und zugleich pluralistischste Gesprächsforum der beiden Americas, stellte daher unmißverständlich heraus: „The central political issue in Latin America today is whether the region's turn toward democracy will endure", eine Skepsis, die auch in Lateinamerika ausgesprochen wird[127].

Eine abschließende Bemerkung

Es bleibt der Eindruck von der „Gleichzeitigkeit des Ungleichzeitigen", sieht man sich Begriff und Wirklichkeit des Staates in Lateinamerika an. Traditionsstränge und Ideologien, zäh verharrende und aufbrechende Gesellschaftsstrukturen, gelebte Erfahrungen von gestern und die Utopien für morgen[128] lassen ein ungeheuer komplexes Bild von Staat und Politik entstehen, das auch dort, wo man die Brille der Theorie zur Hilfe nimmt, nicht wesentlich vereinfachter wirkt. Das alte etatistisch-korporative, das liberal-verfassungsstaatliche, das populistisch-neokorporative, das autoritär-bürokratische und auch das neue sozialdemokratisch-christlich-soziale Lateinamerika ringen miteinander. Selbst wenn die Zukunft der modernen Demokratie gehören sollte, wird es lange dauern, bis sie sich selbst stabilisieren wird, und noch viel länger, bis der belastende Traditionsbestand tatsächlich anfängt, bedeutungslos zu werden. Vielleicht deshalb, weil es sich auch weiterhin anbieten dürfte, in Zeiten bestehender gesellschaftlicher Fragmentarisierungen auf autoritäre Herrschaftsweisen in Staat und Gesellschaft zurückzugreifen? Vielleicht auch deshalb, weil der Westen seine Mitverantwortung für die politische Zukunft der einzigen okzidentalen Region der Dritten Welt kaum begreift? Freilich müßten auch die Lateinamerikaner selbst vieles tun, um in eine moderne demokratische Verfassungsstaatlichkeit hineinzuwachsen. Sie hätten, so wie dies jetzt in Argentinien und in Brasilien der Fall ist[129], ihre Verfassungen nach eigenen demokratischen Bedürfnissen und Erfahrungen (!) zu diskutieren, anstatt die fremden Vorbilder aus dem 19. Jahrhundert kosmetisch zu modifizieren (was unter Umständen auch bedeuten kann, die „heiligen Kühe" Präsidentialismus und Nicht-Wiederwahl zu opfern).

Nach allgemeiner westlicher Erfahrung kann Demokratie nur funktionieren, wenn der Staat etwas ist, das die Menschen selbst gestalten in eigener Verantwortung, wenn politische Herrschaft in kluger Vorsicht sowohl als ein anvertrautes öffentliches Gut wie auch als Anlaß zu öffentlichen Kontrollen aufgefaßt wird und wenn dabei ein Bild der Gleichwertigkeit und der Brüderlichkeit des Menschen vorherrscht, damit Staat und Gesellschaft nicht durch symbolische, patrimoniale, autoritäre Vorgaben „von oben" zusammengehalten werden[130], sondern durch ein lebendiges interaktives Miteinander, in dem die Akzeptanz des anderen als prinzipiell Gleichrangiger zur Selbstverständlichkeit wird.

Wird es dazu in Lateinamerika weiterer Revolutionen bedürfen? (Obwohl die bisherigen unter dem Vorzeichen repräsentativer Demokratie ja nicht ermutigen!) Genügen beharrlich eingeschlagene reformistische Wege? Wenn die lateinamerikanischen Intellektuellen etwas Konstruktives zur Neukonzeption von Staat und Gesellschaft, *ihrer* Staaten und *ihrer* Gesellschaften, tun wollen, dann heißt die Aufgabe der nächsten Jahre: Die behutsame, situationsspezifische Übersetzung der westlichen Demokratieerfahrung in die eigenen politischen und sozioökonomischen Situationen. Es gibt im heutigen Lateinamerika so etwas wie eine „theoretische" Staatskrise – was hier einmal etwas unorthodox übersetzt sei mit einer problematischen Gemengelage einander widersprechender Konzepte. Die Gemengelage zugunsten einer realistischen, in die Zukunft weisenden, demokratisch stabilisierenden Staatsvision zu überwinden und die Erkenntnisse Schritt für Schritt einzugeben in eine mit Geduld zu führende, kontinuierliche Verfassungsreform – das ist die große Herausforderung unserer Zeit an die lateinamerikanische Staatstheorie.

Ich danke Klaus Bodemer, Ulrike Wolf und Ruth Zimmerling für die kritisch-konstruktive Lektüre des Manuskriptes. Peter Birle half bei den Korrekturen. Noch bestehende Mängel gehen selbstverständlich zu meinen Lasten.

Anmerkungen

1 Vgl. *Richard Konetzke*, Süd- und Mittelamerika 1. Die Indianerkulturen Altamerikas und die spanisch-portugiesische Kolonialherrschaft, Frankfurt 1965 (Fischer Weltgeschichte Bd. 22); ders., Lateinamerika. Entdeckung, Eroberung, Kolonisation. Gesammelte Aufsätze. Hgg. *Günther Kahle* und *Horst Pietschmann*, Köln und Wien 1983 (lateinamerikanische Forschungen Bd. 10/Beihefte zum Kölner Lateinamerika-Jahrbuch).

2 Etwa: *Günther Kahle*, Militär- und Staatenbildung in den Anfängen der Unabhängigkeit Mexikos, Köln und Wien 1969; *Inge Buisson, Herbert Schottelius*, Die Unabhängigkeitsbewegungen in Lateinamerika, 1788–1826, Stuttgart 1980; *Horst Pietschmann*, Die staatliche Organisation des kolonialen Iberoamerika, Stuttgart 1980; ders., Staat und staatliche Entwicklung am Beginn der spanischen Kolonisation Amerikas, Münster 1980.

3 Statt vieler: *Volker Lühr*, Chile: Legalität, Legitimität und Bürgerkrieg; *Dieter Nohlen*, Chile. Das sozialistische Experiment, Hamburg 1983.

4 Vgl. *Manfred Mols*, Mexiko im 20. Jahrhundert. Politisches System, Regierungsprozeß Begriff und Wirklichkeit des Staates in Lateinamerika und politische Partizipation, Paderborn u.a. 2. Aufl. 1983; *Karl-Dieter Hoffmann*, Militärherrschaft und Entwicklung in der Dritten Welt. Der Fall Ecuador unter besonderer Berücksichtigung des Militärregimes 1972-1979, Saarbrücken, Fort Lauderdale 1985.

5 Etwa *Peter Waldmann*, Vergleichende Analyse autoritärer Staatsideologien in Lateinamerika, in: *Klaus Lindenberg* (Hg.), Politik in Lateinamerika. Interne und externe Faktoren einer konfliktorientierten Entwicklung, Hannover 1971; *Nikolaus Werz*, Lateinamerika: Das Erbe der Caudillos und die Systemkrise der Gegenwart, in: *Hans F. Illy, Rüdiger Sielaff, Nikolaus Werz*, Diktatur – Staatsmodell für die Dritte Welt?, Freiburg - Würzburg 1980, 109ff.

6 Zum Stand dieser Diskussion vorzüglich: *Marcos Kaplan*, Recent Trends of the Nation State in Contemporary Latin America, in: APSR, vol. 6 (1) 1985, 81-103; ders., La investigación latinoamericana en ciencias sociales, México 1974; *Alfredo Ramos Jiménez*, Una cienca política latinoamericana, Mérida/Venezuela 1981; klassisch für die Breite der lateinamerikanischen Diskussion: *Helio Jaguaribe*, Political Development: A General Theory and a Latin American Case Study, New York u.a. 1973; *H.C.F. Mansilla*, Die Trugbilder der Entwicklung in der Dritten Welt, Paderborn u.a. 1986; vgl. vor allem den Doppelband 5a der in Madrid erscheinenden Zeitschrift Pensamiento Iberoamericano, Enero-Junio 1984.

7 Vgl. *Glaucio Ary Dillon Soares*, El futuro de la democracia en América Latina, in: Estudios Internacionales XVI/66 1984, 202-231. Eindeutig i.o.gem. S. auch die Anm. 6 zit. Arbeit von *Kaplan* zum lateinamerikanischen Staat.

8 Vorzüglich *Norbert Lechner*, La Democratización en el contexto de una cultura post moderna, FLACSO-Santiago de Chile, Documento de Trabajo No. 292, Abril 1986; *Daniel Camacho* u.a., Autoritarismo y Alternativas Populares en América Latina, San José/Costa Rica 1982 (ediciones FLACSO); *EnriqueKrauze* (ed.), América Latina: desventuras de la democracia, México 1984.

9 Vgl. *Norbert Lechner*, De la révolution à la démocratie. Le débat intellectuel en Amérique du Sud, in: Esprit no. 116, juillet 1986, 1-13.

10 Vgl. *Helio Jaguaribe* u.a., Brasil. Sociedade democrática, Rio deJaneiro 1985.

11 *Howard J. Wiarda/Harvey F. Kline*, The Latin American tradition and process of development, in: dies. (eds.), Latin American Politics & Development, Boston u.a. 1979, 2 ff., hier 60.

12 Vgl. zum folgenden Kap. 3 des Anm. 4 zit. Buches von *Mols* sowie ders., Demokratie in Lateinamerika, Stuttgart u.a. 1985, 51ff.

13 Vgl. die Einleitung zu der Anm. 6 zit. Ausgabe der Zeitschrift Pensamiento Iberoamericano.

14 Zit. nach *Mols*, Mexiko im 20. Jahrhundert ... (zit. Anm. 4), 92.

15 *Norbert Lechner*, El sistema de partidos en Chile – una continuidad problemática Documento de trabajo. Programa FLACSO – Santiago de Chile No. 249, Junio 1985, 43.

16 *Richard M. Morse*, The Heritage of Latin America, in: Louis Hartz, The Founding of New Societies. Studies in the History of the United States, Latin America, South Africa, Canada, and Australia, New York 1964, 123 ff., hier 168..

17 Vgl. *Konetzke* in den beiden Anm. 1 zit. Arbeiten sowie *Kenneth L, Karst/Keith S. Rosenn*, Law and Development in Latin America. A Case Book, Berkeley u.a. 1975, hier bes. 41.

18 Das Konzept eines „Leviathan criollo" ist besonders entschieden von *Marcos Kaplan* vertreten worden. U.a. in: ders., Formación del Estado Nacional en América Latina, Santiago de Chile 1969; ders. Aspectos del Estado en América Latina, México 1981; ders., Estado y Sociedad, México 1983; ders., Estado y Sociedad en América Latina, México 1984.

19 Vgl. statt vieler: *Agustín Arnaldi, Córdova, Clodomiro Almeyda, Ruy Mauro Marini, Sergio Bagú*, El Estado en AmBerica Latina. *Mesa Redonda*, in: Revista Mexicana de Ciencias Politicas y Socialcs 21/82 1975, 9 ff.; vgl. auch *Jorge Alonso* (ed.), El estado mexicano. México 1982.

20 Dagegen allerdings schon relativ früh *Kaplan* in seinem Anm. 18 zit. bedeutenden Werk „Formación ..." wo er ausdrücklich vom dualen Charakter auch des lateinamerikanischen Staates spricht.

21 Vgl. dazu außer *Lechner*, De la révolution ... (zit. Anm. 9) und *Kaplan*, Recent Trends (zit. Anm. 6): *Glauao Ary Dillon Soares*, El futuro de la democracia en América Latina (zit. Anm.7).

22 Dazu ausführlich *Konetzke*, Die Indianerkulturen Altamerikas ... (zit. Anm. 1), 27 ff. sowie *J.M. Rober*, Der Triumph des Abendlandes, Düsseldorf/Wien 1986, 203 ff.

23 *Konetzke* ebd. 28.

24 *Konetzke* ebd. 157.

25 Dazu ausführlich *Howard J. Wiarda*, Hacia un Sistema Teórico para el Estudio del Proceso de Cambio Socio-politico dentro de la Tradición Ibero-latina: ei Modelo Corporativo, in: Estudios Andinos (La Paz) 11975, 241 ff.

26 *Wiarda* ebd. 245.

27 *Wiarda* ebd. 246.

28 Dazu *Hans Joachim Lauth*, Der Staat in Lateinamerika. Die Staatskonzeption von Guillermo O'Donnell, Saarbrücken u.a. 1985.

29 Vgl. etwa: Presidencia de la Nación Argentina, Secretaria General, Bases Politicas para la Reorganización Nacional (Documento de Trabajo), 08 de Agosto de 1978.

30 *M. Góngora*, El estado en el derecho indiano, época de fundación (1492-1570), Santiago de Chile 1951,300 (zit. nach *Morse*, The Heritage of Latin America (vgl. Anm. 16), 140).

31 Vgl. auch *Charles Gibson*, Spain in America, New York u.a. 1966 sowie *Donald E. Worcester/Wendell G. Schaeffer*, The Growth and Culture of Latin America, 2 vols., New Yorku.a. 197Ound 1971.

32 Vgl. die beiden in der Anm. 2 zit. Arbeiten.

33 Die encomienda ist ein koloniales, einem Lehen ähnliches Herrschaftsverhältnis.

34 *Pietschmann*, Staat und staatliche Entwicklung ... (Zit. Anm. 2), 16.

35 Vgl. *Charles Gibson*, The Aztecs under Spanish Rule. A History of the Indians of the Valley of Mexico. 1519-1810, Stanford 1964.

36 Einzelheiten u.a. bei *Mols*, Demokratie in Lateinamerika (zit. Anm. 12), 124 ff. (dort auch die gängige Literatur zum Thema).

37 Hacia un Sistema Teórico ... (zit. Anm. 25), 254 ff.

38 Vgl. auch *Mols*, Mexiko im 20. Jahrhundert ... (zit. Anm. 4), bes. Kap. 24.

39 Vgl. zum folgenden: *Konetzke*, Die Indianerkulturen Altamerikas ... (zit. Anm. 1), 35. Die obige Passage ist in Teilen nahezu wörtlich aus *Mols*, Mexiko im 20. Jahrhundert (zit. Anm. 4), 40 f. übernommen.

40 *Bernal Diaz del Castillo*, Wahrhafte Geschichte der Entdeckung und Eroberung von Mexiko, Stuttgart 1965 (span. Original zuerst 1568).

41 *Pietschmann*, Die staatliche Organisation ... (Zit. Anm. 2), 55.

42 Ebd. 55 f.

43 Vgl. *Hans-Jürgen Harrer*, Die Revolution in Mexiko, Köln 1973, 43.

44 Vgl. *Lesley Bird Simpson*, Many Mexicos, Berkeley/Los Angeles 4. Aufl. 1967, 22Sf.

45 Einzelheiten u.a. bei *Mols*, Demokratie in Lateinamerika ... (zit. Anm. 12), 147 ff.

46 Ich habe mich wesentlich genauer dazu in meinen in den Anm. 4 und 12 zit. Büchern geäußert. Vgl. auch *Howard J. Wiarda* (ed.), Politics and Social Change in Latin America. The Distinct Tradition, The University of Massachusetts Press 2. Aufl. 1982; *Claudio Veliz*, The Centralist Tradition in Latin America, Princeton 1980.

47 *Victor Alba*, Die Lateinamerikaner. Ein Kontinent zwischen Stillstand und Revolution, Zürich und Freiburg 1973, 45 (die obigen Zitate sind grammatikalisch leicht verändert).

48 Ebd. 94.

49 Vgl. außer *Wiarda*, Hacia un Sistema Teórico ... (Zit. Anm. 25): *Miguel Jorrin/John D. Martz*, Latin American Political Thought, Chapel Hill 1973.

59 *Howard Wiarda*, Social Change, Political Development, and the Latin American Tradition, in: ders., Politics and Social Change ... (zit. Anm. 46), 3 ff., hier 8.

51 *Octavio Paz*, La democracia en América Latina, in: Krauze, América Latina (zit. Anm.8), 11ff., hier 17.

52 Vgl. *Gleen Dealy*, Prolegomena on the Spanish American Political Tradition, in: *Wiarda*, Politics and Social Changc ... (zit. Anm. 46), 163 ff.

53 Vgl. *Wiarda*, Social Change ... (zit. Anm. 50), 19. Zur Aktualität dieser Haltungen im XX. Jahrhundert vgl. Mols, Demokratie ... (zit. Anm. 12), 95 ff und passim.

54 Vgl. *John J. Johnson*, Political Change in Latin America: The Emergencc of the Middle Sectors, Stanford 1958.

55 Dagegen mit guten Argumenten u.a. *Ernesto Garzón Valdés*, La paradoja de Johnson. Acerca del papel político-económico de las clases medias en América Latina, in: Sistema 56 1983, 131 ff.

56 *Kaplan*, Aspectos del Estado ... (zit. Anm. 18), 70.

57 *Natalio Botana*, El orden conservador. La politica argentina entre 1880 y 1916, Buenos Aires 1977.

58 *Tulio Halperin Donghi*, Historia contemporanea de América Latina, Madrid 10a ed. 1983.

59 Vgl. Anm. 18.

60 *Jorge Graciarena*, El Estado Latinoamcricano en Perspectiva. Figuras, Crisis, Prospectiva, in: Pensamiento Iberoamericano no. 5a, Enero-Junio 1984, 39ff., hier bes. 46ff.

61 Einzelheiten bei *Thomas E Skidmore/Peter H. Smith*, Modern Latin America, New Yorku.a. 1984.

62 Einzelheiten weiter unten. Vgl. auch *Graciarena*, El Estado Latinoamericano ... (zit. Anm. 60), 46.

63 Vgl. *Kaplan*, Aspectos del Estado ... (zit. Anm. 18), 70 f.

64 Dazu genauer *Hugo C. F. Mansilla*, Eine vorläufige Einschätzung des lateinamerikanischen Reformismus, in: *Inge Buisson/Manfred Mols* (Hrsg.), Entwicklungsstrategien in Lateinamerika in Vergangenheit und Gegenwart, Paderborn u.a. 1983, 217ff., ders., Der südamerikanische Reformismus. Nationalistische Modernisierungsversuche in Argentinien, Bolivien und Peru, Rheinstetten 1977; Einzelheiten für Argentinien u.a. bei *Peter G. Snow*, Fuerzas Politicas en la Argentina, Buenos Aires 1983; für Mexiko *Manfred Mols*, Mexiko im 20. Jahrhundert... (zit. Anm. 4); für Brasilien *Peter Flynn*, Brazil: A Political Analysis, Boulder/Col. 1979; für Kolumbien *R. Albert Berry* u.a. (eds.), Politics of Compromise. Coalition Government in Colombia, New Brunswick/N. J. 1980.

65 Vgl. *Günter Kahle*, Militär- und Staatenbildung ... (zit. Anm. 2), 235.

66 Vgl. *Graciarena*, El Estado Latinoamericano ... (zit. Anm. 60), 71 sowie Juan Carlos Portantiero, La Democratización del Estado, in: Pensamiento lberoamericano No. 5a enero-junio 1984, 99ff.

67 Vgl. zum folgenden *Kaplan*, Formación del Estado Nacional ... (zit. Anm. 18), 29ff.

68 *Marcos Kaplan*, Aspectos del Estado en América Latina (zit. Anm. 18), 71.

69 Vgl. die schon klassisch gewordenen Überlegungen zu diesem Thema bei *Charles W. Anderson*, Politics and Economic Change in Latin America. The Governing of

Restless Nations, Princeton u.a. 1967; neuerdings auch *Garry W. Wynia*, The Politics of Latin American Development, Cambridge u.a. 1978 sowie *Mols*, Demokratie in Lateinamerika ... (zit. Anm. 12).

70 Vgl. *Friedemann Büttner/Klaus Lindenberg/Ludger Reuke/Rüdiger Sielaff*, Reform in Uniform? Militärherrschaft und Entwicklung in der Dritten Welt, Bonn-Bad Godesberg 1976.

71 Vgl. statt vieler *Helio Jaguaribe*, Socio-Political Trends in Latin America, Rio de Janeiro 1981; ders., Esboço para um novo pacto social, Rio de Janeiro 1981; ders., Tendencias Sociopoliticas en la América Latina, in: C.L.A.E.H. serie estudios No. 24, Montevideo 1982.

72 Abgedruckt in *Frank Tannenbaum*, The Future of Democracy in Latin America, New York 1974, 46ff.

73 Vgl. etwa *Francisco Porrúa Pérez*, Teoria del Estado, México 18. Aufl. 1983; *Themistocles Brandao Cavalcanti*, Introduçao à Ciencia Política, Rio de Janeiro 3. Aufl. 1978; ders. zusammen mit *Lidice Aparecida Pontes Maduro*, Brazil., in: *William G. Andrews* (ed.), International Handbook of Political Science, Westport/London 1982, 100 ff.

74 Vgl. außer *Jorrin/Martz*, Latin American Political Thought ... (zit. Anm. 49) *Leopoldo Zea*, El Pensamiento Laeinoamericano, Barcelona 3. Aufl. 1976, bes. Teil II.

75 Vgl. *José Medina Echavarria*, Filosofia, Educación y Desarrollo, México 1967.

76 Eine brauchbare Übersicht bietet *Gustavo Beyhaut*, Süd- und Mittelamerika II. Von der Unabhängigkeit bis zur Krise der Gegenwart, Frankfurt 1965 (Fischer Weltgeschichte Bd. 23).

77 Vgl. *Julio Godio*, Historia del movimiento obrero latinoamericano, vol. 1: Anarquistas y Socialistas 1850-1918; voi. 2: Socialdemocracia, Socialcristianismo y Marxismo. 1930-1980, San José/Costa Rica 1985.

78 Vgl. zu Einzelheiten *Beyhaut*, Süd- und Mittelamerika II ... (zit. Anm. 76).

79 Vgl. *Ignacio Sotelo*, Soziologie Lateinamerika, Stuttgart u.a. 1973, 153 ff.

80 Vgl. *Mols*, Demokratie in Lateinamerika ... (zit. Anm. 12), 116ff.

81 Vgl. ebd. 84ff. sowie *James M. Malloy* (ed.), Authoritarianism and Corporatism in Latin America, Pittsburgh 1977; *David Collier* (ed.), The New Authoritarianism in Latin America, Princeton 1979; Hans-Jürgen Puhle, Revolution und Reformen in Lateinamerika, Heft 2 2. Jahrgang 1976 von „Geschichte und Gesellschaft" (Göttingen).

82 Vgl. *Werz*, Das Erbe der Caudillos ... (zit. Anm. 5), 125.

83 Vgl. *Halperin Donghi*, Historia Contemporanea de América Latina ... (zit. Anm. 57), 186.

84 Vgl. Kap. 6 von *Steven W. Hughes/Kenneth J. Mijewski*, Politics and Public Policy in Latin America, Boulder and London 1984.

85 *James M. Malloy*, Authoritarianism, Corporatism, and Mobilization in Peru, in: The Review of Politics 36/1 1974, 52ff.; ders./R. Thorn (eds.), Beyond the Revolution: Bolivia since 1952, Pittsburgh 1971.

86 Vgl. *Portantiero*, La democratización del Estado ... (zit. Anm. 66), bes. 104 ff.

87 Vgl. auch *Hans-Jürgen Puhle*, Sehnsucht nach Revolution. Zur Typologie der Faktoren und Bedingungen des politischen Prozesses und des politischen Stils in Lateinamerika, in: *Klaus Lindenberg* (Hrsg.), Politik in Lateinamerika. Interne und externe Faktoren einer konfliktorientierten Entwicklung, Hannover 1971, 13ff.

88 *Graciarena*, El Estado Latinoamericano ... (zit. Anm. 66), 46 und 57ff.

89 Vgl. ebd. sowie *Dieter Benecke*, Desarrollismo – ein überlegtes Konzept?, in: *Buisson/Mols*, Entwicklungsstrategien in Lateinamerika... (zit. Anm. 64), 197 ff.

90 Ebd. 198.

91 Ebd. 199.

92 Dazu u.a. *Manfred Wilhelmy von Wolff*, CEPAL und die entwicklungspolitische Debatte in Lateinamerika, in: *Buisson/Mols*, Entwicklungsstrategien in Lateinamerika (zit. Anm. 64), 217 ff.

93 *Graciarena*, El Estado Latinoamericano ... (zit. Anm. 66), 57.

94 Vgl. außer der Anm. 69 genannten Arbeit: *Alain Rouquié*, El Estado militar en América Latina, Buenos Aires 1984 sowie *Amos Perlmutter*, The Military and Politics in Modern Times, New Haven and London 1978, bes. Kap. 6.

95 Vgl. statt vieler *Manfred Nitsch*, Brasilien: Sozio-ökonomische und innenpolitische Aspekte des „Brasilianischen Entwicklungsmodells", Ebenhausen bei München 1975 (SWP – S. 236, Fo. Pl.IV.3c/74).

96 Vgl. *Harald P. Klein*, Die Ideologie der peruanischen Revolution von 1968. Eine Untersuchung ihrer historischen Vorläufer und eine kritische Analyse ihrer Durchsetzbarkeit, Frankfurt 1983.

97 *Graciarena*, El Estado Latinoamericano en Perspectiva ... (zit. Anm. 66), 63 ff.

98 Vgl. außer der Anm. 28 zit. Arbeit von *Lauth* (Der Staat in Lateinamerika) den Anm. 81 zit. Sammelband von *Collier* (The New Authoritarianism ...) – dort auch die wichtigste lateinamerikanische und nordamerikanische Literatur zum Thema. Vgl. auch *Emilio Garcia Méndez*, Recht und Autoritarismus in Lateinamerika. Argentinien, Uruguay und Chile 1970-1980, Frankfurt 1985.

99 Auch hier ist die wissenschaftliche Literatur zum Thema fast unübersichtlich angeschwollen. Statt vieler *Hermann Josef Mohr*, Entwicklungsstrategien in Lateinamerika, Bensheim 1975.

100 *Lauth*, Der Staat in Lateinamerika ... (zit. Anm. 28), 65.

101 *Fernando Henrique Cardoso*, On the Characterization of Authoritarian Regimes in Latin- America, in: Collier, The New Authoritarianism ... (zit. Anm. 81), 33ff.

102 In der deutschen Forschung haben sich vor allem *Dieter Nohlen* und der Verfasser der Pendelstruktur der lateinamerikanischen Regimewechsel angenommen (break-down-Forschung). Vgl. *Dieter Nohlen*, Regimewechsel in Lateinamerika. Überlegungen zur Demokratisierung autoritärer Regime, in *Klaus Lindenberg* (Hrsg.), Lateinamerika. Herrschaft, Gewalt und internationale Abhängigkeit, Bonn 1982,63ff.; ders., Militärregime und Redemokratisierung in Lateinamerika, in: apuz B 9/86 vom 1. März 1986,3ff.; *Mols*, Demokratie in Lateinamerika ... (zit. Anm. 12); ders., Möglichkeiten Europas bei der Konsolidierung lateinamerikanischer Demokratie, in: EA 19/40 vom 10.10.1985, 581 ff.

103 Einzelheiten u.a. bei *Mols*, Demokratie in Lateinamerika ... (zit. Anm. 12), Teil III.

104 Vgl. *Marcos Kaplan*, Teoria política y realidad latinoamericana, M 1976, 28 f.

105 Vgl. statt vieler *Andreas Boeckh*, Dependencia und kapitalistisches Weltsystem, oder: Die Grenzen globaler Entwicklungstheorien, in: PVS Sonderheft 16/1985 (Dritte Welt Forschung. Entwicklungstheorie und Entwicklungspolitik, Hrsg. *Franz Nuscheler*), 56 ff., (dort auch die wichtigste Literatur zum Thema); *Hans-Jürgen Puhle* (Hrsg.), Lateinamerika. Historische Realität und Dependencia-Theorien, Hamburg 1977.

106 *Méndez*, Recht und Autoritarismus ... (zit. Anm. 98), 188.

107 Vgl. zu dieser Aufteilung u.a. *Manfred Wöhlke* u.a., Die neuere entwicklungstheoretische Diskussion. Einführende Darstellung und ausgewählte Bibliographie, Frankfurt 1977.

108*Boeckh*, Dependencia und kapitalistisches Weltsystem ... (Zit. Anm. 105), 61.

109Vgl. *Friedrich Katz*, Vorkolumbianische Kulturen. Die großen Reiche des alten Amerika, München 1969.

110Vgl. *Daedalus*, Fall 1979 („The State")

111Ein vorzügliches Beispiel dieser Art findet sich bei *Alonso Aguilar Monteverde*, Teoria y política del desarrollo latinoamericano, México 1967.

112Vgl. etwa den Sammelband: *Gustavo Lagos Matos* (ed.), Las relaciones entre América Lamina, Estados Unidos y Europa Occidental, Santiago de Chile 1979.

113Die Aussage von *Hermann Sautter* in seiner Kritik der wirtschaftlichen Dependenzansätze läßt sich m.E. generalisieren. Vgl. ders., Unterentwicklung und Abhängigkeit als Ergebnis außenwirtschaftlicher Verflechtungen. Zum ökonomischen Aussagewert der Dependencia-Ansätze, in: *Puhle*, Lateinamerika ... (zit. Anm. 105), 61ff., hier bes. 93.

114*Mols*, Demokratie in Lateinamerika ... (zit. Anm. 12), 179. (Gemeint ist: *Orlando Fals Borda*, Ciencia propia y colonialismo intelectual, Bogotá 5. Aufl. 1981).

115Kritisch *Garcia Méndez*, Recht und Autoritarismus in Lateinamerika ... (zit. Anm. 98), 191 ff. Einen wichtigen Quellenband bildet Nr. 11976 von „nueva politica" (México), der den Titel trägt: „El fascismo en América".

116Vgl. *Wolf Grabendorff* (ed.), Latin America and the Third World, Special Issue der Vierteljahresberichte. Probleme der Entwicklungsländer, Nr.681977.

117Zum folgenden vgl. *Mols*, Demokratie in Lateinamerika ... (zit. Anm. 12), 179 ff. (Im obigen Text sind zahlreiche Formulierungen übernommen) sowie ders., Möglichkeiten Europas ... (zit. Anm. 102).

118*Dillon Soares*, EI futuro de la democracia ... (zit. Anm. 21), 208.

119*Enzo Faletto*, Estilos Alternativos de Desarrollo y Opciones Políticas. Papel del Movi miento Popular, in: *Francisco Roja sAravena* (ed.), América Latina: desarrollo y perspec tivas democráticas, San Jos Rica 1982, 101 ff., hier 123.

120*Dillon Soares*, El futuro de la democracia ... (zit. Anm. 21), 209.

121*Lechner*, De la révolution à la démocratie ... (zit. Anm. 9), 10.

122*Portantiero*, Algunos Problemas para la Construcción de un Orden Político Democrático, in: *Francisco Rojas Aravean* (ed.), América Latina: desarrollo y perspectivas democráticas, San Jos Rica 1982, 85ff., hier 90; vgl. auch *Enrique I. Groisman*, Poder y derecho en el Proceso de Reorganización Nacional, Buenos Aires 1983.

123*Manfred Mols*, Externe Begünstigungen und Erschwernisse im gegenwärtigen lateinamerikanischen Redemokratisierungsprozeß. Vortrag auf der vierten Jahrestagung der Deutschen Gesellschaft für Politikwissenschaft e.V. am 31. Oktober und 1. November in Erfstadt bei Köln (erscheint 1987 in einem Sammelband der DGPW).

124Vgl. Instituto Chileno de Estudios Humanisticos (ICHEH), Ideologia y proyecto alternativo. Sintesis (Proyecto Alternativo 1), Santiago de Chile 1984 (mimeo); vgl. auch *Helio Jaguaribe*, O Problema da Democracia, in: ders., Sociedade Democrática ... (zit. Anm. 10), 19ff.

125Vgl. nochmals *Mols*, Demokratie in Lateinamerika ... (zit. Anm. 12), 95 ff. und 177 ff. sowie Abraham Lowenthal, Threat and Opportunity in the Americas, in: Foreign Affairs, vol. 63/3 1985 (Sonderheft: America and the World 1985).

126Aspen Institute of Humanistic Studies, Rebuilding Cooperation in the Americas. 1986 Report of the Inter-American Dialogue, Washington, D.C. 1986, ix.

127*Graciarena*, El Estado Latinoamericano ... (zit. Anm. 60), bes. 72 f.

128Das utopische Element des lateinamerikanischen Staatsdenkens kommt gut heraus bei *Norbert Lechner*, El Sistema de Partidos en Chile – una Continuidad problemática, Santiago de Chile 1985 (Documento de Trabajo Programa FLACSO No. 249).

129Vgl. außer der Anm. 10 zit. Arbeit: Torcuato S. Di Tella, Reflections on the Argentine Crisis. Are We at the End of an Epoch? American Enterprise Institute for Public Policy Research, The Center for Hemispheric Studies, January 1982 (Occasional Papers Series No. 3); *Waldino Cleto Sudrez*, Diseñio institucional y consolidación democrática: algunas reflexiones sobre formas presidencialistas y semipresidencialistas de gobierno, Buenos Aires 1984 (mimeo).

130Vgl. die Schlußbemerkungen bei *Morse*, The Heritage of Latin America ... (zit. Anm.16).

Der Abdruck erfolgt mit freundlicher Genehmigung des OLZOG Verlages München, www.olzog.de
Der Herausgeber dankt Kai Kleinwächter für die elektronische Bearbeitung des Manuskriptes.

„Europa und America gemeinsam für weiße Wolken"
Cubierta einer kubanischen Zigarre

Raimund Krämer

Von der Staatlichkeit des Friedens im *Extrême Occident*

„Der Staat ... ist kein Geschenk, welches der Mensch vorfindet, sondern muß von ihm mühsam geschaffen werden."

Ortega y Gasset in „Aufstand der Massen"

Zur Vorverständigung

Jeglichem vernünftigen Dialog ist eine Phase der *Vorverständigung* vorzuschalten, meint Hans-Georg Gadamer, der Philosoph, der viel über Sprache und Hermeneutik nachgedacht hat. In diesem Sinne sei hier auf zwei Momente verwiesen, die für das Verständnis des folgenden Textes von Relevanz sind.

Aus der hochkomplizierten und dynamischen Gemengelage, die in dem Begriffspaar Frieden und Staat erfaßt wird, soll in diesem Aufsatz nur ein Aspekt, die „innere Dimension", und die aus einer politologischen Perspektive diskutiert werden. Damit wird einerseits die internationale Dimension, also die Frage nach der Friedensfähigkeit von Staaten untereinander, ausgeklammert. Andererseits hat die politologische Perspektive die Konsequenz, daß sie vor allem der Frage nach jenen Mechanismen nachspürt, die das Zusammenleben in einer politischen Gemeinschaft bedingen. Auf die soziologischen und psychologischen Sichten, die für eine Debatte des Problems ebenso von Bedeutung sind, wird hier – nicht zuletzt aus Platzgründen – verzichtet.

Der zweite Aspekt, der im Sinne einer Vorverständigung hier angeführt werden soll, betrifft den zu behandelnden geographischen Raum, genauer gesagt seine Benennung. *Extrême-Occident*, „Fernwest", so nannte ihn der französische Diplomat Alain Rouquié. Es ist nicht nur in unseren Breitengraden ziemlich selbstverständlich, die über 30 Staaten zwischen Rio Grande und Feuerland mit ihren sehr verschiedenen sozialen Strukturen und Kulturen unter dem Begriff Lateinamerika zu subsumieren. Belize und Chile, Grenada und Brasilien sind die so differenten Realitäten, die wir mit einem Begriff benennen, der als Kampfbegriff des 19. Jahrhunderts begann, als Napoleon III. seiner kurzatmigen Offensive in diesem Raum die kulturelle Aura des Kampfes zwischen dem lateinischen und des angelsächsischen Amerika geben wollte. Es ist zu zweifeln, ob dieser Begriff der Unterschiedlichkeit und Differenzierung in diesem Raum gerecht wird. Das Gegenteil ist zu vermuten. Im politischen Leben drückt er den Wunsch nach einer regionalen Gemeinsamkeit und Homogenität aus, die es womöglich nie gegeben hat und dient somit weiter – bewußt oder unbewußt – als politisches Programm bzw. ideologisches Konzept. Bei der wissenschaftlichen Analyse ist eine solche Pauschalisierung, wie sie letztlich mit dem Begriff Lateinamerika vorgenommen wird, nicht nur wenig hilfreich, sondern eher ein geistiges Hindernis. Er führt immer wieder zu drastischen Abweichungen von der Realität und tradiert die wohlbekannten Klischees (vgl. Pietschmann 1994, S.16). Das gilt auch für unsere Debatte über politische Herrschaft, Staat und Gewalt in diesem Raum. Vielleicht gehört der Begriff „Lateinamerika", ähnlich wie jener von der „Dritte Welt", zu jenen Termini, deren erkenntnistheoretischer Nutzen am Ende des kurzen 20. Jahrhunderts gegen Null geht. Selbst hinsichtlich des Begriffs Südamerika weist Peter Waldmann darauf hin, daß es „Südamerika eigentlich nicht gibt, weil die Verhältnisse in jedem Land etwas anders liegen." (Waldmann 1995, S.65) Norbert Lösing betont mit recht, daß die lateinamerikanischen Gesellschaften *„en muchos aspectos son mucho mas complejas e individuales de lo que desde el exterior nos guste reconocer."* (Lösing 1996, S.385). Dies eingedenk werde ich dort, wo dieser Raum generell benannt werden soll, auf die stärker geographisch ausgerichteten Begriffe Südamerika oder Mittel- bzw. Zentralamerika sowie Karibik zurückgreifen, wohlwissend um die auch damit verbundene Vereinfachung.

Das staatliche Gewaltmonopol und die Friedens- und Konfliktforschung

Politische Gemeinwesen, gleich welcher Bezeichnung, sind durch Herrschaftsverhältnisse charakterisiert, die mit Gewalt, d.h. physischen und psychischen Zwang, unterschiedlichster Art verbunden sind. Dieser Aspekt stand auch bei der historischen Herausbildung des Staates in Westeuropa im Mittelpunkt. Dabei gehörte die Konstruktion von politischen Herrschaftsstrukturen sicherlich zu den zentralen Themen politologischen Denkens. Nicola Machiavelli, der die Politikwissenschaft von der Theologie abtrennte, sah im staatlichen Gemeinwesen ein Artefaktum und diskutierte deshalb so intensiv die Frage, wie dieses künstliche Gebilde gestaltet werden müsse, um das „ewige Auf und Ab" zu beenden und Stabilität zu erreichen. Für seinen englischen Kollegen Thomas Hobbes ging es ebenfalls darum, im Geiste der Euklidschen Geometrie eine politische Ordnung zu konstruieren. Gesucht war (und ist bis heute) jener Zustand, in dem das *„bellum omnium contra omnes"*, der Krieg aller gegen alle, beendet wird und damit die allgemeine Voraussetzung gesellschaftlicher Entwicklung gesichert werden kann, d.h. den Zustand des physischen Überlebens, des Friedens, in einem politischen Gemeinwesen. Die *securitas publica* mittels einer politischen

Konstruktion, die man nun Staat nannte, zu erreichen, wurde zu einem Kerngedanken politischen Denkens in Europa. Der Leviathan, der sterbliche Gott, sollte vom Bürger die alleinige Gewalt erhalten und im Austausch dafür diesem Schutz garantieren. Dieser Gedanke wurde zwar durch die Ideen der Säkularisierung, der Souveränität und der Gewaltenteilung ergänzt, blieb aber bis heute im Mittelpunkt staatstheoretischen Denkens. Das staatliche Gewaltmonopol wird dann auch bei Max Weber zu jenem entscheidenden Spezifikum, das diesen politischen Verband von anderen sozialen Verbänden unterscheidet. „Man kann vielmehr den modernen Staat soziologisch letztlich nur definieren aus einem spezifischen Mittel, das ihm, wie jedem politischen Verband, eignet: das der physischen Gewaltsamkeit". Und einige Zeilen weiter definiert er den Staat als „diejenige menschliche Gemeinschaft, welche innerhalb eines bestimmten Gebietes – dies: das 'Gebiet', gehört zum Merkmal – das Monopol legitimer physischer Gewaltsamkeit für sich (mit Erfolg) beansprucht"(Weber, S.1043). Das staatliche Gewaltmonopol als Voraussetzung, um in einer Gemeinschaft konkurrierender Interessen das friedliche Zusammenleben und damit auch die Möglichkeit der Entwicklung zu gewährleisten. Es würde uns zu weit vom Thema entfernen, würden wir dies hier zu den aktuellen Globalisierungsprozessen quer stellen. Hier sei nur auf den Aufsatz von Dietmar Brock verwiesen (Brock 1997).

Die Hervorhebung des staatlichen Gewaltmonopols bedeutet jedoch nicht jener Allmacht des Staates das Wort zu reden, wie sie in totalitären Systemen angestrebt und zum Teil erreicht wurde. Diese Macht des politischen Verbandes Staat muß durch Parlament, Recht und zivile Partizipation eingehegt werden. Die „legitime Gewaltsamkeit" des Staates (Max Weber) heißt dann, daß kein politischer Akteur mit physischer Gewalt die Durchsetzung seiner Ziele anstrebt bzw. anstreben kann, und die Mittel von Gewalt allein bei der Institution Staat konzentriert sind. Wenn dies von der Mehrheit der Bevölkerung als rechtens angesehen wird, gilt dies als legitim. Politische Gewalt vagabundiert dann nicht in der Gesellschaft, sie ist gebunden.

Daß von den 27 im Jahre 1996 weltweit registrierten Kriegen nach SIPRI-Angaben allein 26 davon Bürgerkriege und innere Kämpfe waren, macht es sinnfällig, sich dieser Kernfunktion moderner Staatlichkeit, dem Schutz der öffentlichen Sicherheit, zu erinnern.

Frieden gehört sicherlich zu den politisch am meisten benutzten und wissenschaftlich am wenigsten konkretisierten Begriffen. Auch ein mit diesem und dem Begriff Konflikt ausgestatteter Teil der Sozialwissenschaften, tut sich schwer mit einer genaueren begrifflichen Bestimmung. Produktiv erscheint mir gegenwärtig der Ansatz von Dieter Senghaas, der sich mit einem „zivilisatorischen Hexagon" dem Phänomen als Prozeß annähert. In diesem Sechseck stellt ein Moment die grundsätzliche Voraussetzung dar, das legitime Gewaltmonopol. Die Entprivatisierung der politischen Gewalt und deren „Monopolisierung", in der Regel durch den Staat, sind nach Senghaas die *conditio sine qua non* für eine friedliche Ordnung. Und das gelte universell. Die weiteren Ecken dieses Hexagons sind Rechtsstaatlichkeit (als Kontrolle des Gewaltmonopols), die demokratische Teilnahme der Bürger, die Affektkontrolle, soziale Gerechtigkeit und eine konstruktive politische Konfliktkultur (Senghaas 1995). Diese Faktoren sind in der sozialen Realität eng verknüpft und es gibt eine starke Rückkopplung. Frieden wird hier als „ein gewaltfreier und auf Verhütung von Gewaltanwendung gerichteter Prozeß" verstanden. Die beiden kategorischen Aussagen, die erstrangige Bedeutung des staatlichen Gewaltmonopols und die Universalität der Konditionen, haben verständlicherweise besonders seine Kritiker bewegt. Dabei ist interessant, daß auch ein Kritiker des Hexagons, wie z.B. Lutz W. Vogt, in seinem Gegenentwurf eine „zivilisatorische Triade" entwirft, in der auch das Gewaltmonopol als eine Variable auftaucht, jedoch etwas verschämt, denn es solle „subsidiär" organisiert sein (Vogt 1995) Wie das konkret umgesetzt werden kann, überläßt Vogt aber der Phantasie seiner Leser.[1] Denkt man den Senghaas'schen Gedanken konsequent und folgt der offensichtlichen Vorliebe der Friedens- und Konfliktforscher für mathematische Figürlichkeit, so könnte man das legitime Gewaltmonopol als die Voraussetzung für alle weiteren Faktoren zentrieren und die weiteren Elemente darum gruppieren. Heraus käme dann ein Pentagon, was aber wiederum im friedens- und konflikttheoretischen Diskurs gewiß wenig positiv Akzeptanz finden würde.

Ähnlich geht es oftmals dem Staat. In so manchen Debatten scheint dieses Wort immer noch ein Reizwort zu sein, daß weltsystemische Generalverrisse mit spontanen Deklarationen für Subsistenz und Apoesis provoziert. Dazu wird in klarem Schwarz-Weiß ein etatistischer Pappkamerad aufgemalt, den man dann mit gefrorenen Gewißheiten und etwas vertrocknetem Ernst attackiert. Dies mag gesinnungsethisch löblich sein, jedoch hilft es weder politisch noch erkenntnistheoretisch irgendwie weiter. Damit soll hier nicht auf eine moralische Dimension verzichtet werden. Die Ethik, die diesem Aufsatz unterlegt wurde, ist eine, die sich mit dem Banalen einläßt, mit dem Überleben des Einzelnen beider Geschlechter und die als „Moral der ersten Hilfe" (André Glucksmann) bezeichnet werden kann. Und es ist eine Ethik, die einem unter dem Motto „Lateinamerika ist anders!" daherkommenden Kulturrelativismus, der sich häufig als ein sehr traditioneller europäischer Paternalismus ortet, die Universalität fundamentaler Menschenrechte und die dazu erforderlichen institutionellen Voraussetzungen entgegenstellt (Vgl. Schubert 1996).

---

1 Vogt formuliert 6 Einfluß-Variable, die als Steuerungsgrößen den Triathlon der „kritisch-reflexiven Zivilisierung" beeinflussen bzw. voranbringen. Dazu zählt er an 2. Stelle die ‚Demokratisierung', insbesondere im Sinne eines notwendig demokratisch, rechtsstaatlich, gewaltgeteilt, ‚weltinnenpolitisch' und subsidiär organisierten Gewaltmonopols. (Vogt 1996, S. 125/127.)

Die Schwäche des kreolischen Leviathans

Die brutale Realität in den süd- und mittelamerikanischen Militärdiktaturen der 1970er und 1980er Jahre provozierte bei Soziologen und Politologen der Region die Debatte über Gewalt und Staat. In Deutschland wurde Ende der 1980er Jahr die Problematik von dem Augsburger Soziologen und Argentinien-Spezialisten Peter Waldmann thematisiert, wobei er seine Arbeiten vor allem dem Phänomen der parastaatlichen Gewalt und des Staatsterrorismus widmete (Waldmann 1991, 1994, 1995). Die Thematik wurde von jenen Länderspezialisten aufgegriffen und diskutiert, die sich mit dem *casus classicus* politischer Gewaltanwendung in diesem Raum, Kolumbien, bzw. den Militärdiktaturen des *Cono Sur* beschäftigen (vgl. Dombois 1989, Nolte 1991, Kurtenbach 1991, Heinz 1988 und 1991, Mansilla 1993 und 1995, Pfadenhauer 1995). Die mittlerweile erhebliche Zahl der Publikationen zu dieser Frage, auch in deutscher Sprache, relativiert die von Waldmann 1991 aufgeführten Gründe für die akademische Nichtbeschäftigung mit dem Thema der staatliche und parastaatlichen Gewalt durch die Sozialwissenschaften ein wenig. Es wäre sicherlich vermessen, wollte man die verschiedenen Aufsätze hier zusammenfassen. Jedoch lassen sich m.E. trotz unterschiedliche Fallbeispiele und differierender Sichten zwei gemeinsame Aussagen herausfiltern.

Die erste wichtige Erkenntnis aus den Fallbeispielen besteht darin, daß der Staat in diesem Raum ein schwacher ist und ein staatliches Gewaltmonopol in den wenigsten politischen Systemen Süd- und Mittelamerikas erreicht werden konnte. „Es scheint, daß der lateinamerikanische Staat, im Unterschied etwa zum westeuropäischen, nie ein effektives Gewaltmonopol gegenüber der Gesellschaft erlangt hat. (Waldmann, 1994, S. 94). In seiner jüngsten Arbeit differenziert Waldmann diese Aussage dahingehend, daß er als Ausnahmen relativ starke Staaten in den postrevolutionären Entwicklungen in Mexiko und Kuba sowie in Chile ausmacht (Waldmann, 1996, S. 21)[2]. Ansonsten aber blieb dieser Staat schwach. Es gelang ihm weder über die eigenen Bürger noch über die eigenen Institutionen eine effektive Kontrolle herzustellen. Die Schwäche des lateinamerikanischen Staates bedeutet vor allem: seine geringen finanzielle Ressourcen (kaum Steuereinnahmen), die schwache Legitimation, geringe nationale Kohäsion (größere Gruppen marginalisiert, separatistische Tendenzen) und die geringe Kontrolle über seine eigenen Strukturen und Institutionen (Polizei, Justiz, Militär). Der Staat ist oftmals ohnmächtig. Politische Gewalt wurde nicht eingehegt, sondern sie vagabundiert in diesen Gesellschaften. In Kolumbien z.B. sieht Wolf-

---

2 Norbert Lösing polemisiert im gleichen Buch mit Waldmanns Aussage und stellt dem entgegen, daß Länder wie Chile, Argentinien, Uruguay und Kostarika „*poseen un monopolio de fuerza no menos desarrollado que varios paises europeos*" (Lösing, 1996, S. 384).

gang Heinz neben dem Staat drei organisierte Träger politischer Gewalt: die kommunistische Guerilla-Bewegungen, die Todesschwadrone und paramilitärischen Gruppen der Militärs und Großgrundbesitzer und die Drogenmafia, wobei er zugleich auf die Verbindungslinien und Koalitionen zwischen diesen Akteuren verweist (Heinz 1988). In einigen Ländern besteht die größte Herausforderung in der nur fragmentarischen Präsenz des Staates, sei es in peripheren ländlichen Zonen oder in marginalisierten Gebieten der Metropolen.

Die tatsächliche Schwäche des Staates in diesem Raum verwundert zunächst, bedenkt man die ausgeprägten etatistischen Traditionen. Die Herausbildung und Konstituierung von Staatlichkeit erfolgte in dieser Region in dem Spannungsfeld von ideologisch propagierter und politisch beanspruchter Allmacht des Zentralstaates einerseits und der tatsächlichen Unfähigkeit des Staates andererseits, das legitime Gewaltmonopol in seinem Gebiet gegenüber konkurrierenden politischen Akteuren durchzusetzen. Immer wieder wird von einem Etatismus in Süd- und Mittelamerika gesprochen, der seine Wurzeln in der spanischen bzw. katholischen Staatsauffassung des 16. und 17. Jahrhunderts habe. Diese ging entsprechend der thomistischen Scholastik von der Identität von Glaubensziel und Staatenlenkung aus und stellte grundsätzlich den Einheitsgedanken über Konflikt und Konkurrenz (Mols 1987). Dementsprechend begann mit der *Conquista*, der Entdeckung und Eroberung Amerikas Ende des 15. Jh., die Etablierung einer stark vertikalen hierarchischen Gesellschaftsstruktur, die kaum politische Autonomie und nur geringe soziale Dynamik zuließ. Die Modernisierungen im Zuge der Bourbonen-Reformen in der 2. Hälfte des 18. Jh. verstärkten sogar diese Vertikalität. Nach dem Wegfall der spanischen Krone als der zentralen politischen Macht und der Erlangung der politischen Selbständigkeit durch die kreolischen Eliten zu Beginn des 19. Jh. kam es in den folgenden Jahrzehnten zu gewaltsamen Auseinandersetzungen innerhalb dieser Eliten bei der Etablierung der einzelnen Staaten. Zwar gelang es jeweils einem Caudillo, sich national gegenüber seinen Rivalen durchzusetzen und für „Ordnung und Fortschritt" zu sorgen, jedoch konnte trotz teilweiser brutaler Gewaltanwendung letztlich in der Mehrzahl der Länder kein effektives Gewaltmonopol hergestellt werden.

Die Idee vom Staat als mächtiger Agentur wurde im 20. Jahrhundert als säkularisierte Idee in den verschiedenen Formen autoritärer Staatsideen fortgeführt. Es sei auf den *Cesarismo Democratico* des Venezolaners Vallenilla Lanz zu Beginn dieses Jahrhunderts, auf das Konzept des *Estado Novo* von Getulio Vargas in Brasilien der 30er Jahre und den *Justicialismo* Juan Domingo Perons in Argentinien der 1940er und 1950er Jahre. verwiesen. Drei autoritäre Staatsdoktrinen, denen gemeinsam war, daß sie eine starke zentrale, sich national verstehende Gewalt gegen partikulare Interessen anstrebten und dies unter solchen modischen Stichworten wie Fortschritt, Ordnung und Wohlstand mit zum Teil brutaler Gewalt gegenüber ihren politischen Konkurrenten durchzusetzen versuchten. In einigen Staaten, besonders in Zentralamerika, in denen liberale Oligarchien noch dominierten, war dies einerseits mit der Ausgrenzung breiter Bevölkerungsschichten vom politischen Prozeß und andererseits mit der brutalen Einbeziehung von Bevölkerungsschichten, speziell indianischen, in den kapitalistischen Produktionsprozeß verbunden.

Die zweite Erkenntnis, die aus den verschiedenen Untersuchungen politischer Gewalt in diesem Raum für unsere Erörterung von erheblichem Gewicht ist, besteht darin, daß der schwache Staat auch ein brutaler ist. Oftmals gehen gewaltsame Übergriffe in diesen Gesellschaften gerade von staatlichen Einrichtungen, besonders der Polizei selbst, aus. Der als Leviathan konzipierte Staat wird für den Bürger vielfach zum *Behemoth*, zum Unstaat, der seine eigenen Regeln verletzt und selbst Quelle von unkontrollierter Gewalt ist. Die geringe Institutionalisierung, eine Konstante politischer Systeme in der Region, der oftmals irrational-verbürokratisierte Aufbau der staatlichen Verwaltung und deren chaotisches Funktionieren schwächen keineswegs die vom Staat ausgehende *violencia* ab sondern kanalisieren sie und ritualisieren sie unter spezifischen Modalitäten. Der prekäre Zustand der öffentlichen Verwaltung und deren chronische Finanzschwäche behindern keineswegs das brutale Vorgehen der staatlichen Sicherheitskräfte gegen einzelne Bevölkerungsgruppen. Im Gegenteil. Besonders der schwache Staat neigt zu gefährlicher Brutalität und verstärkt somit selbst die soziale und politische Anomie in der Gesellschaft.

Die Unfähigkeit des Staates, Sicherheit für den Bürger zu gewährleisten, ist vor allem mit den gravierenden Problemen in der Polizei, einem der zentralen Sicherheitsinstitutionen des Staates, verbunden. Oft geht physische Gewalt gegen Bürger gerade von dieser Institution aus. Professionelle Unfähigkeit, Korruption und brutale Arroganz, verknüpft mit einer ausgeprägten Subkultur der gegenseitigen Unterstützung und institutionellen Solidarität, haben dazu geführt, daß die Bürger dieser Institution stark mißtrauen und ihr nur eine geringe Legitimität geben. Zugleich greifen Sektoren der Gesellschaft, die es sich finanziell leisten können, auf private Firmen und Leibwächter zurück. Es bilden sich Selbstschutzgruppen mit all den Gefahren, die für das Gewaltmonopol entstehen, wenn sich Gruppen vervielfältigen, die den Willen und die Kapazität zu autonomer Gewaltanwendung haben. Die herrschende Elite versucht die politischen Strukturen mit illegalen Mitteln zu erhalten und destabilisiert mit der zunehmenden repressiven Gewalt, d.h. der illegalen bzw. heimlichen Gewalt, die politische Ordnung selbst. Unter diesen Bedingungen fehlt vielfach der Konsens zur Begründung legitimer Herrschaft. Anomie und Gewalt führen zur Auflösung von Staatlichkeit und lassen die Chancen für eine zivile Gesellschaft extrem schrumpfen.

Dazu kommt das außerordentlich hohe Maß an politischer Gewalt, daß die Gesellschaften dieses Raumes, in denen sich die staatliche Herrschaft konstituiert, prägt. Oftmals kommen sie dem Hobbes'schen Trauma vom Kampf aller gegen alle sehr nahe. Die *Violencia* tritt in verschiedenen Formen auf: als bäuerliche Selbstschutzverbände, die sich gegen die Willkür von Großgrundbesitzern und Polizei wehren, als ethnisch-kulturelle Protestformen, die teilweise zu bewaffneten Konflikten eskalieren, in Aus*ei*nandersetzungen innerhalb der Machtelite, die mittels privater „Armeen" ausgefochten werden, in „klassischen" Arbeits- und Lohnkämpfen, die nicht mit friedlichen Mitteln gelöst werden können und nicht zuletzt in einem sozialen Banditentum, das heute besonders mit dem Drogenhandel verbunden ist. Diese Gewaltphänomene tendieren zunehmend zu einer Eigendynamik, so daß Erscheinungen politischer Gewalt und deren eigentlichen Urs*a*chen in einem kaum noch nachzuvollziehenden Wechselverhältnis stehen (Mansilla 1993). In einer unerbittlichen Komplexitätsreduzierung erhält die politische Gewalt die Funktion eines natürlichen Mittels für eine umfassende Sinnstiftung. Sie allein wird als Mittel zur Veränderung der gesellschaftlichen Realität und zur Durchsetzung eigener Interessen angesehen. Dazu kommen ausgeprägte Elemente des Autoritarismus in der politischen Kultur, die sowohl eine unkontrollierte Staatsgewalt als auch die exzessiven Aufstandsbewegungen in der Region begünstigen. Dieser Autoritarismus hat eine lange Vorgeschichte und eine ebenso bemerkenswerte Kontinuität in den süd- und mittelamerikanischen Gesellschaften und beeinflußt noch immer stark sowohl Interessenartikulation als auch Konfliktaustragung in diesen Gesellschaften (Mols 1987, Mansilla 1991, 1995). Politische Gewalt verselbständigt sich zunehmend. Ethische Prinzipien und Kosten-Nutzen-Kalküle verlieren gegenüber einer eingeübten Praxis, die aus oft nicht erklärbaren Gründen fortgesetzt wird, an Bedeutung. Die Verselbständigung finden wir auch in Situationen, in denen es keine eindeutigen Sieg*e*r und Verlierer gibt (zum Beispiel in Kolumbien, vgl. Heinz 1988 und Kurtenbach 1991). Dazu kommt die Kriminalisierung politischer Gewalt, was sich in der Nutzung der bewaffneten Truppen, sowohl der regulären Armee als auch der Guerilla, zur Bereicherung zeigt. Form (Mansilla 1995). In Nicaragua wurden aus de Kämpfern des Bürgerkrieges der 80er Jahre marodierende Banditen, die – mit dem Anspruch auf Gerechtigkeit – Städte überfielen und Banken ausraubten.[3] Die ehemaligen sandinistischen Soldaten, die *Recompas*, konnten ähnlich wie ein Großteil der ehemaligen Contra, die *Recontras*, nach ihrer Demobilisierung nicht in das zivile Leben wieder eingegliedert werden.

---

[3] Im Juli 1993 überfielen zirka 150 ehemalige Soldaten der Sandinistischen Volksarmee (EPS) die Stadt Esteli. Das Militär stellte mit einer blutigen Operation, die 45 Tote, 96 Verwundete und umfangreiche Zerstörungen kostete, die „Ordnung" wieder her.

Langandauernde politische Gewalt hat in ausgedehnten Gebieten einzelner Staaten, wie z.B. Perus und Kolumbiens, eine Militarisierung des gesellschaftlichen Lebens zur Folge. Zwar sind die zivilen Behörden weiterhin existent, jedoch liegen wesentliche Funktionen der Staatsgewalt, wie das Justizwesen und Strafvollzug, Polizei, Fernmeldewesen und Straßenbau, in den Händen der Militärverwaltungen. Verfassung und ziviles Recht haben nur fragmentarische Geltung. Die Ankündigung der kolumbianischen Regierung, daß im Falle des Fehlens ausreichender Mandatsträger bei den kommenden Kommunalwahlen Militärs als Bürgermeister eingesetzt würden, ist ein jüngstes Beispiel dieser Tendenz. Der Rückzug von über 200 Kandidaten ist Ergebnis der Ermordung von 82 Politikern und der Entführung von zirka 150 Kandidaten im laufenden Wahlkampf.

Beyond the State! – Aber wer dann?

Angesichts des massiven Staatsversagens in der Region, speziell bei der Schaffung und Gewährleistung einer gewaltfreien politischen Ordnung ist die Frage nach Alternativen zum Staat sicherlich berechtigt. Können poststaatliche politische Gemeinwesen den inneren Frieden schaffen? Inwieweit sind Regionen, suprastaatliche Institutionen, wie die EU, ethnische Gemeinschaften oder eine Zivilgesellschaft politische Optionen zum Staat? Mit Recht wird darauf verwiesen, daß „die Gesellschaftswelt nicht friedlicher ist“ (Czempiel 1991), wird davor gewarnt, alles Transnationale zu idealisieren (Brock/Albert 1995), und betont, daß zivilgesellschaftliche Organisationen „nicht die besseren Akteure“ sind (Messner 1996). Die Erfahrungen in Teilen Afrikas wie z.B. Kenia, Liberia und Ruanda (Heyer 1997, Reno 1997) und auch in Nachfolgestaaten der Sowjetunion zeigen, daß der Verfall und das anschließende Verschwinden staatlicher Strukturen weder zu herrschaftsfreien noch zu gewaltlosen politischen Zuständen führen. Reprivatisierung der politischen Gewalt und Fragmentierung der Akteure reduzieren die Möglichkeiten, gewaltsame Konflikte zu lösen bzw. zu verhindern. Warum kleine Einheiten per se demokratischer sein sollen, muß angesichts der Erfahrungen auf dem Balkan und im subsaharischen Afrika bezweifelt werden. Es wächst die Gefahr, daß aus der Krise autoritärer Modelle und der außerordentlichen Dimension der sozialen Probleme in vielen Ländern nicht eine *civil society* triumphierend ersteht, sondern normen- und regellose, eben anomische Staatsgebilde herauskommen, wo das Gewebe der Gesellschaft immer mehr abstirbt und – wie Ralf Dahrendorf schreibt – „überall Gewalt in der Luft liegt.“ Der *caracázo* im Februar 1989, jener spontane Aufstand in der Hauptstadt des als relativ stabil eingeschätzten Venezuelas, hat deutlich gezeigt, wie fragil die politischen Strukturen in diesen Gesellschaften sind.

Ende der 1970er und im Verlaufe der 1980er Jahre wurde die Krise und letztlich das Scheitern des autoritären Staatsmodells immer offensichtlicher. Wir konnten Übergänge von autoritären Diktaturen zu politischen Demokratien durch Wahlen als auch von blutigen Bürgerkriegen zu Gesellschaften mit kompliziert ausgehandelten Konkurrenzverhältnissen beobachten. Das Militär „flüchtete" nach sorgsamer Sicherung von Privilegien in die Kasernen. Viele süd- und mittelamerikanische Gesellschaften stehen seit dem vor der Aufgabe, ein neues Ordnungsmodell zu finden. In diesem gesamtgesellschaftlichen Kontext wird auch und besonders die Frage nach den politischen Institutionen, speziell der zukünftigen Rolle des Staates, gestellt. Dabei sind die zum Teil traumatischen Erfahrungen mit politischer Gewalt in den letzten 20 Jahren unmittelbar präsent. Große Teile der Bevölkerung haben – speziell in Zentralamerika – mehr die tiefe Erfahrung der Desorganisation ihres Lebens gemacht, haben Krise und Krieg als Formen kollektiver Ungerechtigkeit erfahren.

Heute ist die Frage nach dem Regieren die nach einem demokratischen und sie ist in vielen Ländern mit zwei sozialen Herausforderungen verknüpft: einerseits nach einer Zeit von Terror und Krieg Ordnung und Stabilität zu sichern und andererseits sichtbare Ergebnisse im Kampf gegen die Armut in diesen Gesellschaften zu erzielen. Für den Altmeister der mittelamerikanischen Sozialwissenschaften, Edelberto Torres Rivas, ist die Frage nach der Regierbarkeit den Gesellschaften in diesem Raum wesentlich mit zwei Aspekte verbunden: mit die Frage der Legitimität und die der Effektivität. Diese beiden Probleme stehen seiner Meinung nach in enger Korrelation mit den Ursachen für Instabilität und Krisen in Mittelamerika, die immer wieder die Unregierbarkeit dieser Gesellschaften provozieren (Torres Rivas 1995). Dabei geht es ihm primär nicht um den undemokratischen Charakter des sozialen und wirtschaftlichen Lebens, der als solcher benannt werden muß. Im Zentrum der Betrachtung stehen die sich formierenden politischen Systeme, in denen z.B. die fehlende Unterordnung des Militärs unter die zivile Gewalt eine permanente Herausforderung für die politische Stabilität darstellt. Dabei finden wir selbst in dieser Subregion keine homogene Situation vor. Neben der funktionierenden liberalen Demokratie in Kostarika, die im letzten halben Jahrhundert fest und stabil war[4], standen Anfang der 1990er Jahre die vom Militär „bewachten Demokratien" in Guatemala, El Salvador und

4 In Kostarika gelang es Ende der 40er Jahre das Militär abzuschaffen und eine politische Gemeinschaft zu errichten, die ein hohes Maß an Konsensus und geringer Klassenpolarisation ausmacht. Staatliche Institutionen wurden aufgebaut, die sowohl faire Wahlen als auch ein gewisses Maß an sozialer Verantwortlichkeit gewährleisteten. Die durchgeführten Wahlen können als frei und offen charakterisiert werden. Die Wurzeln für diese Entwicklung werden in den relativ egalitären, toleranten, nichtdoktrinären Beziehungen in der kostarikanischen Gesellschaft gesehen. In der Klassenschichtung, so Torres Rivas, „fehlt das aristokratische Moment."

Honduras und eine „schwierige Demokratie" in Nicaragua. Trotz dieser fragilen politischen und sozialen Realität ist dem Resümee von Petra Bendel bei der Analyse der Institutionalisierung der Demokratie in diesem Raum zuzustimmen, wenn sie schreibt: „Auch ‚unter ungünstigen Bedingungen'...ist die Chance auf die Herausbildung und Konsolidierung einer funktionierenden demokratischen Institutionenordnung gegeben" (Bendel 1996, S. 333). Obwohl Bendel dabei den Staat nicht gesondert diskutiert, kann diese Schlußfolgerung auch auf diesen bezogen werden.

Dem Simon Bolívar zugerechneten Wort „*América es ingobernable*" steht Anfang der 1990er Jahre eine Debatte gegenüber, die auf das Machbare, auf Institutionenbildung und nicht zuletzt in der Konzentration auf die Kernaufgaben des Staates, vor allem den Schutz der öffentlichen Sicherheit, orientiert (vgl. Crespo-Martinez 1994, Mols 1995). Konkrete Schritte in einzelnen Ländern unterstreichen diesen veränderten politischen Ansatz: die Dezentralisierung staatlicher Macht in Venezuela, Projekte für Sicherheit und Frieden in einer Stadt wie Cali in Kolumbien, der Ombudsmann für Menschenrechte in Guatemala oder die Einführung von Systemen zur Rechtssicherheit für Besitztitel in städtischen Randsiedlungen und auf dem Lande in Peru. Der World Development Report der Weltbank von 1997, der speziell dem Staat *in a changing world* gewidmet ist, spricht – sicherlich etwas euphoristisch – von einer „*quiet revolution*", die sich bei der Gestaltung staatlicher Herrschaft, besonders bei der Dezentralisierung, vollzogen habe und formuliert auf der „*Agenda for Change*" für Süd- und Mittelamerika als erstrangige Aufgabe die Stärkung der institutionellen Kapazität, speziell auf der Ebene der Provinzen und Kommunen (World Development Report 1997, S. 166). Fern ideologischer Nebelbänke, aber nicht abgehoben von der sozialen, politischen und kulturellen Realität ihrer Gesellschaften wird die Frage der *buen gobierno*, der „guten Regierung" diskutiert. Dazu gehören auch Bestandsaufnahme und Überlegungen zur Reform der Polizei, wie sie in dem jüngst erschienen Band „*Justicia en la Calle*" vorgenommen werden. Sie orientieren unter anderem auf eine klarere Abgrenzung zwischen Polizei und Militär, auf eindeutige rechtliche Regelungen, die von den politischen Institutionen beachtet und durchgesetzt werden, und nicht zuletzt auf eine solche Ressourcenausstattung, die sowohl ein effektives Handeln der Institution als auch das Überleben ihrer Mitglieder sichert (Waldmann 1996). Daß der mexikanische Präsident Zedillo in seinem Bericht zur Lage der Nation im September 1997 vor dem neuen Parlament, in dem erstmals die PRI nicht die absolute Mehrheit hat, die öffentliche Unsicherheit und die Mißachtung des Rechtsstaates als die größten Entwicklungshindernisse benennt, sollte nicht nur als vorwärtsverteidigende PRI-Rhetorik einfach abgetan werden. Die von ihm angekündigte Restrukturierung der Polizei wird angesichts begründeter Vermutungen, daß die Hälfte der mexikanischen Bundespolizei von der Drogenmafia Gelder erhalten habe, gewiß eine

Herkulesarbeit. Aber angesichts der Kritik von Amnesty International an der deutschen Polizei und laufender Untersuchungen gegen Polizisten in Berlin, sind skeptische Herablassungen aus Mitteleuropa gewiß unangebracht.

Wenn heute von der Stärkung des Staates in diesem Raum gesprochen wird, so bedeutet das, ihn sowohl institutionell als auch zivilgesellschaftlich auszubauen. Dazu gehören vor allem jene Mechanismen

- die den friedlichen Wettbewerb der Eliten um politische Macht regeln, die Möglichkeit des Wechsels gewährleisten und die Rechte der unterlegenen Gruppen sichern;
- die die Möglichkeit der freien Teilnahme der Bevölkerung, des *demos*, in den öffentlichen Angelegenheiten gewährleisten und
- die die Verantwortlichkeit politischer Macht, einschließlich der gegenüber dem Militär, eindeutig markieren und deren öffentliche und rechtliche Kontrolle sichern.

Diese Mechanismen, die unter dem Begriff eines demokratischen und rechtsstaatlichen Gemeinwesens subsumiert werden können, stellen keine Garantie für den inneren Frieden dar. Demokratische Strukturen allein sind keine Versicherung gegen politische Gewalt. Aber sie schaffen jene politische Infrastruktur, mit der politische Gewalt eingehegt, abgebaut und letztlich domestiziert werden kann. Damit wird jener politische Raum geschaffen, in dem dann unterschiedliche Akteure (sicher vor physischen und psychischen Zwang) erst handeln können. Die jüngsten Entwicklungen in Kolumbien im Vorfeld der Kommunalwahlen führen uns diese *conditio sine qua non* nochmals recht dramatisch vor Augen. Diese grundsätzliche Vorbedingung des Politischen bedeutet (noch) nicht die Lösung der sozialen und ethnischen Probleme. Die Präsidentschafts- und Parlamentswahlen, die in diesen Ländern Ende der 1980er und zu Beginn der 1990er Jahre stattfanden, beseitigen nicht die sozialen, kulturellen, ethnischen und sexuellen Ungerechtigkeiten in diesen Gesellschaften. Sie markieren auch nicht das Ende autoritärer Strukturen. Sie sind der (notwendige) Rahmen, in dem politische Optionen für die Lösung dieser Probleme vorgestellt und diskutiert werden und können auch als Beginn der graduellen politischen Veränderungen interpretiert werden.

Dieser minimalistische Ansatz versucht, die entstehenden demokratischen Institutionen nicht zu überladen. Die Desillusionierung ist auch in diesen Ländern ein ernstzunehmendes Phänomen in den Demokratisierungsprozessen. In diesem Transitionsprozeß finden wir heute die Komponenten des alten politischen Regimes ebenso wieder wie die des neuen Systems. Demokratische Elemente entstehen und koexistieren in einem sozialen Rahmen, der noch stark durch Beziehungen autoritärer Unterordnung geprägt wird, und diese Elemente mit ihren Werten und Normen werden fortbestehen. Die chilenische Polizei wird z.B. von den Bürgern fünf Jahre nach dem Ende der Militärdiktatur, so Michaela Pfadenhauer in ihrer Untersuchung, gleichermaßen als Vertreter der alten und als Garant der neuen Ordnung angesehen (Pfadenhauer 1995).

Unzweifelhaft hat die Erfahrung der Diktatur auch wichtige kognitive und affektive Veränderungen hervorgebracht, die Ende der 1980er und zu Beginn der 1990er Jahre zu einem !kollektiven Bewußtseinswandel" (Dieter Nohlen) in Lateinamerika geführt haben, der sowohl in den politischen Eliten als auch in der Masse zu einer Verminderung starrer ideologischer Extrempositionen und zur Stärkung des Kompromißdenkens und pragmatischen politischen Handelns geführt hat. Und hier liegen auch wesentliche Quellen für die Lebensfähigkeit demokratischer Ordnungen in Süd- und Mittelamerika. Damit ist verbunden, die Dichotomie zwischen Staat und (Zivil)-gesellschaft, wie sie in einigen friedens- und konflikttheoretischen Ansätzen konsequent gepflegt wird, zu überwinden. Sofern man beide Pole ausmachen kann, muß man sie in ein spannungsreiches, aber auch produktives Verhältnis setzen. Heinz Kleger spricht sich in seiner „Theorie einer demokratischen Bürgergesellschaft" für „eine bürgergesellschaftliche Arbeitsteilung zwischen Staat und Bürgerschaft" aus. Dabei sieht er den „wichtigsten Beitrag der öffentlich-informellen Basisdemokratie darin, daß wir als Bürgerinnen und Bürger selbst denken, mitteilen und bestimmen können, was zum Gegenstand der Politik gemacht wird"(Kleger 1994, S. 309 f.). Zugleich weist er deutlich auf die Grenzen solcher Akteure und gesellschaftlicher Selbstorganisation hin. Alle anderen Steuerungsmittel, so Kleger ein paar Seiten weiter, haben „direkt oder indirekt mit dem Staat zu tun, ob sie nun Delegation, Subsidiarität, Korporatismus, Konzertation, Subventionierung oder Bargaining heißen. Auch und gerade ein reflexiver werdender und dadurch eigene Leistungsgrenzen wahrnehmender Staat kann nicht schwächer sein, sondern muß in bestimmter Hinsicht sogar stärker werden. Der Staat wird bürgergesellschaftlich gebraucht und verbraucht, so daß die gängige Polemik von 'Bürgergesellschaft versus Staat' zu kurz greift" (Kleger 1994, S. 314). Wir sollten das aber nicht nur für Europa einklagen, sondern auch bei unserer Reflexion über Staatlichkeit in dessen *Extrême-Occident*, wie der französische Diplomat Alain Rouquié das südliche und mittlere Amerika benannte, stärker beachten.

Literaturverzeichnis

Bendel, Petra (1996): Zentralamerika, Die schwierige Institutionalisierung der Demokratie, in: Merkel / Sandschneider/ Segert (Hrsg.), Systemwechsel, Band 2, Opladen.

Brock, Ditmar (1997): Wirtschaft und Staat im Zeitalter der Globalisierung, in: Aus Politik und Zeitgeschichte, B 33-34/97, S. 12–19.

Brock, Lothar / Albert, Mathias (1995): Entgrenzung der Staatenwelt. in: Zeitschrift für Internationale Beziehungen, Heft 2.

Crespo-Martinez, Ismael (1994): El estudio de los procesos de consolidación democrática en América Latina, in: Revista Internacional de Sociología, Jan.–Apr., S. 53–73.

Dietrich, Wolfgang (1995): Staat, Militär und Indianer in Guatemala, in: Zeitschrift für Lateinamerika, Nr. 49.

Dombois, Rainer (1989): Coca, Recht und Gewalt, Zur Kokainökonomie in Kolumbien, in: Mehrwert Nr. 31, S. 56–93.

Gärtner, Heinz (1996): Frieden und Demokratie, in: Antimilitarismus Information, Heft 11.

Gärtner, Heinz (1997): Der Staat in Gefahr?, in: Die Zukunft Südosteuropas, Friedensbericht 1997, Zürich.

Glucksmann, André (1991): Am Ende des Tunnels, Berlin.

Heinz, Wolfgang (1988): Guerrillas, Friedensprozeß und politische Gewalt in Kolumbien, Reihe Lateinamerika, Heft Nr. 6.

Heinz, Wolfgang (1991): Konsequenzen der Demokratisierung für die Streitkräfte in Argentinien, Brasilien und Uruguay, in: Waldmann / Tobler (Hrsg.), Staatliche und parastaatliche Gewalt in Lateinamerika, Frankfurt a.M. 1991.

Heyer, Sonja (1997): Bedingungen von Staatsbildung und Staatszerfall in Somalia, in: WeltTrends, Nr. 14.

Hobbes, Thomas (1984): Leviathan oder Stoff, Form und Gewalt eines kirchlichen und bürgerlichen Staates, Frankfurt a.M., 1. Auflage 1651.

Hofmeister, W./ Thesing, J. (Hrsg.) (1996): Der Wandel politischer Systeme in Lateinamerika, Frankfurt a.M.

Kleger, Heinz (1994): Reflexive Politikfähigkeit. Zur Verschränkung von Bürger- und Staatsgesellschaft, in: Gebhardt / Schmalz-Bruns (Hrsg.), 1994, Demokratie, Verfassung und Nation. Die politische Integration moderner Gesellschaften, Baden-Baden.

Kurtenbach, Sabine (1991): Staatliche Organisation und Krieg in Lateinamerika. Ein historisch-struktureller Vergleich der Entwicklung in Kolumbien und Chile, Münster / Hamburg.

Lösing, Norbert (1996): Realidad y perspectiva de la Policía en América Latina. Resúmen y Reflexión, in: Waldmann (Hrsg.), Justicia en la Calle. Ensayos sobre la Policía en América Latina, Medellin.

Mansilla, H.C.F. (1993): Ursachen und Folgen politischer Gewalt in Kolumbien und Peru, Frankfurt a.M.

Mansilla, H.C. F. (1995): Violencia im Andenraum, Gedanken zu Politik und Gewalt in Lateinamerika, in: WeltTrends, Nr. 9.

Messner, Dirk (1996): Politik im Wandel, NGOs in der Irrelevanzfalle oder NGOisierung der (Welt)-Politik?, in: Globale Trends und internationale Zivilgesellschaft oder: Die NGOisierung der (Welt)-Politik, Bonn.

Mols, Manfred (1987): Begriff und Wirklichkeit des Staates in Lateinamerika, in: Hättich (Hrsg.), Zum Staatsverständnis der Gegenwart, München.

Mols, Manfred (1995): Zum Staat in Lateinamerika, in: Mols / Thesing (Hrsg.), 1995, Der Staat in Lateinamerika, Mainz.

Pfadenhauer, Michaela (1995): Die Normalität der Gewalt. Konfliktparteien und „Zuschauer" fünf Jahre nach dem Ende der Militärdiktatur, in: Chile, in: Sahner / Schwendtner (Hrsg.), Gesellschaften im Umbruch, Opladen, S. 765–708.

Pietschmann, Horst (1994): Lateinamerikanische Geschichte und deren wissenschaftliche Grundlagen, in: Bernecker u.a., Handbuch der Geschichte Lateinamerikas, Band 1, Stuttgart.

Reno, William (1997): Welthandel, Warlords und die Wiedererfindung des afrikanischen Staates, in: WeltTrends, Nr. 14.

Rouquié, Alain (1987): Amerique Latine. Introduction a l Extrême-Occident, Paris.

Schubert, Gunter (1996): Die Universalität der Menschenrechte und die liberale Demokratie im „Kampf der Kulturen", in: WeltTrends, Nr. 12.

Senghaas, Dieter (1995): Frieden als Zivilisierungsprojekt, in: ders. (Hrsg.) Den Frieden denken. Si vis pacem para pacem, Frankfurt a.M..

Torres Rivas, Edelberto (1995): Die Transitionen in Zentralamerika, in Sevilla / Torres Rivas (Hrsg.), Mittelamerika – Abschied von der Revolution, Tübingen.

Vogt, Wolfgang (1995): Frieden als Zivilisierungsprojekt, Neue Herausforderungen an die Friedens- und Konfliktforschung, Baden-Baden.

Vogt, Wolfgang (1996): Zivilisierung und Frieden – Entwurf einer kritisch-reflexiven Friedenstheorie, in: Mader / Eberwein / Vogt, Frieden durch Zivilisierung, Münster.

Waldmann, Peter / Tobler Hans Werner (Hrsg.), (1991): Staatliche und parastaatliche Gewalt in Lateinamerika, Frankfurt a.M.

Waldmann, Peter (1994): Staatliche und parastaatliche Gewalt in Lateinamerika, in: Junker/ Nohlen/ Sangmeister (Hrsg.), Lateinamerika am Ende des 20. Jahrhunderts, München.

Waldmann, Peter (1995): Vigilantismus, Demokratisierung und die Rolle der Polizei, in: Mols / Thesing (Hrsg.), Der Staat in Lateinamerika, Mainz.

Waldmann, Peter (Hrsg.), (1996): Justicia en la Calle, Ensayos sobre la Policía en América Latina, Medellin.

Waldmann, P. / Riedmann, A. (1995): Lateinamerikas Polizei – Das Beispiel Kolumbien, in: Zeitschrift für Lateinamerika, Nr. 49

Weber, Max (1986): Soziologische Grundbegriffe, Tübingen.

World Development Report (1997): The State in a changing world, Oxford 1997.

Nicaragua 1978 – Kampf gegen Somoza

H. C. Felipe Mansilla

Violencia im Andenraum: Gedanken zu Politik und Gewalt in Lateinamerika

Politisch motivierte Gewalt hat in den letzten Jahrzehnten weltweit zugenommen. Dies zu erklären, bedarf es mehr als monokausaler Interpretationsschemen. Das gilt auch für die Gewaltphänomene im Andengebiet. Die *violencia*, die politische Gewalt, hat im Andenraum eine lange Vorgeschichte, und sie hat auch eine sehr komplizierte Entwicklung durchgemacht. Ihre auffallendsten Phänomene sind gegenwärtig Guerilla, Terrorismus und das Entstehen von parallelen Machtzentren. Gewalt ist in der Andenregion integraler Bestandteil des politischen Alltags, des täglichen Lebens überhaupt. Gewaltphänomene tendieren dabei zunehmend zu einer Eigendynamik, so daß Erscheinungen politischer Gewalt und deren eigentliche Ursachen in einem kaum noch nachzuvollziehenden Wechselverhältnis stehen. Letztlich können die Träger dieser *violencia* immer weniger die Gründe für ihr Handeln angeben, geschweige denn erklären.

Der vorliegende Aufsatz beschäftigt sich vor allem mit diesem Phänomen am Beispiel der beiden Andenländer Kolumbien und Peru. Dabei wird der Guerilla als einem spezifisch lateinamerikanischen Problem besondere Aufmerksamkeit gewidmet.

Theorieansätze zur politischen Gewalt

Politische Gewalt tritt uns in den beiden Ländern in verschiedenen Formen gegenüber: als bäuerliche Selbstschutzverbände, die sich gegen die Willkür von Großgrundbesitzern und Polizei wehren, als ethnisch-kulturelle Protestformen, die teilweise zu bewaffneten Konflikten eskalieren, in Auseinandersetzungen innerhalb der Machtelite, die mittels privater „Armeen" ausgefochten werden, in „klassischen" Arbeits- und Lohnkämpfen, die nicht mit friedlichen Mitteln gelöst werden können und nicht zuletzt in einem sozialen Banditentum, das heute besonders mit dem Drogenhandel verbunden ist. Die Erklärung all dieser Erscheinungen politischer Gewalt läßt sich nicht mit einem einzigen und monokausalen Analyseschema erreichen. Generelle Aussagen zum Beispiel zum Entstehen von Guerilla-Bewegungen

* Dr. H. C. Felipe Mansilla, Direktor des Centro Boliviano de Estudios Multidisciplinarios, La Paz, Bolivien.

sind sehr problematisch, vor allem, wenn sie noch den Anspruch auf „Gesetzmäßigkeiten“ erheben. Oftmals finden wir die aufgeführten Ursachen für politische Gewalt in einer Vielzahl von Ländern des Südens. Eine vielbeachtete Untersuchung von Alvaro Echeverria Uruburu zur kolumbianischen Entwicklung vertritt die in ganz Lateinamerika sehr populäre These, wonach das gesamte gesellschaftliche, speziell aber das wirtschaftliche Leben zugunsten einer kleinen und privilegierten Gruppe ausgerichtet ist. Deren Machtpositionen haben sich von Generation zu Generation innerhalb der gleichen Schicht „vererbt“. Der extremen Machtausübung dieser Gruppe würden die Ausgebeuteten mit einer adäquaten Gegengewalt antworten. Diese entspreche aber in ihrer Intensität nicht der des Staates.[1] Dies erscheint mir für Kolumbien nicht zutreffend. Es wird der Komplexität der historischen Entwicklung des Landes, die sich nicht auf den scharfen Antagonismus zweier Klassen reduzieren läßt, nicht gerecht. Hinzu kommt, daß selbst eine solche Polarisierung, die durchaus eine häufig anzutreffende Erscheinung in der Weltgeschichte war und ist, selten einen solch langandauernden Guerilla-Krieg, wie wir ihn in Kolumbien vorfinden, hervorbringt. In einer anspruchsvolleren Studie führt Daniel Pécaut eine Reihe von Motivstrukturen und Explikationen zur *violencia* in Kolumbien an.[2] Er verweist auf die labile Lage des Staates, sowohl als Institution als auch als Akteur; auf die Verselbständigung der politischen Sphäre, die geringe Strukturierung der kolumbianischen Gesellschaft und deren ungenügende Integration sowie auf die nur sehr bescheidene Sozialpolitik. Das finden wir zweifellos aber auch bei anderen Dritte-Welt-Ländern. Pécaut macht auch auf weitere Ursachen der *violencia* aufmerksam, die weniger mit sozialen und wirtschaftlichen Gründen zusammenhängen und die nicht mittels einer Kosten-Nutzen-Hypothese zu erklären sind. Pécaut spricht von einem dysfunktionalen Gewaltüberschuß, den es von Anfang an gegeben habe. Erklärungsversuche, die auf herkömmlichen Klassenanalysen beruhen, würden bei der Deutung des kolumbianischen Phänomens zu kurz greifen.[3] In Kolumbien, wie auch in Peru, wächst die Gewalt auf verschiedenen Nährböden. Sie ist mit handfesten sozialen Forderungen, wie dem Landhunger, verbunden; sie erwächst aber auch aus der individuellen Perspektivlosigkeit in Teilen der urbanen Mittelschichten, aus den Sinndefiziten unter arbeitslosen Akademikern und aus wiederholten Erfahrungen von Demütigung, Diskriminierung und Erniedrigung.

Peru und Kolumbien sind Länder, in denen sich zweifellos in den letzten Jahrzehnten eine beträchtliche Modernisierung vollzogen hat. Wir finden hier einen hohen Grad der Verstädterung und ausgedehnte Mittelstandssektoren vor. Die Entfremdungsphänomene der modernen Welt sind in diesen Gesellschaften keine unbekannten. Im begrifflich diffusen, quantitativ aber bedeutungsvollen Sektor der Mittel-

---

1 A. Echeverria Uruburu, Elites y proceso político en Colombia 1950-1978, una democracia principesca y endogámica, Bogotá 1987, S. 237ff.

2 D. Pécaut, L´ordre et la violence. Evolution socio-politique de la Colombie entre 1930 et 1953, Paris 1987, S. 370-379, 384ff. , 387-391.

3 Ebenda, S. 335-338.

schichten gibt es in beiden Ländern eine Vielzahl von Gruppen und Individuen, die sich nur schwer in das soziale Gefüge integrieren lassen. Vielfach verfügen sie über eine recht profunde Ausbildung. Gerade bei ihnen häufen sich bestimmte Alltagserfahrungen, wie Ängste, Ohnmachtsgefühle, fehlende Sinnbezüge oder die geringen Möglichkeiten sinnlicher Erfahrungen, die auf einem gewiß sehr verwickelten Weg zu politischer Gewalt führen können. Jene Erscheinungen, die eine städtische, differenzierte moderne Industriezivilisation ausmachen, finden wir heute auch im Andenraum.[4] Diese chaotische, kaum zu entwirrende städtische Realität versuchen gerade junge Menschen unmittelbar und direkt zu entziffern. Häufig geschieht dies in zornigen einseitigen Erklärungen, die zum Teil in der Verdammung der zerstörungswürdigen Ordnung gipfeln. In dieser ebenso leidenschaftlichen wie unerbittlichen Komplexitätsreduzierung erhält die politische Gewalt die Funktion eines unentbehrlichen, gewissermaßen natürlichen Mittels für eine umfassende Sinnstiftung. Sie allein wird als Mittel zur Veränderung der gesellschaftlichen Realität und zur Durchsetzung eigener Interessen angesehen. „Insofern ist Terrorismus“, schreibt Herfried Münkler, "immer auch *Komplexitätsreduktion mit der Waffe*."[5] Ohnmachtsgefühle korrelieren zugleich nicht selten mit Allmachtsphantasien. Gerade der Glaube, alle praktischen Anstrengungen seien sinnlos und vergeblich, kann zu verzweifelten und unvermittelten Handlungen führen. Mit einem Schwertstreich, so die Annahme, könne der gesellschaftliche Knoten entwirrt werden.

Angesichts der Relationen, die wir zwischen Gewaltpotential und (halb)modernisierter Umwelt auch in den beiden Andenländern vorfinden, erscheint es sinnvoll, jenen Forschungsstrang weiter zu verfolgen, der den politischen Pathologien im Rahmen modernisierter Gesellschaften nachgeht. Da diese Systeme in zunehmendem Maße Sinnstiftung und Identitätssuche erschweren, streben in diesen Gesellschaften immer mehr Individuen solch eine Lebensbewältigung an, die Unmittelbarkeit und einfache Solidaritätsmuster in den Mittelpunkt stellt. Dazu kommt eine Verarmung des moralischen Bewußtseins. Praktische Probleme des Überlebens werden auf eine technisch-instrumentelle Fragestellung reduziert. Mit anderen Worten, die Opfer der Modernität rebellieren zwar gegen die Zwänge und noch mehr gegen die Resultate dieser neuen Ordnung, jedoch übernehmen zugleich nicht wenige deren Wertorientierungen und, was noch wichtiger ist, die psychischen und intellektuellen Deformationen, die für Industriezivilisationen kennzeichnend sind.

Einige Forschungsansätze haben darauf aufmerksam gemacht, daß neomarxistische Theorien in Fortführung der leninistischen Revolutionstheorie und des Konzepts der Avantgardepartei in gewisser Weise gewalttätige Handlungsmuster be-

---

4 Vgl. M. Kaplan, Theorie und Wirklichkeit des Staates in Lateinamerika, in: M. Mols/ Thesing (Hrsg.), Der Staat in Lateinamerika, v. Hase u. Koehler Verlag, Mainz 1995, S. 1-44.

5 H. Münkler, Sehnsucht nach dem Ausnahmezustand. Die Faszination des Untergrunds und ihre Demontage durch die Strategie des Terrors, in: R. Steinweg (Hrsg.), Faszination der Gewalt. Politische Strategie und Alltagserfahrung, Frankfurt/M. 1983, S. 61.

günstigt haben, indem die Hemmschwellen bei der Anwendung von Gewalt reduziert wurden.[6] Die Rechtfertigung der *violencia* im Namen eines höheren historischen Rechts hat in der Tat moralische Hemmungen bei der Gewaltanwendung durch den Rekurs auf angebliche humanistische Ziele abgebaut. Diese Theorien sind jahrzehntelang im universitären und intellektuellen Milieu Perus und Kolumbiens intensiv diskutiert worden. Und es ist anzunehmen, daß diejenigen, die schließlich zu den Waffen griffen, gerade solche theoretischen Konzepte in einer verkürzten Form rezipiert hatten. Für sie stand nicht mehr die Frage, ob der Übergang zum Sozialismus in revolutionär-gewaltsamer oder evolutionär-friedlicher Form erfolgen solle. Angesichts einer ihrer Meinung nach völlig von Gewalt durchtränkten Welt war diese Frage für sie zugunsten von Gewaltanwendung eindeutig entschieden. Da die bestehende soziale Ordnung selbst Ausdruck reaktionärer Gewalt sei, erhalte die Gewaltanwendung gegen dieses System die Weihen historischer Legitimität.

Die meisten Beobachter betonen die ausgeprägten Elemente des Autoritarismus in der politischen Kultur als einen wichtigen Faktor, der sowohl eine unkontrollierte Staatsgewalt als auch die exzessiven Aufstandsbewegungen in der Region begünstigt. Dieser Autoritarismus hat eine lange Vorgeschichte und eine ebenso bemerkenswerte Kontinuität. Er steht gewissermaßen über den Ideologien und wiederholt sich wellenförmig.[7] Die geringe Institutionalisierung, eine Konstante politischer Systeme in der Region, der oftmals irrational-verbürokratisierte Aufbau der staatlichen Verwaltung und deren chaotisches Funktionieren schwächen keineswegs die vom Staat ausgehende *violencia* ab, sondern kanalisieren sie und ritualisieren sie unter spezifischen Modalitäten. Der prekäre Zustand der öffentlichen Verwaltung und deren chronische Finanzschwäche behindern keineswegs das brutales Vorgehen der staatlichen Sicherheitskräfte gegen einzelne Bevölkerungsgruppen.[8]

Diese Verknüpfung von schwacher Institutionalisierung und staatlicher Gewaltanwendung hat zum Teil ihre Wurzeln in dem von den Spaniern geerbten islamischen Verständnis der unbegrenzten Allmacht Gottes, der auf Erden die grenzenlose staatliche Macht entsprechen müsse. In diesem Verständnis ist kein Raum für parallele Gewalten. Die enge Verbindung von religiöser Allmacht und profaner Herrschaft führt dazu, daß dem Staat als dem irdischen Instrument uneingeschränkte, weil gottgewollte Gewalt zugestanden wird. Sie erhält die Weihen himmlischer Gunst. „Die militärische Usurpation wird so zu einem Indiz für den Willen Gottes."[9]

6 Siehe dazu: U. Matz, Das Gewaltproblem im Neomarxismus; sowie E. J. M. Kroker, Die Gewalt in der maoistischen Lehre, in: E. J. M. Kroker (Hrsg.), Die Gewalt in Politik, Religion und Gesellschaft, Stuttgart 1976, S. 59-79 bzw. 95-122.

7 J. C. Ruíz, La violencia en Colombia, in: Revista de Sociologia, Bogotá, Nr. 18/1987, S. 11-27; D. Scott Palmer, Peru: The Authoritarian Tradition, New York 1980.

8 F. E. González González, Hacia un „nuevo colapso parcial del Estado? Precariedad del Estado y violencia en Colombia, in: ANALISI, Bogotá, Nr. 50 (Sept. 1988), S. 5-12. Vgl. auch H. Tobler/P. Waldmann (Hrsg.), Staatliche und parastaatliche Gewalt in Lateinamerika, Frankfurt/M. 1991.

9 U. Steinbach, Die Gewalt im Islam, in: E. J. M. Kroker (Hrsg.), a. a. O. , S. 160.

Das Vorhandensein anderer legitimer Gewalten würde einem gefürchteten Polytheismus nahekommen. Dieses sicherlich heute in Lateinamerika abgeschwächte Verständnis, das wir zweifellos in den Unterschichten und bei Teilen der Mittelschichten im Andenraum vorfinden können, begünstigt die angemaßte staatliche Omnipotenz. Hier können wir auch die Merkmale des Autoritarismus, der so typisch für die politische Kultur in dieser Region ist, deutlich feststellen.[10]

Die sozio-kulturelle Dimension der *violencia* steht heute außer Frage.[11] Um das in diesen Gesellschaften vorhandene hohe Aggressionspotential zu erklären, haben peruanische Sozialwissenschaftler in den 80er Jahren auf anomietheoretische Ansätze zurückgegriffen.[12] Henri Favre geht von einer quantitativ bedeutsamen „freischwebenden Bevölkerung" in Peru aus, die sowohl aus der Modernisierung als auch aus den gesellschaftlichen Zersetzungsprozessen hervorgegangen ist. Es handelt sich dabei um jene Masse wurzelloser Individuen, die über keine mehr oder weniger klare Identität verfügen und sich nicht in das entstandene soziale Gefüge einordnen lassen. Es sind Menschen aus der Provinz, die in die Stadt, besonders in die Hauptstädte, gezogen sind; es sind indianische Bauern, die in einer von Weißen geprägten Umwelt leben. Sie alle verharren in einem Zustand der Auflösung, der Anomie gesellschaftlicher Strukturiertheit und sozialer Regeln. Ihnen geben Guerilla-Bewegungen Sinn für ihre individuelle Existenz. Sie bieten in einem moralischen Vakuum Auswege aus Frustrationen und geben dem Einzelnen ethische Normen und Werte.[13]

Guerilla

Die Analyse der verschiedenen Gruppen innerhalb der Guerilla ist, bedingt durch die geringe Datenbasis, bisher ein nur wenig bearbeitetes Forschungsgebiet. Aus dem bisher vorliegenden Material ist von Interesse, daß die Führungseliten der Guerilla und die Masse der Kämpfer aus zwei sehr unterschiedlichen sozialen und kulturellen Schichten stammen. Während die Führung in der Regel aus dem städtischen

[10] Aus der umfangreichen Literatur zum Autoritarismus in Lateinamerika sei hier nur auf folgende Aufsätze verwiesen: T. S. DiTella, Autoridad y liberalismo en la tradición politíca latinoamericana, in: F. Orrego Vicuna (Hrsg.), Transición a la democracia en América Latina, Buenos Aires 1985, S. 47ff, C. Véliz, The centralist tradition of Latin America, Princeton 1980 und J. Thesing (Hrsg.) Politische Kultur in Lateinamerika, v. Hase und Koehler, Mainz 1994.

[11] Vgl. H. C. F. Mansilla, Die soziokulturellen Faktoren zwischen traditioneller Staatsführung und moderner Demokratie in Lateinamerika, in: M. Mols/J. Thesing (Hrsg.), Der Staat in Lateinamerika, v. Hase u. Koehler Verlag, Mainz 1995, S. 229-244.

[12] Siehe u. a. F. MacGregor/L. Madalengoitia (Hrsg.); Violencia y paz en el Peru hoy, Lima 1985, H. Silva-Santiiesteban Larco, Tres aspectos problemáticos en la violencia: concepto, orígen, superación, in: J. Klaiber (Hrsg.); Violencia y crisis de valores en el Peru, Lima 1987.

[13] H. Favre, „Desexorciando" a Sendero, in: Síntesis, Madrid, Nr. 3/1987, S. 245f.

Mittelstand kommt, gehört der überwiegende Teil der einfachen Guerilla-Kämpfer den ländlichen Unterschichten an. Dies erscheint trotz der sehr beschränkten Datenbasis auch auf Peru und Kolumbien zuzutreffen. Während in der Regel die Aktionen von den Führern aus den Mittelschichten (und zum Teil auch aus den Oberschichten) getroffen werden, liegt die Ausführung in den Händen der *guerilleros* aus den unteren Schichten. Deren größere Bereitschaft zu unmittelbaren Gewaltakten hängt sicherlich auch mit ihrer Nähe zur physischen Gewaltanwendung zusammen, die sie in ihrer gesamten Sozialisation begleitet hat. Für Peter Waldmann ist „violentes Vorgehen in aller Regel ein Zeichen sozialer Durchsetzungsschwäche“[14], und in der Tat stehen auch in diesen beiden Ländern die Unterschichten den „subtilen, reibungslos wirkenden Durchsetzungsmitteln“[15] politisch und kulturell sehr fern. Deren zentrale Orientierungswerte sind eher Härte und Furchtlosigkeit. Die oben bereits erwähnte autoritäre politische Kultur ist auch dominierend in den Guerilla-Bewegungen. Man kann sogar die These wagen, daß im Mini-Universum der Guerilla dieser Autoritarismus im Bezug auf die eigenen Mitglieder und Verbündeten stärker ausgeprägt ist als in den Streitkräften. Konkurrierende Loyalitäten werden bestraft, kritischer Geist wird mißbilligt, strenge Hierarchien werden bevorzugt, und die Mitglieder sind einer ständigen Aufsicht unterworfen.[16] Das System sozialer Kontrolle, das Ausforschen der Ängste und Schwächen, dürfte in der Guerilla sogar einfacher und zugleich härter sein als in der Armee. Eine einfache Binnenstruktur und die Überzeugung, die geschichtliche Wahrheit zu verkörpern, ebnen einem unerbittlichen Esprit d´orthodoxie den Weg. Der Diskurs peruanischer bzw. kolumbianischer Guerilla-Organisationen ist eigentümlich hochtönend und selbstsicher. Er ist gegen andere Meinungen immun, nimmt dabei aber zweifellos patriotische Züge an. Gewissermaßen reproduziert die Guerillaführung den Diskurstyp der herrschenden Eliten, der in Schulen und bei patriotischen Anlässen zelebriert wird, freilich in einer populistischeren Form.

Die Binnenstruktur der Guerilla-Organisationen weist sowohl in Peru als auch in Kolumbien eine strikt hierarchische, pyramidale Ordnung auf. Dabei verlaufen die Befehlskanäle eindeutig von oben nach unten. Die Möglichkeiten der unteren Instanzen, die Entscheidungen der Führung zu beeinflussen bzw. ihre Zusammensetzung demokratisch zu beeinflussen, müssen als sehr gering angesehen werden. Den Führungsorganen stehen eine Reihe von Privilegien zu. Dazu gehören die Befreiung von physischer Arbeit, bessere Versorgung, breiterer Zugang zu Informationen, ein-

14 P. Waldmann, Gewaltsamer Separatismus am Beispiel der Basken, Franko-Kanadier und Nordiren, in: Kölner Zeitschrift für Soziologie und Sozialpsychologie, Vol. 37, Nr. 2/ 1985, S. 209.

15 Waldmann zählt dazu persönliche Autorität, Fachkenntnisse, Beredsamkeit, interpersonelle Beziehungen sowie wirtschaftliche, institutionelle und ideologische Ressourcen. Ebenda, S. 209.

16 Vgl. L. Mercier Vega, Guerillas in Latin America. The Technique of the Counter-State, New York 1969.

schließlich Kontakten außerhalb des Guerilla-Territoriums, und nicht zuletzt wird ihnen eine größere sexuelle Freizügigkeit zugestanden. Die Masse der Guerilleros übt sich dagegen in Opferbereitschaft, Bescheidenheit, Gehorsam und Genügsamkeit.[17] Diese Dichotomie innerhalb der Guerilla ist eng mit der bereits oben erwähnten unterschiedlichen sozialen Herkunft zu sehen. Unter den peruanischen und kolumbianischen Guerilla-Führern befinden sich vor allem Intellektuelle, Studenten (mit meist abgebrochenem Studium), ehemalige Beamte, Absolventen von Fachhochschulen und Angestellte.[18]

Staat und Guerilla

Ein weiterer Aspekt, der bisher wenig Aufmerksamkeit erfahren hat, ist die Interaktion zwischen institutioneller Gewalt des Staates und der aufständischen *violencia*. Wie bewältigen Regierung einerseits und Guerilla andererseits das fast chronische Machtpatt, bei dem keine Seite, zumindest nach außen, den Anspruch auf einen vollständigen militärischen Sieg aufgeben will. Hinter der Fassade einer totalen Feindschaft verbergen sich jedoch Elemente jahrelang tolerierter Kompromisse. In Kolumbien wurde seit 1989 in den Verhandlungen und den Abkommen gewissermaßen dieser Status quo festgeschrieben. Aber auch ohne den jetzt geläufig gewordenen Begriff des *impliziten Konsens* ins Spiel zu bringen, kann man im kolumbianischen Fall Indizien eines symbiotischen Verhältnisses zwischen Aufständischen und Regierungskräften feststellen. Ein sichtbares Zeichen kann in der faktischen territorialen Aufteilung des Landes gesehen werden, die offenbar langfristigen Charakter annimmt. Der bestehende Antagonismus, so scheint es, wird auf Sparflamme gehalten, dies jedoch dauerhaft. Es ist ein offenes Geheimnis, daß die kolumbianische Armee in bestimmten Perioden einen Modus vivendi mit den Aufständischen praktiziert. Obwohl sie im Besitz der notwendigen militärischen Mittel war, um die Guerilla-Gebiete zu besetzen und radikal „zu befrieden", ging die Armee oftmals behutsam vor. Vor allem die Behandlung des bewaffneten Gegners, der Guerilla, unterscheidet sich oftmals erheblich von der Härte und der Brutalität der Armee im Umgang mit anderen (wehrlosen) Bevölkerungsgruppen, wie z. B. Bauern und marginalen Schichten in den Städten.[19] Die Handlungen der peruanischen Militärs ha-

17 Siehe u. a. R. Maullín, Soldiers, Guerillas and Politics in Colombia, Lexington: Heath 1973, S. 43ff; und U. Casas, Orígen y desarrollo del movimiento revolucionario colombiano, Bogotá 1980.

18 J. Arenas, La guerilla por dentro, Análisis del ELN colombiano, Bogotá 1971, S. 43, 46, 52f; E. Valencia, Notas para una sociologia de la guerilla, in: Revista Mexicana de Sociologia, Vol. 32, Nr. 2/1970, S. 335f.

19 Zur institutionellen Gewalt in den beiden Ländern siehe u.a.: V. M. Moncayo, Estado de Derecho, crisis y reestructuracion capitalista en Colombia, in: CONTOVERSIA, Nr. 141/ 1988; Colombia: una crisis de los derechos humanos, Amnesty International, Madrid 1988, Vgl. S. Kurtenbach, Kolumbiens stabile Instabilität: demokratische Kontinuität, Klientilismus und politische Gewalt, in: D. Nolte (Hrsg.), Lateinamerika im Umbruch?

ben zwar viele gleiche Elemente wie die der kolumbianischen Armee, jedoch kann nicht von einer territorialen Aufteilung gesprochen werden. Zugleich muß darauf hingewiesen werden, daß die Streitkräfte und die mit ihnen verbundenen parastaatlichen Todesschwadronen und Privatarmeen ein Vielfaches der Toten, Verwundeten und Verstümmelten zu verantworten haben als die Guerilla-Bewegungen.

Die Interaktionen zwischen Aufständischen und Repressionskräften vollziehen sich auch im Rahmen eines gleichgearteten Autoritarismus, der bei beiden Akteuren zu ähnlichen Verhaltensmustern und zu vergleichbaren Orientierungswerten führt. Beiden Gruppierungen sind privilegierte Führungseliten gemeinsam, die sich kulturell, ihrer sozialen Herkunft nach und in Peru auch nach ihrer ethnischen Zugehörigkeit von der Masse der Kämpfer bzw. Soldaten unterscheiden.[20]

Beide Hauptakteure bewegen sich auch innerhalb des gleichen gesellschaftlichen Kontextes, in dem die demokratisch-institutionelle Dimension innerhalb des Modernisierungprozesses stark verkürzt ist. Dies hatte auch zur Folge, daß - vor allem in Kolumbien - von den einheimischen Hochkulturen kaum noch Orientierungswerte ausgingen. Die Anwendung interaktionstheoretischer Ansätze, die ein Minimum an vergleichbaren Handlungsmustern und gemeinsamen soziokulturellen Werten voraussetzen, ist im Falle Kolumbiens, wo die Homogenisierung der Gesellschaft im Unterschied zu Peru deutlich weiter vorangeschritten ist, plausibel. Demgegenüber hatten in Peru die autochthonen Kulturen eine beträchtlich höhere Widerstandskraft, so daß wir hier beträchtliche soziokulturelle Räume vorfinden, deren Verhaltensparameter und Orientierungswerte von denen der westlichen Moderne erheblich abweichen. Die heutige *violencia* in Peru hat zweifellos eine erhebliche ethnisch-kulturelle Komponente. In diesem Sinne bedarf die angemessene Erklärung des Gewaltpotentials in Peru, wo wir ein Mosaik verschiedenartiger zivilisatorischer Formen vorfinden, auch historisch-anthropologischer Hilfsmittel.

Institut für Iberoamerika-Kunde, Hamburg 1991, S. 189-208. Zur institutionellen Gewalt in Peru: D. Garcia-Sayan (Hrsg.); Democracia y violencia en el Peru, Lima, CEPEI 1988, Dergl.: Peru: Estado de excepción y régimen jurídico, in: Síntesis, Madrid, 3/ 1987, S. 274-296. Americas Watch, Derechos humanos en el Peru, Lima 1986, A. Artola Azcárate, Subersión!, Lima 1976 (Bericht eines ehemaligen Divisionsgenerals); C. Barton, Peru: „Dirty war" in Ayacucho, in: NACLA Report on the Americas, Vol. 27, Nr. 3/ 1983, S. 36ff. Die Nummer 3/Oktober 1983 der Zeitschrift „Defensa Nacional. Revista del Centro de Altos Estudios Militares", Publikationsorgan der peruanischen Militärs, beschäftigt sich ausschließlich mit der Thematik politische Gewalt und Guerilla-Krieg.

20 Die Mehrheit der Kämpfer in der Guerilla sind junge, ledige Männer, meist unter 25 Jahren, der Unterschichten, die geringe Schulbildung besitzen. Dem entspricht auch die Rekrutenstruktur der regulären Streitkräfte. Angehörige der Mittel- und Oberschicht finden leicht Mittel und Wege, um den obligatorischen Militärdienst zu umgehen. In Peru sind Angehörige der Bauernschaft indianischer Herkunft bei den einfachen Soldaten eindeutig in der Mehrzahl.

Verselbständigung von Gewalt

Unter bestimmten Umständen wird Gewaltanwendung zu einem Zweck an sich. Der Mittelcharakter wird dann abgelegt; Gewalt erhält eine positive Tönung und wird langsam zu einem allgemein akzeptierten Verhaltensmuster. Das Erreichte steht dabei oftmals in keinem nachvollziehbaren Verhältnis zum Einsatz von Gewalt. Das läßt sich in Peru und Kolumbien unschwer feststellen. Die Intensität der *violencia* steht sehr oft in keiner rational erklärbaren Beziehung zu den angestrebten Mitteln. Zweck-Mittel-Relationen können sowohl von einem moralischen Standpunkt als auch aus einer pragmatischen Sicht erfaßt werden. In beiden Fällen steht die Subordination der Mittel unter den Zweck außer Frage. Bei der Verselbständigung von Gewalt verschwindet dieses Herangehen. Ethische Prinzipien und Kosten-Nutzen-Kalküle verlieren gegenüber einer eingeübten Praxis, die aus oft nicht erklärbaren Gründen fortgesetzt wird, an Bedeutung. Zweifellos spielt dabei die tradierte Kultur des Autoritarismus, in der Gewaltausübung auch identitätsstiftende Momente beinhaltet, eine Rolle.

Die Verselbständigung finden wir auch in Situationen, in denen es keine eindeutigen Sieger und Verlierer gibt und sich militärische und propagandistische Vorteile als vorübergehend und sehr brüchig erweisen. Gonzalo Sanchez, der die Geschichte der *violencia* in Kolumbien sehr umfassend untersucht hat, kam zu dem Schluß, daß es stets „ein katastrophales Gleichgewicht“ zwischen den verschiedenen Kriegsparteien gegeben habe. Die Amnestieangebote der Zentralregierung haben eine genausolange Tradition wie der offene Kampf.[21] Für Plinio Apuleyo Mendoza geht diese Patt-Situation mit einer Verdrängung der politischen Logik durch eine militärische Logik einher.[22] In diesem Rahmen gelten für beide Seiten Morde, Erpressungen und andere Delikte eher als patriotische Handlungen. Verhandlungen haben dabei oftmals eher taktischen Charakter, und zwar als Pausen, die zur Verbesserung eigener Positionen genutzt werden können.

Die Verselbständigung der Gewalt zeigt sich gleichfalls in dem auch in anderen gewaltsamen Konflikten zu beobachtenden Phänomen, daß langfristig die Erfolgschancen violenten Handelns nur schwer kalkulierbar sind, „weshalb es ziemlich willkürlich erscheint, aus einer Ex-post-facto-Perspektive den Rebellen Rationalität oder Irrationalität zu bescheinigen.“[23] Nach Waldmann folgt terroristisches Verhalten weitgehend den gleichen Gesetzes wie soziales Verhalten. Es bestehe, so Waldmann, aus einem Gemisch von pragmatischen und wertbezogenen Motiven, von rationaler Planung und emotionalen Regungen, die sich insgesamt nicht auf einen

21 G. Sánchez, Ensayos de historia social y política del siglo XX, Bogotá 1985, S. 218.

22 P. Apuleyo Mendoza, Diálogo o mano dura en Colombia? in: Ciencia Política, Bogotá, Nr. 13/1988, S. 28f.

23 P. Waldmann, Ethnischer Radikalismus. Ursachen und Folgen gewaltsamer Minderheitenkonflikte am Beispiel des Baskenlandes, Nordirlands und Quebecs, Opladen 1989, S. 32.

einheitlichen Nenner bringen lassen.[24] Auch wenn diese Auffassung nicht dem grundlegenden Unterschied von „normalen“ und „devianten“ Verhalten genügend Rechnung trägt, - terroristisches Handeln gehört m. E. trotz nachvollziehbarer Motivationen zu letzterem - deutet Waldmann doch die Schwierigkeiten an, zwischen zweckrationalen Behaviour patterns und vorwiegend irrationalen Verhaltensmustern zu unterscheiden. Wenn dem so ist, ist eine wichtiges Moment bei der Verselbständigung von *violencia* festgemacht. So ist es denkbar, daß die Auflösung der kolumbianischen Guerilla-Organisation M-19 im Jahre 1990 nicht auf eine zweckrationale Überlegung zurückgeht („Militärisch ist ein Volksaufstand nicht zu induzieren, weiteres Blutvergießen ist sinnlos, oder gar unmoralisch“), sondern eher auf eine dumpfe Kriegsmüdigkeit und auf den Entschluß der obersten Führung zurückgeht, als Gegenelite in die politische Klasse zu gelangen. Und die Erlangung dieses Zieles scheint nicht unwahrscheinlich zu sein.

In dem Maße, wie sich die anfänglich soziopolitisch inspirierte Gewalt von ihren ursprünglichen Motivationen und Zielsetzungen entfernt, das zeigen die Beispiele Peru und Kolumbien, führt sie auch zur Verhärtung der Kriegsführung, zur Kriminalisierung der Bewegungen und letztlich zu anomischen Scharen. Die Verselbständigung der Gewalt führt teilweise zu einem kollektiven Gefühl, daß es immer schwieriger und sinnloser sei, mit der Regierung zu verhandeln. Das hat bei einigen Apathie und z. T. auch Aufgabe des bewaffneten Kampfes zur Folge; bei anderen führt dies jedoch zu der Überzeugung, jetzt erst recht den Kampf unnachgiebig fortsetzen zu müssen. Dies scheint sowohl beim „Leuchtenden Pfad“ in Peru als auch beim ELN in Kolumbien der Fall zu sein.

Ein weiteres Phänomen ist die zunehmende Kriminalisierung politischer Gewalt, was sich in der Nutzung der bewaffneten Truppen, sowohl der regulären Armee als auch der Guerilla, zur Bereicherung niederschlägt. Dabei ist die Erpressung die bevorzugte Form. Sie nehmen damit allmählich den Charakter gut bewaffneter Banden an, die sich ein arbeitsfreies Einkommen und Besitzrechte auf dem Lande verschaffen. Gewissermaßen tradieren einige Teile der Guerilla und der Armee damit ein ökonomisches Verhaltensmuster, das tief in der Tradition der lateinamerikanischen Gesellschaften eingebettet ist: den Erwerb von Renten-Einkommen, ohne daß Eigentum an Produktionsmitteln unbedingt erworben wird.[25] In dieser Hinsicht ist der ELN im Nordosten Kolumbiens mit Entführungen reicher Grundbesitzer und der Erpressung von Schutzgeldern für die Erdölleitungen an die Nordküste recht typisch. Der „Leuchtende Pfad“ hat gegenüber Bergbaubetrieben und Elektrizitätswerken ähnliche „revolutionäre Steuern“ eingetrieben.[26]

---

[24] Ebenda S. 33.

[25] Vgl. G. Ashoff, Rent-Seeking: Zur Relevanz eines relativ neuen Konzeptes in der ökonomischen Theorie der Politik und der entwicklungstheoretischen Diskussion, in: Vierteljahresberichte der Friedrich-Ebert-Stiftung, Nr. 112/1988, S. 103-125.

[26] In Peru hat diese Situation zugleich zu einer gewaltigen Expansion der sogenannten Sicherheitsindustrie geführt, die die Herstellung und den Verkauf von Alarmanlagen,

Die langandauernde *violencia* hat in ausgedehnten Gebieten Perus und Kolumbiens eine Militarisierung des gesamten gesellschaftlichen Lebens zur Folge. Zwar sind die zivilen Behörden weiterhin existent, jedoch liegen wesentliche Funktionen der Staatsgewalt, wie das Justizwesen und der Strafvollzug, die Polizei, das Fernmeldewesen und der Straßenbau, in den Händen der Militärverwaltungen. Verfassung und ziviles Recht haben nur fragmentarische Geltung. In diesem Umfeld setzen sich die Traditionen behördlicher Willkür, gesetzlicher Unsicherheit des Bürgers sowie der Vervielfachung der Behörden und Instanzen fort. Regeln sozialen Verhaltens werden aufgelöst, es entsteht allmählich ein Normen- und Wertechaos.

Kritische Bilanzen

Zugleich müssen wir in Betracht ziehen, daß die Entwicklung der Guerilla auch von dem länderübergreifenden Demokratisierungsprozeß in Lateinamerika beeinflußt wird.[27] In linken Zirkeln haben die Begriffe Dialog, Rechtsstaat, Pluralismus und friedliche Konfliktschlichtung eine positive Bedeutung bekommen. Von linksorientierten Theoretikern wird der „widersprüchliche Charakter der Guerilla-Bewegungen" hinsichtlich Demokratie und Legitimität, einschließlich ihrer Beliebtheit bei der Bevölkerung, gesehen.[28] Dies sind erste Anzeichen einer kritischen Bilanzierung. Das Mini-Universum der Guerilla-Bewegungen war oftmals ein Spiegelbild der Gesellschaft, die sie zu bekämpfen suchten. Hierarchien und Privilegien trugen wenig zu einem demokratischen Verständnis bei.

Die Fortsetzung der gewaltsamen Konflikte in Kolumbien und Peru und deren Ausgang sind jedoch völlig offen. Mit einer tiefgreifenden Legitimitätskrise oder gar einem Zusammenbruch des Staates in beiden Ländern ist trotz der offenkundigen Schwächen zur Zeit nicht zu rechnen. Zwar ist Carlos Ivan Degregori darin zuzustimmen, daß die Entfaltung der zivilen Gesellschaft, die mit dem Erstarken nichtstaatlicher Institutionen und regionaler Autonomien verbunden ist, langfristig solchen Bewegungen wie dem „Leuchtenden Pfad" entgegenwirkt. Es scheint aber ebenso richtig, daß „die Persistenz von Guerillabewegungen trotz offenkundiger Erfolglosigkeit aber die Regel ist."[29]

---

gepanzerter Autos und Waffen umfaßt. Vgl. El Comercio, Lima, vom 22. 2. 1989.

27 Vgl. M. Mols, Zum Staat in Lateinamerika, in: M. Mols/J. Thesing (Hrsg.), Der Staat in Lateinamerika, v. Hase und Koehler Verlag, Mainz 1995, S. 45-58, vgl. W. Dietrich, Lateinamerika nach der Durchstaatlichung. Neoliberale Flucht in die Integration und die Verweigerung zur Friedensforschung, Band 28, Heft 1-2/1995.

28 E. Pizarro, La guerilla en Colombia. Balance y perspectivas, in: Nueva Sociedad, Nr. 89/ 1987, S. 171.

29 K.-G. Riegel, Guerillamythen in der Dritten Welt, in: Geschichte und Gegenwart, Nr. 1/ 1989, S. 52.

Jörg Faust/Wolfgang Muno

Ökonomische Reformen versus Demokratie

Die Beispiele Costa Rica, Mexiko und Venezuela

Einleitung

Ausgehend von den Staaten Südeuropas erreichte bereits Ende der siebziger Jahre Huntingtons „Dritte Welle der Demokratisierung" lateinamerikanische Gestade. Mit der Schuldenkrise von 1982 wurde dann die Demokratisierung um eine ökonomische Komponente ergänzt. Knapp zehn Jahre später stellte Riordan Roett „das Wiedererwachen von Demokratie und Marktwirtschaft in Lateinamerika" (Roett 1991) fest. Detlef Nolte überschrieb im gleichen Jahr ein Buch mit dem Titel „Lateinamerika im Umbruch?", versah ihn allerdings noch mit einem Fragezeichen (Nolte 1991). 1997 stellten die Volkswirte der Dresdner Bank dagegen ohne Fragezeichen fest, daß sich Lateinamerika grundlegend verändert habe und sich nach politischem und ökonomischem Wandel sowohl Demokratie wie auch Marktwirtschaft verfestigten (Dresdner Bank Lateinamerika 1997: 6f.). Legt man dem Demokratieverständnis ein eher enges Definitionskonzept etwa im Sinne Schumpeters zugrunde, so verfügten 1998 mit Ausnahme Kubas alle Staaten Süd- und Mittelamerikas über die prozeduralen Minima demokratischer Herrschaft. Angesichts der teilweise erheblichen Unterschiede im Hinblick auf die Qualität demokratischer Herrschaft bemüht sich die neuere Demokratieforschung intensiv, die unterschiedlichen Ausprägungen dieser zu bestimmen sowie jene Zusammenhänge herauszuarbeiten, welche die Entwicklung der Demokratie beeinflussen (Valenzuela 1992, Nohlen/Thibaut 1994, Collier/Levitsky 1997, Lauth 1997).

Die ebenfalls zum größten Teil in den achtziger Jahren einsetzenden ökonomischen Reformen auf dem lateinamerikanischen Subkontinent können auch als eine Antwort auf die Herausforderungen der schwersten ökonomischen Krise seit den dreißiger Jahren verstanden werden. Diese läßt sich wiederum auf die Pervertierung der seit jener Zeit angewandten Entwicklungsstrategie binnenmarktorientierter, importsubstituierender Industrialisierung zurückführen. Anstelle eines exzessiven Etatismus, der zu Protektionismus, Überregulierung der Ökonomie, einem überdimensionierten öffentlichen Sektor und populistischer Ausgabenpolitik geführt hatte, wurde in den achtziger Jahren in den meisten Ländern des Subkontinents eine auf Weltmarktintegration basierende liberale Reformpolitik propagiert. Diese sollte Entwicklungs- und Modernisierungsblockaden überwinden (Bresser Pereira 1993: 19). Die auf die Schuldenkrise folgende wirtschaftspolitische Strategie bestand daher im Kern aus Stabilisierungsmaßnahmen im Sinne des *Washingtoner Konsenses*[1]: Es wurde eine restriktive Geld- und Fiskalpolitik betrieben verknüpft mit Strukturanpassungen, die den Abbau von makroökonomischen Ungleichgewichten und die Herausbildung einer effizienteren Funktionsweise der Märkte für Güter und Dienstleistungen zum Ziel hatten. Als Referenzrahmen des neuen Entwicklungsparadigmas galt nicht mehr der Binnen-, sondern der Weltmarkt (Messner 1998). Gleichzeitig durchkreuzten die hohen sozialen Kosten der Restrukturierung die Ziele des liberalen Modernisierungsprojektes. Erhebliche Reallohnverluste und ein Anstieg der Arbeitslosigkeit vergrößerten den Anteil marginalisierter Gesellschaftsgruppen, die aus dem formalen Wirtschaftskreislauf langfristig ausgeschlossen zu sein schienen und, wenn überhaupt, nur unzureichenden Zugang zu Sozialleistungen und Ausbildungsmöglichkeiten besaßen (Sangmeister 1994, Jung 1995).

Jene Kombination von Makrostabilisierung und Modernisierung des Produktionsapparates mittels neoliberal geprägter Strukturreformen einerseits sowie den damit verbundenen sozialen Kosten andererseits führte zu einer Diskussion über die Vereinbarkeit neoliberaler Transformation mit Demokratie. Dabei wurden äußerst unterschiedliche Positionen vertreten (vgl. Sterr 1997: 34f.). George Philip brachte mit seinem Aufsatz „Der neue ökonomische Liberalismus und Demokratie in Lateinamerika: Freunde oder Feinde?“ die Auseinandersetzung auf den Punkt (Philip 1993). Aus einer optimistischen Perspektive heraus betrachtet sind Demokratie und Marktwirtschaft eng miteinander verflochtene und sich ergänzende Ordnungsprinzipien. Konsequenterweise gingen daher auch die Stärkung der Demokratie in Lateinamerika mit einer zunehmend marktwirtschaftlichen Politik einher (Dresdner Bank Lateinamerika 1997: 7). In Übereinstimmung mit dem neoliberalen Paradigma sei eine möglichst freie Marktwirtschaft eine notwendige, wenngleich noch keine hinreichende Bedingung für die Existenz liberaler Demokratien. Kritische Stimmen verweisen dagegen auf die Probleme lateinamerikanischer Demokratien zwischen wirtschaftlichen Reformen und sozialer Verelendung (Thesing 1997). Einerseits wird von der Inkompatibilität tiefgreifender wirtschaftlicher Reformen und Demokratie ausgegangen und stattdessen das „Modell Pinochet“ vorgezogen (vgl. Codevilla 1993). Andererseits erfolgt der Hinweis auf eine demokratiegefährdende Tendenz autoritärer Deformationen hin zu *democracias del ajuste* (Raimondo/Echegaray 1991) oder *delegative democracies* (O'Donnell 1994). In diesen findet eine Erosion demokratischer Herrschaft durch eine einseitige Machtkonzentration in der Exekutive statt, um notwendige wirtschaftliche Reformen überhaupt erst durchzusetzen (vgl. Philip

[1] Der Ausdruck stammt von John Williamson und kennzeichnet gemeinsame Ansichten des US-Kongresses, der US- Administration, der internationalen und US-amerikanischen Finanzinstitutionen, Wirtschaftsbehörden und „*think tanks*“, die von der grundsätzlichen Überlegenheit von Marktmechanismen bei der effizienten Nutzung knapper Ressourcen überzeugt sind und daher eine ideologische Präferenz für marktorientierte Reformen teilen.

1993). Versucht man die einzelnen Diskussionsstränge über den Kausalzusammenhang zwischen marktwirtschaftlichen Reformen und demokratischer Herrschaft zu typologisieren, so bietet sich eine von Adam Przeworski vorgeschlagene und in Tabelle 1 wiedergegebene idealtypische Einteilung an (Przeworski 1991: 138).

Tabelle 1: Idealtypische Zusammenhänge von Demokratie und ökonomischen Reformen

	Demokratie	
Ökonomische Reformen	Erhaltung /Verbesserung	Destabilisierung
Implementierung	1. Reformimplementierung bei Erhaltung der Demokratie	2. Reformimplementierung bei Destabilisierung der Demokratie
Stop	3. Reformstop bei Erhaltung der Demokratie	4. Reformstop bei Destabilisierung der Demokratie

Neben den länderspezifischen Unterschieden sind die unterschiedlichen Ergebnisse verschiedener Analysen hinsichtlich der Wirkung ökonomischer Reformtätigkeit auf die Dynamik politischer Herrschaft auch auf die differierende Gewichtung mikropolitischer, makropolitischer oder intermediärer Einflußfaktoren zu suchen. Dabei hat innerhalb der vergleichenden Demokratieforschung, beginnend mit den Arbeiten von Dankwart Rustow, mehr und mehr eine akteursorientierte Perspektive an Gewicht gewonnen, die das strategische Handeln von Eliten in politischen und ökonomischen Transformationsprozessen in den Mittelpunkt stellt (Rustow 1970). Übertragen auf die hier behandelte Problemstellung kommt etwa Adam Przeworski mittels einer spieltheoretisch geprägten Argumentationslinie zu einer negativen Korrelation zwischen Demokratie und neoliberalen Reformmaßnahmen (Przeworski 1991).[2] Andere Untersuchungen kritisieren dagegen bei einer solchen Vorgehensweise eine unzulässige Abkopplung der Akteursinteressen von dem sie umgebenden Kontext und treten dagegen für die Integration unterschiedlicher Variablenkategorien ein. Hierbei werden vor allem die institutionellen Designs politischer

2 In seinem vereinfachenden Modell stellt Przeworski die Akteure Regierung, Technokraten und Bevölkerung in Beziehung zueinander. Das Interesse der Technokraten an schnell und dekretiert durchgeführten Reformen wird zunächst von der Regierung geteilt, die sich nach einem rapide durchgeführten schmerzhaften Anpassungsprozeß eine ökonomische Verbesserung bis zur nächsten Wahlentscheidung erhofft. Die Durchsetzung jener Strategie wird dann jedoch durch von den Protesten der Bevölkerung bzw. der Opposition gestoppt. Die Reformen werden zurückgenommen, es kommt zu einem Prozeß des „muddling through“, welcher die Legitimation des demokratischen Systems nach und nach untergräbt (Przeworski 1991).

Systeme sowie das strukturelle Gesellschaftsgefüge betont(Thibaut 1996, Haggard/ Kaufmann 1995, Mainwaring/Shugart 1997, Klesner 1998).

Im folgenden wollen wir an den drei Fallbeispielen Mexiko, Costa Rica und Venezuela zum einen die Frage untersuchen, inwiefern die wirtschaftlichen Reformen demokratische Herrschaft erleichterten oder behinderten und ob bestimmte Variablen dafür von besonderer Bedeutung sind. Dabei entziehen sich unsere Beispiele der typischen Dramaturgie der internationalen und insbesondere der auf Lateinamerika bezogenen Transitionsforschung, welche den politischen Übergang gemeinhin als ein Schauspiel mit drei klar voneinander getrennten Akten - Liberalisierung, Demokratisierung, Konsolidierung - betrachtet. Vielmehr handelt es sich sowohl bei Costa Rica wie auch bei Venezuela um etablierte Demokratien, die sich im Zuge der Schuldenkrise gezwungen sahen, ihr Entwicklungsmodell zu reformieren. Costa Rica gilt dabei nach wie vor als gefestigte Demokratie mit Modellcharakter für Lateinamerika (Heinz 1998), während es in Venezuela in den neunziger Jahren zu beträchtlichen Erosionserscheinungen demokratischer Herrschaft gekommen ist (Crisp/Levine 1998). Auch Mexiko paßt nur schwerlich in die gängige Logik der Transformationsforschung, da sich hier die Demokratisierung kaum in das gängige Drei-Phasen-Schema einfügen läßt (Whitehead 1995, Lauth 1995). Hier vollzog sich eine allmählich vertiefende Institutionalisierung der Demokratie, der die Demokratisierung anderer Teilregime vorangestellt war. Weiterhin erfolgte die Durchführung der ökonomischen Reformen in unterschiedlicher Art und Weise. Unterscheidet man zwischen schneller und sukzessiver sowie zwischen dekretierter und paktierter Implementierung, so trifft für Venezuela zunächst die schnelle und dekretierte Variante zu, für Costa Rica dagegen die sukzessive und paktierte, während der mexikanische Fall eher zwischen beiden Extremen anzusiedeln ist. Somit haben wir es mit unterschiedlichen Fällen zu tun, die sich von den „typischen" Transformationsfällen der *Cono-Sur* Länder sowie Brasilien unterscheiden. Um für unsere Beispiele die Logik der politischen Dynamik marktwirtschaftlicher Anpassung herauszuarbeiten, werden wir uns einer induktiven und konkordanzmethodischen Vorgehensweise bedienen und zunächst die Entwicklungen in den drei Ländern vorstellen. Abschließend wird der Einfluß unterschiedlicher Typen von Variablen auf den Zusammenhang zwischen ökonomischen Reformen und Demokratie thematisiert.

Costa Rica

Costa Rica gilt aufgrund seiner demokratischen Stabilität als „demokratisches Musterland" Lateinamerikas (vgl. Booth 1989, Heinz 1998). Nach einem kurzen und blutigen Bürgerkrieg 1948 etablierte sich in dem von Agrarwirtschaft geprägten Land eine demokratische Staatsform, die bis heute von allen relevanten politischen Akteuren Costa Ricas akzeptiert ist. Die demokratische Politik wurde auf ökonomischem Gebiet durch eine verfassungsrechtlich verankerte wohlfahrtsstaatliche Politik flankiert, dank derer breite Bevölkerungsschichten bis in die achtziger Jahre am kontinuierlichen Wirtschaftswachstum partizipierten. Ende der siebziger Jahre geriet allerdings auch die Volkswirtschaft Costa Ricas in eine strukturelle Krise. Der Versuch einer protektionistischen Wirtschaftsstrategie, sinkende Einnahmen aus dem Export der Agrarprodukte sowie gestiegene Preise für Ölimporte führten zur Überschuldung des Staates, so daß sich die Regierung im August 1981 für zahlungsunfähig erklären mußte. Präsident Rodrigo Carazo Odio, der das konservative Parteienbündnis UNIDAD anführte, verfolgte daraufhin ein derart ineffektives und widersprüchliches Krisenmanagement, daß die Wirtschafts- und Finanzpolitik Costa Ricas „anarchische Züge" anzunehmen drohte (vgl. Heinz 1998: 186ff.; Schmidt 1986: 65).

Im Februar 1982 konnte Luis Alberto Monge Alvarez, der Kandidat der sozialdemokratischen *Partido Liberación Nacional* (PLN), mit 58,8% der abgegebenen Stimmen klar die costaricanischen Präsidentschaftswahlen für sich entscheiden. Seine Partei gewann außerdem die absolute Mehrheit der Mandate im Parlament. Angesichts der wirtschaftlichen Krise und der verfahrenen internationalen Finanzbeziehungen sah die neue Regierung keine andere Möglichkeit, als die von den internationalen Gläubigern geforderten Wirtschaftsreformen durchzuführen.[3] Die PLN-Mehrheit im Kongreß unterstützte die Monge-Regierung bei der Durchführung ihrer marktkonformen Politik, so daß im Dezember 1982 ein erstes *stand-by*-Abkommen mit dem IWF unterzeichnet werden konnte, das die Zahlung von 100 Millionen US-$ vorsah. Im Gegenzug verpflichtete sich Costa Rica zur Reduzierung des Haushaltsdefizits, zur stufenweisen Abwertung der Währung, zur Begrenzung der Aufnahme von weiteren Krediten, Zinsanpassungen und einer Begrenzung von Lohnerhöhungen. Die durch diese Vereinbarung wiederhergestellte Kreditwürdigkeit ermöglichte außerdem weitere Umschuldungsverhandlungen. Nach jener ersten Stabilisierungsphase 1982/83 begann 1984, unter dem starken Druck der Gläubigerinstitutionen IWF, Weltbank und der US-amerikanischen Entwicklungsbehörde AID (*Agency for International Development*), die zweite Phase der ökonomischen Reformpolitik der Regierung Monge, die Phase der Strukturanpassung (vgl. Fürst 1992). Die Umsetzung der orthodox-liberalen Programmatik der internationalen Finanzinstitutionen erfuhr jedoch zahlreiche Veränderungen durch die costaricanische Regierung. Zölle wurden nicht umfassend, sondern graduell und differenziert abgebaut. Der öffentliche Sektor wurde kaum reduziert, der Staatshaushalt nicht durch Einsparungen bei den Ausgaben, sondern durch eine Steigerung und Umschichtung

---

3 Die Dimensionen der wirtschaftlichen Krise nach Jahrzehnten des Wachstums stellen sich wie folgt dar (Rovira Mas 1987: 43ff.):
a) Das BIP ging 1981 um 2,3 und 1982 um 7,3% zurück; b) Die Inflation stieg auf 81,8%; c) Die Arbeitslosenquote stieg auf 9,4% an, die Unterbeschäftigung auf 23,8%; d) Das durchschnittliche Realeinkommen ging 1980 um 4,1, 1981 um 15,3 und 1982 um 29% zurück; e) Das Defizit der Haushaltsbilanz erreichte 13% des BIP; f) Die Auslandsverschuldung stieg, bei einem BIP von US-$ 3,5 Milliarden 1980, auf über drei Milliarden US-Dollar.

der Staatseinnahmen entlastet. Insgesamt erwies sich die eher heterodoxe Wirtschaftspolitik der Monge-Administration als erfolgreich. Das BIP stieg wieder an, die Inflation und die Arbeitslosigkeit gingen zurück, die Realeinkommen erhöhten sich, das Defizit der Haushaltsbilanz sank. Die Verschuldung konnte zwar nicht reduziert werden, zumindest wurde aber der starke Anstieg der Neuverschuldung gebremst. Ein besonderer Erfolg war die rasche Bekämpfung der sozialen Auswirkungen der Wirtschaftskrise bzw. der darauf folgenden Anpassungsmaßnahmen. 1982 sanken die Realeinkommen noch um 29%, 1983 konnte wieder ein Anstieg um 10,9% erreicht werden. Durch eine erfolgreiche, zielgruppenorientierte Sozialpolitik konnte nach dem signifikanten Sinken des Lebensstandards besonders ärmerer Bevölkerungsgruppen in den Jahren 1979 bis 1982 durch den *Plan de Compensación Social* bereits seit 1983 eine Erholung des Lebensstandards verzeichnet werden. Der politische Wille, eine funktionierende Sozialpolitik zu betreiben, die erfolgreiche Stabilisierung sowie die finanzielle Unterstützung der USA führten trotz der finanziellen Restriktionen nicht zu einer Krise des costaricanischen Wohlfahrtsstaates, der durch seine Leistungsfähigkeit und seinen redistributiven Charakter die sozialen Kosten der marktwirtschaftlichen Politik teilweise kompensierte (Sojo 1994).

Die Öffentlichkeit reagierte auf die neoliberale Politik Monges zwar mit einzelnen Streiks und Demonstrationen, der Protest verlief aber friedlich und hielt sich, trotz der Wirtschaftskrise, in Grenzen (vgl. Nelson 1989: 149). Die einzigen relevanten politischen Akteure, die gegen die Reformen opponierten, waren die das syndikalistische Szenario dominierenden kommunistischen Gewerkschaftsorganisationen. Jedoch konnte sie durch ihre interne Heterogenität kein konsistentes Alternativprogramm vorlegen. Die Spaltung der kommunistischen Partei Costa Ricas (*Partido Vanguardia Popular*) im Jahr 1983 führte dann auch zur Spaltung des Gewerkschaftsdachverbands CUT (*Confederación Unitaria de Trabajadores*) in einen gemäßigten und einen radikalen Flügel. Die Regierung Monge reagierte auf die gewerkschaftliche Opposition mit einer flexiblen Strategie der Ablehnung gegenüber radikalen und Kompromißbereitschaft gegenüber gemäßigten Forderungen. Einzelne Protestaktionen, Streiks und Demonstrationen wurden mit dem Einsatz der Polizei und Nationalgarde beantwortet, gemäßigte Gewerkschaftler wurden mit inflationsadäquaten Lohnerhöhungen zufriedengestellt. Die Wirtschaftsexperten der Monge-Administration verwandten zudem viel Zeit darauf, die Notwendigkeit der ökonomischen Reformmaßnahmen in der Öffentlichkeit darzustellen und auf Kritik einzugehen, da die Regierung Monge durch die politisch-institutionelle Struktur des politischen Systems gezwungen wurde, Unterstützung für die Durchführung der Reformpolitik zu suchen.[4] Im Kabinett, im Parlament, mit Entscheidungsträgern der

---

[4] Die präsidentiellen Kompetenzen sind gegenüber Parlament und Rechnungshof beschränkt, zusätzlich ist die Regierungsgewalt durch die Existenz von annähernd zweihundert autonomen Körperschaften eingeschränkt, die öffentliche Dienste in der Energie- und Trinkwasserversorgung, das Telephonnetz, Universitäten, die Zentralbank und

öffentlichen Dienste und mit anderen öffentlichen Meinungsführern suchte die Regierung daher den Dialog und konnte unter Verweis auf die strukturellen Ursachen der Krise auch die breite Mehrheit der politischen Akteure von ihrem eher graduell angelegten Reformprogramm überzeugen. Resultat der Konsultation und der Konsensfindung war eine Art „*Nationales Übereinkommen über die Notwendigkeit der Anpassung*" (Rojas Bolaños 1992).

Die konsensuale Strategie Monges hatte zur Folge, daß es trotz der ökonomischen Transformationen zu keinen politischen Umbrüchen kam. In einer 1985 durchgeführten Umfrage bekundete die Bevölkerung ihre anhaltende Unterstützung für das politische System Costa Ricas mit hohen Zustimmungsraten für die politischen Institutionen. Monge erhielt Sympathiewerte von über 80%, was ihn zum beliebtesten Politiker Costa Ricas machte (Seligson/Gómez 1989). Die demokratische Normalität Costa Ricas zeigte sich denn auch bei den Präsidentschaftswahlen von 1986, die der PLN-Kandidat Oscar Arias Sánchez gewann. Da weder die Wahlenthaltung anstieg noch reformoppositionelle Kräfte signifikante Stimmenanteile auf sich konzentrierten, kann mit Recht von „*gewöhnlichen Wahlen in außergewöhnlichen Zeiten*" gesprochen werden (Seligson/Gómez 1989).

Die Nachfolger Monges hielten parteiunabhängig am „Anpassungskonsens" fest, sowohl die PLN-Präsidenten Oscar Arias Sánchez (1986-1990) und José Maria Figueres Olsen (1994-1998) als auch Rafael Angel Calderón Fournier (1990-1994) und Miguel Angel Rodríguez (seit 1998 amtierend) von der PUSC. 1986, 1988 und 1994 garantierten drei Strukturanpassungsabkommen mit der Weltbank (SAL I, II und III) eine Kontinuität marktwirtschaftlicher Politik. In beiden Parteien wird auch die Notwendigkeit einer sozialen Abfederung der Anpassungsprozesse betont, so daß sich in wirtschaftspolitischer Hinsicht PLN und PUSC kaum unterscheiden (vgl. Meyer 1998: 138f.).

Trotz nach wie vor existenter wirtschaftlicher Probleme, vor allem der Verschuldung, aber auch eines hohen Haushaltsdefizits, gilt die costaricanische Reformpolitik als relativ erfolgreich. Neben dem kontinuierlichen Wachstum mit geringer Arbeitslosigkeit ist auch die Inflationsrate deutlich gesunken. Daher ist eine Abkehr von der praktizierten Wirtschaftspolitik nicht zu erwarten. Trotz der sozialen Einschränkungen, mit denen die Reformpolitik verbunden ist, geriet die politische Stabilität bisher nicht ernsthaft in Gefahr. Das politische System verfügt immer noch über eine solide Legitimationsgrundlage, obwohl bei den letzten Wahlen zunehmende Erosionserscheinungen erkennbar wurden.

---

die nationale Fluglinie umfassen, so daß die costaricanische Verfassungswirklichkeit als ein funktionierendes System der *checks and balances* beschrieben werden kann (vgl. Fanger/Thibaut 1992: 74, Lehoucq 1996).

Mexiko

Das politische System Mexikos ist seit den dreißiger Jahren durch eine enge Verflechtung zwischen Staat und staatstragender Regierungspartei gekennzeichnet. Ein oftmals als „Monarch auf Zeit" bezeichneter Präsident und eine die Kontinuität sichernde „Partei der Institutionalisierten Revolution" (PRI) fungierten dabei als Garanten einer für Lateinamerika seltenen politischen Stabilität und wirtschaftlichen Entwicklung. Dem Regime gelang es durch einen adaptiven Autoritarismus (Morris 1995: 187) mit vergleichsweise niedrigem Repressionsgrad die Partizipationsansprüche gesellschaftlicher Akteure aufzufangen. Wichtigstes Instrument politischer Kontrolle war dabei ein „von oben" installiertes korporatistisches Arrangement hoch institutionalisierter Kontroll- und Partizipationsmechanismen, das gesellschaftliche Organisationen in die PRI integrierte sowie neue Akteure kooptierte. In Übereinstimmung zum Legitimationskonstrukt der PRI stand das staatsinterventionistische Entwicklungsmodell der Importsubstitution, das bis Anfang der siebziger Jahre wichtige Modernisierungserfolge brachte. Allerdings zeigte es dann erste Verfallserscheinungen. Nur aufgrund des unter dem Präsidenten Lopez Portillo (1976-1982) einsetzenden Erdölbooms konnte es zunächst am Leben erhalten werden (Haggard/Kaufmann 1995: 267-270).[5]

Mit dem Ausbruch der Schuldenkrise im August 1982 geriet der adaptive Autoritarismus jedoch ein weiteres Mal unter Reformdruck. War die Wirtschaftspolitik der im gleichen Jahr angetretenen Regierung De la Madrid zunächst durch ein kurzfristiges und orthodox geleitetes Krisenmanagement gekennzeichnet (Fürst 1992), so kam spätestens mit Mexikos GATT-Eintritt im Jahr 1986 ein erstes strategisches Element hinzu, das auf eine langfristige und unter marktwirtschaftlichen Bedingungen durchzuführende Weltmarktintegration hindeutete. Jenem Schritt war dabei eine Versöhnung der Regierung mit der Großunternehmerschaft vorausgegangen, die in den folgenden Jahren zur wichtigsten gesellschaftlichen Trägergruppe der neoliberalen Reformpolitik werden sollte (Luna 1995, Centeno/Maxfield 1992). Gleichzeitig bediente sich das Regime nach wie vor des traditionell pro-sozialstaatlichen Diskurses und flankierte mit sozialpolitischen Maßnahmen und weiteren politischen Zugeständnissen eine erste Welle von Liberalisierungs- und Privatisierungsmaßnahmen, um die sich angesichts der Wohlstandsverluste formierenden Oppositionsbewegungen zu entschärfen. Obwohl sich also bereits unter De la Madrid eine Ero-

[5] Schon seit dem Ende der sechziger Jahren hatte das autoritäre Regime unter dem Eindruck der 1968 blutig unterdrückten Studentenproteste deutliche Legitimationsverluste hinzunehmen, welche durch erste Verschleißerscheinungen des bis dato praktizierten Entwicklungsmodells verschärft wurden. Unter den Präsidenten Luís Echeverría (1970-1976) und Lopez Portillo bewies es allerdings seine Anpassungsfähigkeit, indem es graduelle politische und ökonomische Reformen verordnete, die jedoch die Einparteiendominanz des PRI nicht gefährdeten (Nohlen 1993: 202).

sion der traditionell engen Bindungen zwischen Staat und Arbeitersektor und die Verringerung der Institutionalisierung sozialstaatlicher Verantwortung abzeichnete, gelang es der von neoliberalen Technokraten dominierten Regierung zunächst durch die Instrumentalisierung der inkorporierten staatlichen Gewerkschaften eine Mobilisierung der Arbeiterschaft gegen das Regime zu verhindern (Lauth 1991: 384-385).

Die neuerliche makroökonomische Destabilisierung der Jahre 1986 und 1987 bedingte einen weiteren Legitimationsverlust der PRI, der sich in einer Zunahme zivilgesellschaftlicher, insbesondere von den Mittelschichten getragener Opposition manifestierte.[6] In dieser Situation zerbrach im Vorfeld der Präsidentschaftswahlen der seit den vierziger Jahren bestehende Elitenpakt des mexikanischen Regimes. Unter dem Eindruck der politischen Reformunwilligkeit des Regimes und der neoliberalen Haltung des „per Fingerzeig" von seinem Vorgänger auserkorenen Präsidentschaftskandidaten Salinas de Gortari, spaltete sich 1987 eine Gruppe renommierter und politisch progressiv eingestellter PRI-Mitglieder von der Partei ab. In einem Wahlbündnis traten diese in den Präsidentschaftswahlen gegen die Regierungspartei an und gründeten anschließend die sozialdemokratisch orientierte Oppositionspartei *Partido de la Revolución Democrática* (PRD), die sich neben dem *Partido de la Acción Nacional* (PAN) als zweitwichtigste Oppositionspartei etablieren konnte (Lauth 1991: 387-389). Die daraus resultierende Regimekrise spitzte sich angesichts des denkbar knappen und von berechtigten Vorwürfen der Wahlmanipulation begleiteten Wahlsieges von Salinas de Gortari weiterhin zu.[7] Die Erosion des tradierten Systems mexikanischer Herrschaftsordnung schien an Eigendynamik zu gewinnen.

Auf diese Herausforderungen antwortete die Regierung Salinas zum einen mit tiefgreifenden ökonomischen Reformen, die durch regelmäßig erneuerte Sozialpakte zwischen der inkorporierten Arbeiterschaft und den Unternehmer abgesichert wurden und somit einen Großteil der gesellschaftlichen Akteure mit in die Verantwortung zogen. Die Dominanz der technokratischen Staatselite bei der Reformentwicklung und -durchführung wurde dabei nicht gefährdet (Roxborough 1991, Kraemer 1997: 162f.). So wurde mittels einer Reihe von Verfassungsänderungen die Verringerung der Staatsquote über weitreichende Privatisierungsmaßnahmen

6 Nach 1982 und 1983 kam es erneut zu einem Rückgang des Bruttoinlandsproduktes, die Inflationsrate erhöhte sich aufgrund der Zins-Abwertungsspirale von 1985 64% auf 159% im Jahre 1987 und die Schuldenlast stieg erneut deutlich an (Faust/Schwane 1995). Mit den aus dem dekretierten Krisenmanagement resultierenden sozialen Kosten reduzierte sich die Zustimmung der Bevölkerung in Bezug auf die Regierungspolitik im Zeitraum von 1983 - 1987 von 55,3% auf 29,6% (Basañez 1990: 217-247).

7 Salinas wurde in den Präsidentschaftswahlen von 1988 mit dem bis dato schlechtesten Ergebnis eines PRI-Kandidaten von nur 50,36% der Stimmen gewählt. Der PRD-Kandidat erhielt nach dem offiziellem Ergebnis 31,12%, derjenige des PAN 17,06% (Lauth/Wagner 1993).

erreicht, die Investitionsbestimmungen für ausländisches Kapital neu definiert, der Bankensektor reprivatisiert und sowohl der Außenhandel als auch der Agrarsektor liberalisiert (Boris 1996). Zementiert wurde die neue Entwicklungsstrategie durch das Nordamerikanische Freihandelsabkommen NAFTA, durch ähnliche Verträge mit verschiedenen lateinamerikanischen Staaten sowie dem Beitritt in die *Asian Pacific Economic Cooperation* (APEC) 1993 und der OECD 1994 (Faust/Schwane 1995, Schirm 1995). Gleichzeitig gelang es der Regierung Salinas 1989 durch ein Umschuldungsprogramm entsprechend den Prinzipien des Brady-Planes, mittelfristig einen größeren haushaltspolitischen Spielraum zurückzugewinnen und die antiinflatorische Wechselkurspolitik abzusichern. Den aus den ökonomischen Reformen resultierenden sozialen Anpassungskosten setzte das Regime umfangreiche Sozialprogramme wie PRONASOL (1988) und PROCAMPO (1993) entgegen, die aus Privatisierungserlösen sowie aus dem haushaltspolitischen Spielraum finanziert wurden und speziell dem Präsidenten als Legitimationsquelle dienten. Diese sozialpolitische Komponente erlaubte es der Regierung, ihr Reformprogramm als *liberalismo social* zu verkaufen und auf die sozialstaatliche Tradition zurückzugreifen, obwohl wesentliche institutionelle Veränderungen in Richtung auf ein liberales Entwicklungsmodell durchgeführt worden waren (Otero 1996: 14f.).

Zum zweiten setzte neben den ökonomischen Reformen unter der Präsidentschaft Salinas de Gortaris ein Wandel von politischer Liberalisierung hin zur Demokratisierung ein (Mols 1996). Zwar sind auch die meisten politischen Reformen Salinas', hier insbesondere neuerliche Wahlgesetzänderungen, nach dem Top-Down Prinzip konzipiert worden. Sie spiegelten die Dominanz der Exekutive wider und waren auf die Erhaltung der PRI-Herrschaft gerichtet. Dennoch wurden Teilbereiche, die beispielsweise die Interessenorganisation und -artikulation gesellschaftlicher Akteure betrafen, weitgehend demokratisiert. Auch die Verringerung der Wahlmanipulation konnte festgestellt werden.[8] Hatte unter de la Madrid bereits die Akzeptanz von Wahlsiegen der Opposition auf kommunaler Ebene stattgefunden, so wurde 1989 erstmals der Verlust von Gouverneurswahlen im Bundesstaat Baja California zugunsten der PAN akzeptiert. Zweifelsohne bestand zwar weiterhin eine strukturelle Benachteiligung der Opposition, die sich aus deren limitiertem Zugang zu finanziellen Ressourcen und Medien ergab. Generell läßt sich aber feststellen, daß dem tradierten, auf ideologisch verbrämten Revolutionsidealen basierenden Legitimations-

8 Auch die Rechtsstaatlichkeit schien sich unter der Regierung Salinas angesichts der Verhaftungen korrupter Gewerkschaftsfunktionäre und Direktoren parastaatlicher Unternehmensdirektoren sowie der 1990 erfolgten Etablierung einer unabhängigen Menschenrechtskommission und deren Verankerung in der Verfassung 1992 zunächst verbessert zu haben (Lauth 1995: 197, Morris 1995: 84-85). Angesichts der politischen Skandale gegen Ende der Amtszeit von Salinas de Gortari, den teilweise intransparenten Privatisierungsverfahren sowie den nach wie vor besonders auf regionaler Ebene bestehenden Klientelnetzwerken kann jedoch noch keinesfalls von einer Konsolidierung des Rechtsstaates in Mexiko gesprochen werden.

modell ein liberaleres und auf Effizienzkriterien beruhendes entgegengestellt wurde.

Ergebnis der makroökonomischen Stabilisierungs- und moderaten Wachstumserfolge, der Demokratisierung von Teilen des politischen Regimes, der geschickten Einbindung der bürgerlich konservativen PAN und der daraus resultierenden Isolierung der sozialdemokratischen PRD war, daß sich bis 1994 der Handlungsspielraum der Regierung und deren Akzeptanz bei der Bevölkerung wieder erheblich verbesserte. Bereits bei den bis dato „saubersten" Parlamentswahlen von 1991 hatte die PRI 320 der 500 Sitze gewonnen und konnte auch bei den weitgehend fairen Präsidentschaftswahlen im Jahre 1994 den Urnengang für sich entscheiden (Franke 1995: 47-48). Dennoch setzte mit dem Aufstand in Chiapas ein erneuter Konflikt innerhalb der „revolutionären Familie" ein. Denn mit den ökonomischen Reformen, den vielfach an den lokalen PRI-Ebenen vorbeilaufenden Sozialprogrammen und den zumindest teilweise demokratisierten politischen Spielregeln hatte sich die Beziehung zwischen PRI und Staat zuungunsten der alten Parteioligarchie verändert. Verlief das aus den ökonomischen und politischen Veränderungen resultierende intraelitäre Spannungsverhältnis in der „familia revolucionuvia" zunächst noch ohne größere Eruptionen, so wurden im Zuge des Aufstandes in Chiapas sowie den Morden an dem Präsidentschaftskandidaten und dem Generalsekretär der PRI der Konflikt zwischen technokratischer Staatselite und den „Dinosauriern" innerhalb der Partei offener ausgetragen. Zwar konnte der Ersatzkandidat Ernesto Zedillo in den Präsidentschaftswahlen die angesichts der politischen Krise verunsicherte Wählerschaft noch einmal von der Problemlösungskapazität der PRI überzeugen. Doch die fatalen wirtschaftlichen Folgen der Währungskrise 1994 und 1995 entzogen dem Regime große Teile seiner Legitimation. Aufgrund einer einseitig erfolgten Liberalisierung (Dussel 1996), der Oligopolisierung großer Teile der mexikanischen Industrie als Konsequenz undurchsichtiger Privatisierungsmaßnahmen (Teichmann 1995) und eines intransparenten Finanzsektors hatten sowohl klein- und mittelständische Unternehmer als auch die lohnabhängigen Beschäftigten die Kosten der ökonomischen Misere zu tragen. Die Proteste der ebenfalls von dem neoliberalen Programm benachteiligten Landbevölkerung ergänzten sich daraufhin mit der Massenmobilisierung urbaner Bevölkerungsgruppen, die sich um die versprochenen Wohlfahrtsgewinne betrogen sahen, und ergänzten sich zu einer massiven, Rechtstaatlichkeit und nachhaltige Demokratisierung einfordernden Oppositionsbewegung.

Die Antwort der Regierung Zedillo auf die Systemkrise war eine weitere demokratische Öffnung bei gleichzeitiger Beibehaltung des marktwirtschaftlichen Reformkurses. So wurden unter Beteiligung einer in weiten Teilen *konstruktiven* Zivilgesellschaft (Merkel/Lauth 1998, 8) die Wahlgesetzgebung erneut reformiert, die Parteienfinanzierung neu geregelt und 1997 freie und faire Parlaments- und Bürgermeisterwahlen durchgeführt, welche mit einem Erfolg der Oppositionsparteien PAN und PRD endeten und der PRI erstmals die absolute Mehrheit im Abgeordnetenhaus entzogen (Lawson 1997). Gleichzeitig gelang es der Regierung Zedillo, ihren marktwirtschaftlichen Kurs grundsätzlich beizubehalten, wenngleich unter der nun notwendigerweise stärkeren Berücksichtigung der Oppositionsinteressen. Auch im Zuge der Wirtschaftskrise wurde nicht auf ein protektionistischeres Modell gesetzt. Vielmehr versuchte die Regierung über ein marktwirtschaftliches Währungsmanagement, weitere Privatisierungsmaßnahmen und eine restriktive Haushaltspolitik der makroökonomischen Krise Herr zu werden. Weiterhin beabsichtigt sie mittels Verhandlungen über ein europäisch-mexikanisches Freihandelsabkommen sowie durch die Stärkung einer unabhängigen und marktwirtschaftlichen Kriterien verpflichteten Zentralbank zusätzliche institutionelle Absicherungen des marktwirtschaftlichen Entwicklungsmodells einzuführen. Gleichzeitig stand bislang der größte Teil der sozialen Bewegungen und zivilgesellschaftlichen Organisationen dem marktwirtschaftlichen Modell nicht grundsätzlich ablehnend gegenüber, sondern forderte im Einklang mit der PRD eine sozialpolitische Ergänzung desselben. Insofern verlief die Demokratisierung des mexikanischen Systems während der bisherigen Amtszeit Zedillos parallel zur Konsolidierung marktwirtschaftlicher Reformen. Trotz der nach wie vor bestehenden Defekte demokratischer Herrschaft und sozialen Verteilungsmechanismen kann daher für den mexikanischen Fall bis dato keine negative Korrelation zwischen marktwirtschaftlichen Reformen und Demokratie festgestellt werden.

Venezuela

Öl und Demokratie sind die bestimmenden Faktoren der jüngeren venezolanischen Geschichte. Während der Erdölreichtum die venezolanische Ökonomie seit den Anfängen des 20. Jahrhunderts in immer stärkerem Maße dominierte und dazu führte, daß Venezuela das höchste Pro-Kopf-Einkommen Lateinamerikas verzeichnete, etablierten sich in der Politik nach der Flucht des Diktators Pérez Jiménez 1958 demokratische Spielregeln. In jenem Jahr beschlossen die Führer der wichtigsten Parteien[9] im *Pacto de Punto Fijo* die gemeinsame Anerkennung und Verteidigung der Demokratie und Grundlagen zukünftiger Politik in Venezuela (Kornblith 1996). Ölreichtum und eine paktierte Demokratie führten zur Herausbildung eines populistischen und konsensualistischen Politikstils im „*Estado de Compromiso Nacional Popular*" (Rey 1989). Über ein wachsendes Klientel- und Subventionssystem wurde durch die Konzertierung der relevanten Akteure ein effektives Konfliktmanagement betrieben. Die Verteilung der Ölrente übernahm die staatliche Bürokratie. Ämter und Positionen wurden nach dem Niedergang der *Unión Republicana Democrática* (URD) durch informelle Übereinkünfte quasi als Pfründe zwischen AD und COPEI aufgeteilt. Klientelismus und Ämterpatronage wurden so zu integrierenden

9 Die sozialdemokratische *Acción Democrática* (AD), das christdemokratische COPEI (*Comité de Organización Política Electoral Independiente*) sowie die liberale *Unión Republicana Democrática* (URD).

und systemstabilisierenden Faktoren der Demokratie (vgl. Maihold 1988, Werz 1983). Den Höhepunkt erlebte dieses Verteilungssystem während der ersten Amtszeit von Carlos Andrés Pérez (1974-79). Die Erdölpreisexplosion 1973 löste eine Boomphase aus, die, verbunden mit einer staatsinterventionistischen Wirtschaftsstrategie, zur Herausbildung eines bürokratischen *Estado omnipotente* führte (vgl. Boeckh 1988). Doch Mißwirtschaft, der Rückgang der Erdöleinnahmen und der Beginn der Schuldenkrise Anfang der achtziger Jahre beendeten die Erdölbonanza. 1983 wurde der *Bolívar*, die venezolanische Währung, um 300% abgewertet. Im gleichen Jahr war Venezuela nicht mehr in der Lage, seinen internationalen finanziellen Verpflichtungen nachzukommen und erklärte sich für zahlungsunfähig. Pérez' Nachfolger, Herrera Campíns von der COPEI (1979-84) und Jaime Lusinchi von der AD (1984-89), versuchten vergeblich, durch kurzfristig orientiertes Handeln der Krise Herr zu werden. Venezuela befand sich am Rande des Bankrotts, als Carlos Andrés Pérez am 2. Februar 1989 zum zweiten Mal das Präsidentenamt übernahm.[10]

Angesichts dieser Situation entschied sich Pérez für die Durchführung radikaler marktorientierter Reformen, die mit den Forderungen des IWF übereinstimmten. Am 16. Februar 1989, vierzehn Tage nach seinem Amtsantritt, gab Pérez die neue Wirtschaftspolitik seiner Regierung bekannt und verkündete ein Stabilisierungs- und Strukturanpassungsprogramm, dessen wesentliche Teile in kurzer Zeit umgesetzt wurden. Der Wechselkurs, Zinsraten sowie fast alle Preise wurden freigegeben bzw. jene für öffentliche Dienstleistungen erhöht. Zölle wurden drastisch reduziert, Subventionen verringert, Importlizenzen abgeschafft, Finanzbestimmungen liberalisiert und Staatseigentum privatisiert. Die Maßnahmen entfalteten eine „schöpferische Zerstörungskraft": Venezuela erlebte 1989 mit einem Rückgang des BIP von 8,6% die schlimmste Rezession seiner Geschichte, 1990 und 1991 schloß sich eine Wachstumsphase mit Raten von 6,5% und 10,4% an (vgl. Ashoff 1992: 29ff.).

Die Reformmaßnahmen wurden von Pérez und seiner Administration in einem technokratischen Politikstil umgesetzt. Die Struktur des politischen Systems mit starker institutioneller Stellung des Präsidenten, dessen umfangreiche Befugnisse sich auch auf Gesetzgebungskompetenzen erstrecken, ermöglichte die Durchsetzung der Reformpolitik durch präsidentielle Verordnungen (vgl. Sabino 1995: 152). Es gab keine breite Diskussion über die Notwendigkeit dieser Maßnahmen und keinen

---

10 Die Dimensionen der wirtschaftlichen Krise nach Jahrzehnten des wirtschaftlichen Wachstums stellen sich wie folgt dar (vgl. Ashoff 1992: 27):
(a) Die offiziellen Devisenreserven lagen bei 3 Mrd. US-$, der liquide Anteil daran betrug lediglich 300 Mio. US-$, bei kurzfristigen Verbindlichkeiten von 6,3 Mrd. US-$.; (b) Die Schuldendienstquote stieg 1988 auf über 50%; (c) Das Leistungsbilanzdefizit erreichte 1988 9,6% des BIP; (d) Dem offiziellen Wechselkurs von 14,50 Bolívares pro US-$ stand ein inoffizieller Wechselkurs von 42 Bolívares pro US-$ gegenüber; (e) Real betrug der Zinssatz -15% (1988), was zu Kapitalflucht und verstärkter Inflation führte; (f) Die Inflation erreichte mit 40% (1987) und 35.5% (1988) für Venezuela enorm hohe Werte; (g) Das Defizit des öffentlichen Sektors betrug 9,3% (1988).

Versuch, öffentliche politische Unterstützung für die Reformen zu generieren. Die neoliberale Politik von Pérez bedeutete somit nicht nur inhaltlich, sondern auch durch die politische Vorgehensweise einen offenen Bruch mit den tradierten politisch-ökonomischen Integrationsmustern des ausgleichenden populistischen Verteilungssystems. Die vor vollendete Tatsachen gestellte Bevölkerung, die bereits die sozialen und wirtschaftlichen Kosten der ökonomischen Krise in den achtziger Jahren hatte hinnehmen müssen, reagierte auf das mit sozialen Transformationskosten (Inflation, Arbeitslosigkeit, Einkommenseinbußen) verbundene Schockprogramm mit massiven Protesten.[11] Am 27. Februar 1989 kam es in der Hauptstadt zu einem mehrtägigen und blutigen spontanen Volksaufstand, dem *Caracazo*. Diesem folgten Streiks und Demonstrationen. Die etablierten politischen Akteure waren jedoch unfähig, den Unmut der Bevölkerung zu kanalisieren und eine Oppositionsbewegung zu organisieren. Das *cleavage* Reformgegner/Reformbefürworter ging quer durch die Parteien und den politisch gewichtigen Unternehmerverband FEDECAMARAS (*Federación de Cámaras de Comercio y de Producción*). Der Gewerkschaftsdachverband CTV (*Confederación de Trabajadores de Venezuela*) bezog zwar Stellung gegen die ökonomische Reformpolitik, gleichzeitig verhinderten die aus dem traditionellen korporatistischen Politikstil resultierenden Verbindungen zwischen Regierung und Gewerkschaften jedoch eine originäre Reformalternative. Interessenkonflikte und strukturelle Schwächen erschwerten die Vertretung einer politischen Position, so daß keine oppositionelle Kraft ein kohärentes und konstruktives Alternativkonzept zur Regierungspolitik vorlegen konnte. Unter dem Eindruck des anarchischen, von keiner politischen oder gesellschaftlichen Gruppe gesteuerten Volksaufstandes vom 27. Februar 1989 hielten sich die etablierten politischen Akteure zudem zurück, wohl auch, um Venezuela nicht der Gefahr erneuter anomischer Auseinandersetzungen auszusetzen. Die konzeptionelle Schwäche der Opposition bestärkte die Regierung in ihrem dekretistischen Politikstil. Ungeachtet der Proteste wurde die Reformpolitik weiter verfolgt.

Diese politische Konstellation führte zu einer Legitimationskrise.[12] Ein Putschversuch am 4. Februar 1992 durch Eliteeinheiten der venezolanischen Armee, angeführt von Offizieren mittlerer Ränge, zeigte deutlich die „Lateinamerikanisierung" (Werz 1989) des ehemals wohlhabenden und stabilen Landes. Allein zwischen Februar und Juni 1992 gab es 451 Demonstrationen gegen Pérez, 199 davon mit gewalttätigen Ausschreitungen. Nachbarschaftskomitees organisierten Bürgerstreiks,

---

[11] Einkommenseinbußen sowie die Preisanstiege bei Nahrungsmitteln führten zu einem Anstieg der Armut, so daß 1991 zwei Drittel der Venezolaner in Armut lebten, ein Drittel gar in kritischer Armut (vgl. Lander 1994: 45f.).

[12] Pérez' Politik wurde im November 1992 von über 90% der Befragten als schlecht oder ziemlich schlecht bewertet. Im April 1992 hielten über 84% der Befragten Regierung, Kongreß und Parteien für wenig oder gar nicht glaubwürdig. Angesehen waren dagegen die Kirche und das Militär, die von 63% bzw. von 55% viel oder etwas Glaubwürdigkeit zugesprochen bekamen (vgl. Nicodemo/Bisbal 1992).

die Opposition forderte nicht nur eine Revidierung des wirtschaftspolitischen Kurses, sondern auch den Rücktritt des Präsidenten, der für die Krise der Demokratie persönlich verantwortlich gemacht wurde (vgl. Naím 1993: 105). Ein zweiter Putschversuch am 27. November 1992, diesmal angeführt von hochrangigen Militärs, verschlechterte das politische Klima weiter. Hinzu kamen permanente Demonstrationen, Mordanschläge auf Oppositionspolitiker, schwere Studentenunruhen und lang andauernde Streiks. Pérez betonte zwar in dieser Situation seinen Willen, seine Amtsperiode bis zum vorgesehenen Ende durchzustehen und trotz der Putschversuche am Reformprogramm festzuhalten, doch seine Position wurde aufgrund der gegen ihn gerichteten, von der politischen Elite gezielt plazierten Korruptionsverdächtigungen zunehmend geschwächt. Im März 1993 erhob der Oberstaatsanwalt Venezuelas Anklage gegen den Präsidenten wegen Unterschlagung. Im Mai 1993 wurde Pérez durch eine Entscheidung des Kongresses von seinem Amt suspendiert.

Nach einer sechsmonatigen Interimsregierung fanden Präsidentschafts- und Parlamentswahlen statt, die als klare Protestwahlen gegen die neoliberale Reformpolitik angesehen wurden (vgl. Molina/Pérez 1994, Welsch/Werz 1994). Die Altparteien AD und COPEI büßten bei den Präsidentschaftswahlen fast 50% und bei den Parlamentswahlen nahezu 30% ihres bisherigen Stimmenanteils ein. Gute Ergebnisse erzielten dagegen die Protestparteien Causa R mit über 20% und die Neugründung des COPEI-Dissidenten und Altpräsidenten Rafael Caldera mit über 13% der Stimmen. Caldera wurde auch mit einem explizit gegen die Reformmaßnahmen gerichteten Wahlkampf neuer Präsident.

Die neue Regierung versuchte einen Wechsel zurück zu dirigistisch-etatistischer Wirtschaftspolitik. Dadurch konnte zunächst die weitere Destabilisierung des venezolanischen politischen Systems aufgehalten werden - allerdings auf Kosten einer weiteren krisenhaften Entwicklung der venezolanischen Ökonomie. Rezession, anhaltend hohe Inflationsraten sowie steigende Arbeitslosigkeit und Armut zwangen Caldera, im April 1996 im Rahmen der sogenannten „Agenda Venezuela" zu einer Rückkehr zu marktwirtschaftlicher Reformpolitik und zur Aufnahme von Verhandlungen mit dem IWF (vgl. Romero 1996: 34f.). Dieser neuerliche Kurswechsel wurde von der AD mitgetragen, was Caldera eine klare Unterstützung im Parlament sicherte. Auch mit finanziellen Zugeständnissen an die Militärs suchte Caldera Absicherung, was als Versuch einer limitierten und exklusiven Neuauflage der paktierten Demokratie interpretiert wurde (Romero 1997: 30). Bislang sind keine weiteren politischen Eruptionen zu konstatieren. Es gibt kurzfristig wieder optimistischeren Einschätzungen (Welsch/Carrasquero 1998). Jedoch entspricht das Szenario dem von Przeworski vorgezeichneten systemdestabilisierenden Teufelskreis aus aufgezwungenen Reformversuchen, deren Abbruch, Regierungswechsel und neuerlichen Reformversuchen. Angesichts jener Entwicklung kann festgestellt werden, daß Venezuela die politische, wirtschaftliche und soziale Krise bislang noch nicht überwunden hat.

Marktwirtschaftliche Reformen - Freund oder Feind der Demokratie?

Wie die Fälle Costa Rica und Mexiko gezeigt haben, kann die These einer grundsätzlich negativen Korrelation zwischen ökonomischer Reformpolitik und Demokratie dem empirischen Befund nicht standhalten. In Mexiko verliefen die ökonomischen Reformen parallel zu der Transformation des politischen Systems und trugen zur Erosion autoritärer Herrschaft und Demokratisierung bei.

In *Costa Rica* wurden die marktwirtschaftlichen Reformen im Kontext etablierter und tradierter demokratischer Spielregeln durchgeführt und entfalteten keine demokratiezersetzenden Kräfte. Costa Rica wird auch nach dem wirtschaftspolitischen Umschwung als eine der wenigen gefestigten Demokratien des Subkontinents angesehen. Es zeigte sich somit, daß marktwirtschaftlich orientierte Reformen trotz sozialer Kosten nicht zwangsläufig negative Konsequenzen für die Demokratie haben müssen, sondern daß Demokratie vielmehr als wichtige Ressource bei der Herausbildung eines öffentlichen Konsenses in Bezug auf ökonomische Reformen fungieren kann (vgl. Haldenwang 1997, Naím 1995, Nelson 1995). Lediglich die Entwicklung in Venezuela scheint pessimistische Einschätzungen zu bestätigen. Ehemals eine konsolidierte Demokratie, resultierte der Versuch eines radikalen wirtschaftspolitischen Wandels über den Bruch etablierter politischer Spielregeln in einer profunden und andauernden Legitimationskrise des politischen Systems.

Insofern erweist sich die politische Dynamik ökonomischer Reformen als hochgradig ambivalent. Es zeigte sich auch, daß eine schrittweise und durch soziale Flankierungsmaßnahmen abgesicherte Reformstrategie eine weniger zerstörerische Wirkung auf die Demokratie hat als die Alternative des „*Big Bang*". Hier stellt sich allerdings die Frage, warum eine solche sukzessive und auf Konsens ausgerichtete Strategie nicht immer realisiert wird. Sucht man nach einer Erklärung für jene divergierenden Entwicklungen, so kommt zunächst dem strategischen Handeln politischer und ökonomischer Eliten eine besondere Bedeutung zu (Haggard/Kaufmann 1997: 264). In Costa Rica stand dabei die konsensorientierte Haltung der politischen Eliten im Vordergrund (vgl. Muno 1997: 67ff). So verfolgte die Regierung Monge eine gradualistische Reformpolitik, flankiert von grundsätzlicher Kompromißbereitschaft, welche die Mehrheit der oppositionellen Akteure von der Notwendigkeit ökonomischer Anpassung überzeugte. Anreize für eine dekretierte und auf Konfrontation ausgerichtete Umsetzung bestanden seitens der Regierung nicht. Keiner der wichtigsten Spieler wurde daher aus dem politischen Entscheidungsprozeß ausgeschlossen. Die Kosten des Anpassungsprozesses wurden relativ gleichmäßig verteilt. Lediglich die radikale gesellschaftliche Opposition suchte den Konflikt, konnte aber aufgrund der fehlenden Unterstützung seitens der moderaten Gewerkschaften und der Mittelschichten kein systemdestabilisierendes Vetopotential aufbauen.

Der *mexikanische Fall* dagegen ist durch eine Mischung aus intraelitären Konflikten und neuen Koalitionen gekennzeichnet (Gibson 1997). Dabei bildeten die für ökonomische Reformen eintretenden technokratischen Regierungen und das Gros der Unternehmerschaft ein Bündnis, welches Brüche innerhalb des etablierten „*elite settlement*“ der revolutionären Familie (Knight 1992) provozierte und die Erosion des inklusiven Autoritarismus einleitete. Über die Spaltung der Oppositionskräfte konnte jedoch insbesondere die Regierung Salinas ökonomische Reformen durchsetzen, ohne daß die eingeleitete Demokratisierung diese torpedierte. Denn erstens wurden sowohl ökonomische wie auch politische Reformen ablehnende Parteikader über die neue Herrschaftskoalition in die Defensive gedrängt. Jedoch konnten sie sich aufgrund ihrer Abhängigkeit von dem Regime aber nicht von diesem lösen und ließen sich daher in die reformbegleitenden Sozialpakte einbinden. Zum zweiten war die Verbrüderung jener Parteikader mit der marktwirtschaftliche Reformen zunächst ablehnenden Oppositionspartei PRD aufgrund divergierender politischer Herrschaftsvorstellungen nicht möglich. Drittens bot sich der PAN als prodemokratisch und marktwirtschaftlich eingestellten Kraft weder die alte Parteioligarchie noch die neue Oppositionspartei PRD als Bündnispartner an. Diese spezifische Akteurskonstellation ermöglichte es somit der Technokraten-Unternehmer-Koalition ihr wirtschaftliches Reformprojekt schrittweise durchzusetzen. Erst in dem Moment, in dem die Regierung aufgrund der Wirtschaftskrise von 1995/1996 ihre Legitimation verlor und die PRD ihre radikalen wirtschaftspolitischen Positionen aufgab, konnten beide Oppositionsparteien sowie zivilgesellschaftliche Organisationen der Regierung die Kontrolle über den Demokratisierungsverlauf entziehen.

In *Venezuela* dagegen dominierte ein dem costaricanischen Fall diametral gegenüberstehendes Akteursverhalten (vgl. Muno 1997: 42ff). Wissend um das Blockadepotential der von der Erdölrente profitierenden Eliten aus Staat, Gewerkschaft und Unternehmerlager sowie angesichts der Zuspitzung der ökonomischen Krise 1989, entschied sich die Regierung Pérez für die Durchführung radikaler Reformmaßnahmen unter Umgehung des politischen *Establishments*. Angesichts des unerwarteten Schockprogramms, des ungewohnten technokratisch-dekretistischen Politikstils, der ungleich verteilten Kosten der Anpassung sowie der Kürzung der Erdölrente für die öffentliche Verwaltung reagierte die Bevölkerung mit massiven Protesten. Teile der Militärs fühlten sich nicht mehr an die demokratischen Spielregeln gebunden. Waren die intermediären Organisationen zunächst wie paralysiert, so kam es im Anschluß an die Putschversuche im Unterschied zu Mexiko zu einer breiten Allianz aus Parteien, Gewerkschaften und Unternehmerverbänden, die die Regierung Perez demontierten. Dem Sturz der Regierung folgte eine Phase, in der die Eliten zunächst das Reformprogramm zurücknahmen, um ihre Pfründe nicht zu verlieren. Aufgrund der sich wieder zuspitzenden wirtschaftlichen Problemlage sah sich die Regierung genötigt, erneut auf eine rasche Reformimplementierung zurückzugreifen.

Zeigen solche akteursorientierten Erklärungen zwar die aus den Interessen hervorgehenden Handlungsverläufe auf, so sollte eine umfassendere Erklärung der politischen Dynamik ökonomischer Reformen um eine die das politische System kennzeichnenden Strukturen und Institutionen berücksichtigende Betrachtung ergänzt werden. Denn politische und wirtschaftliche Eliten handeln nur äußerst selten in einem institutionellen Vakuum. Sie werden vielmehr bei der Auswahl ihrer strategischen Handlungsalternativen von dem sie umgebenden Institutionengefüge beeinflußt. So schränkte etwa die costaricanische Verfassung die Befugnisse des Präsidenten in wesentlich stärkerem Umfang ein als die venezolanische, die über erweiterte Vollmachten Anreize für eine Politik per Präsidentialverordnung gibt. Die im politischen System Costa Ricas tief verwurzelten *checks and balances* zwischen Parlament und Exekutive, die handlungsleitend zugunsten einer konsensorientierten Strategie wirkten, waren weiterhin stabiler als der an die Erdölrente gebundene Korporatismus in Venezuela. Denn die Unvereinbarkeit, die Erdölrente bei gleichzeitiger Reformpolitik aufrecht zu erhalten, setzte weitere Anreize für konstitutionell legitimierte Entscheidungen per Dekret. Das Ergebnis der auf die Absetzung von Pérez folgenden Protestwahlen beschädigten das tradierte Arrangement intermediärer Institutionen in Venezuela ein weiteres Mal. Der neuen Regierung Calderas verstellte sich daher eine auf die alten intermediären Mechanismen zurückgreifende Reformgestaltung (Romero 1997). Stattdessen erfolgte ein Rückgriff auf eine Mischung aus neopopulistischem Politikstil und Präsidentialverordnungen, welche das demokratische Institutionengefüge weiter diskreditierten. In Mexiko hingegen war die Reformpolitik gekennzeichnet durch ein Amalgam aus institutioneller Anpassung und der Instrumentalisierung tradierter Regelwerke (Whitehead 1995). Über die korporatistischen Arrangements gelang es einerseits, die reformfeindliche Parteioligarchie in die reformstützenden Sozialpakte einzubinden. Andererseits erzeugten neu konstruierte sozialpolitische Verteilungsmechanismen einen Legitimationsschub für die marktwirtschaftlichen Reformer. Gleichzeitig verwehrte die Institutionalisierung der Demokratie in kleinen Schritten den demokratischen Parteien eine radikale Oppositionsstrategie.Lediglich die Kür des Präsidentschaftskandidaten per Fingerzeig, *dedazo* durch das amtierende Staatsoberhaupt provozierte sowohl 1987 wie auch 1994 politische Konflikte, die den wirtschaftlichen Reformkurses gefährdeten.

Die Umsetzung ökonomischer Reformen ruft demnach nicht immer einen demokratiezersetzenden Automatismus hervor. Vielmehr ist das strategische Handeln politischer Eliten in hohem Maße von deren Koalitionsmöglichkeiten und den daraus resultierenden Konfliktlinien abhängig. Nur wenn eine kleine Gruppe von Technokraten und eine Regierung ohne den Rückhalt anderer gesellschaftlicher Kräfte mittels dekretistischer Politik die politischen Spielregeln ignoriert, liegen demokratiefeindliche Wirkungen nahe. Eine solche Umgehung tradierter intermediärer Strukturen, welche die Funktionen der Interessenartikulation- und Interssenaggregation wahrnehmen, ist nicht zwangsläufig notwendig für die Verwirklichung marktwirtschftlicher Reformen. Wie das Beispiel Costa Rica gezeigt hat, ist keine Destabilisierung des politischen Systems zu erwarten, wenn die politischen Spielregeln ohne grundsätzliche Veränderungen mit dem neuen Entwicklungsmodell kompatibel sind. Sind diese wie in Venezuela jedoch nicht übertragbar und erfolgt ein radikaler Bruch mit denselben, so wächst die Gefahr einer Destabilisierung der Demokratie. Das hieraus resultierende institutionelle Vakuum macht ein dem Modell von Przeworski entsprechendes Verhalten wahrscheinlicher. Mittels jener Kausalität können auch die pessimistischen Einschätzungen hinsichtlich der Vereinbarkeit von Demokratie und Marktwirtschaft in vielen politischen Transformationsländern des Subkontinents nachvollzogen werden, da die Demokratisierung in diesen Staaten oftmals rasch erfolgte und ökonomische Reformen nun nicht mehr unter Berücksichtigung fest verankerter politischer Spielregeln stattfanden. Das Beispiel Mexiko zeigt allerdings, daß auch im Demokratisierungsfall marktwirtschaftliche Reformen die Einführung demokratischer Herrschaft bzw. das Überleben der jungen Demokratie nicht zwangsläufig behinderten. Zwar war auch hier das wirtschaftliche Reformprojekt unvereinbar mit den autoritär-korporatistischen Klientelstrukturen. Im Unterschied zu den meisten anderen Staaten Lateinamerikas erfolgte die Institutionalisierung der Demokratie über einen längeren Zeitraum, eine rapide Erosion des Institutionengefüges wurde vermieden.

Abschließend kann somit festgehalten werden, daß die Frage nach dem Verhältnis zwischen marktwirtschaftlichen Reformen und Demokratie eine differenzierte Analysestrategie verlangt, die das Zusammenspiel unterschiedlicher Einflußfaktoren berücksichtigt . Gerade akteurstheoretische Ansätze, die bislang die wissenschaftliche Debatte in der Transformationsforschung über Lateinamerika dominierten, wurden hierbei zu stark in den Vordergrund gestellt. Ergebnis waren teilweise simplifizierte, spieltheoretisch geleitete Kausalitäten, welche sich in ihren idealtypischen Aussagen zu weit von der realen Vielfalt entfernten. Zwar sind nach wie vor die intentionalen Handlungen und Interaktionen von Akteuren zentrale Erklärungsfaktoren. Die hier genannten Beispiele untermauern aber gleichfalls die in jüngster Zeit wieder auftauchenden Forderungen nach einer stärkeren Integration institutioneller und struktureller Aspekte bei der Betrachtung strategisch geleiteter Handlungen von Eliten in wirtschaftlichen und politischen Transformationsprozessen (Haggard/Kaufmann 1997; Klesner 1998). Die politische Dynamik ökonomischer Reformen ist abhängig von Konfliktlinien und Koalitionmöglichkeiten, die sich zwischen den Akteuren ergeben und die Vereinbarkeit ökonomischer Reformen mit demokratischer Herrschaft bestimmen. Die Interessen der Akteure, die über Konflikt oder Kooperation bestimmen, werden jedoch in erheblichem Maße von den spezifischen, historisch gewachsenen institutionellen und strukturellen Rahmenbedingungen beeinflußt.

Literatur

Ashoff, Guido 1992: Wirtschaftspolitik in Venezuela 1973-1992: Von der Erdölbonanza zur sozioökonomischen Krise und Strukturanpassung. In: Lateinamerika. Analysen-Daten-Dokumentation 21: 17-55.

Basañez, Miguel. 1990: El pulso de los sexenios: 20 años de crisis en México. Méxiko.
Bresser Pereira, Luis 1993: Economic reforms and economic growth: efficiency and politics in Latin America. In: Bresser Pereira, Luis/Maravall, José/Przeworski, Adam 1993: Economic Reforms in New Democracies: A Social-Democratic Approach. Cambridge: 15-76.
Boeckh, Andreas 1988: Die Schuldenkrise und die Krise des bürokratischen Entwicklungstaates in Venezuela. In: PVS (29)4: 636-655.
Booth, John 1989: Costa Rica: The Roots of Democratic Stability. In: Diamond, Larry/Linz, Juan/Lipset, Seymour (Hg.): Democracy in Developing Countries, Vol. 4: Latin America. Boulder: 387-422.
Boris, Dieter 1996: Mexiko im Umbruch. Modellfall einer gescheiterten Entwicklungsstrategie. Darmstadt.
Centeno, Miguel A. 1994: Democracy within Reason. Technocratic Revolution in Mexico. Pennsylvania.
Centeno, Miguel A./Maxfield, Sylvia 1992: The Marriage of Finance and Order: Changes in the Mexican Political Elite, in: Journal of Latin American Studies (24): 57-85.
Codevilla, Angelo 1993: Is Pinochet the Model? In: Foreign Affairs (72)5: 127-140.
Collier, David/Levitsky, Steven 1997: Democracy with Adjectives: Conceptual Innovation in Comparative Research. In: World Politics (49)April: 430-451.
Crisp, Brian/Levine, Daniel 1998: Democratizing the Democracy? Crisis and Reform in Venezuela. In: Journal of Interamerican Studies and World Affairs (40)2: 27-62.
Dresdner Bank Lateinamerika 1997: Die Dekade des Jaguars. Lateinamerika im marktwirtschaftlichen Aufbruch. Frankfurt/Main.
Fanger, Ulrich/Thibaut, Bernhard 1992: Costa Rica. In: Nohlen, D./Nuscheler, F.(Hg.): Handbuch der Dritten Welt, Band 3: Mittelamerika und Karibik. Bonn: 52-84.
Faust, Jörg/Schwane, Dirk 1995: Die Wirtschafts- und Sozialpolitik Mexikos. In: Lauth, Hans-Joachim; Horn, Hans-Rudolf (Hg.): Mexiko im Wandel. Frankfurt: 101-127.
Franke, Uwe 1995: Innenpolitischer Wandel und Wahlen. In: Lauth, Hans-Joachim/ Horn, Hans-Rudolf (Hg.): Mexiko im Wandel. Frankfurt: 35-55
Fürst, Edgar 1992: Krise, Schuldenmanagement und Stabilisierung in Mexiko und Costa Rica (1982-1988): Ein bilanzierender Rückblick von zwei kontrastiven Anpassungserfahrungen. Hamburg.
Gibson, Edward L. 1997: The Populist Road to Market Reform - Policy and Electoral Coalition in Mexico and Argentina, in: World Politics (49) April: 339-370.
Haggard, Stephan/Kaufman, Robert 1995: The Political Economy of Democratic Transitions. Princeton.
Haggard, Stephan/Kaufman, Robert 1997: The Political Economy of Democratic Transitions. In: Comparative Politics (29)3: 263-283.

Haldenwang, Christian von 1997: Die „zweite Stufe" der Anpassung in Lateinamerika: Probleme der Legitimierung. In: WeltTrends 17: 153-164.

Heinz, Annette 1998: Costa Rica: Interne Aspekte der Entwicklung einer Demokratie in Lateinamerika. Frankfurt/Main.

Huntington, Samuel 1991: The Third Wave. Democratization in the late Twentieth Century, Norman.

Jung, Winfried 1995: Wirtschaftliche Entwicklungen und soziale Spannungen in Lateinamerika. In: Konrad Adenauer-Stiftung – Auslandsinformationen 5: 80-100.

Klesner, Joseph L. 1998: An Electoral Route to Democracy? Mexico's Transition in Comparative Perspective. In: Comparative Politics (30)4: 477-497.

Knight, Alan 1992: Mexico's Elite Settlement: Conjuncture and Consequences. In: Higley, John /Gunther, Richard (Hg.): Elites and Democratic Consolidation in Latin America and Southern Europe. Cambridge: 113-145.

Kornblith, Miriam 1996: Krise und Wandel des politischen Systems in Venezuela. In: Hofmeister, Wilhelm/Thesing, Josef (Hg.): Der Wandel politischer Systeme in Lateinamerika. Frankfurt/M.: 367-408.

Kraemer, Moritz 1997: Politische Ökonomie und Wirtschaftsreformen: Mexiko 1982-1994. Frankfurt.

Lander, Edgardo 1994: Venezuela: l'impact de l'ajustement néo-liberal (1989-1993). In: Problème d'Amérique latine 12: 27-49.

Lauth, Hans-Joachim 1991: Mexiko zwischen traditioneller Herrschaft und Modernisierung. Die Gewerkschaften im Wandel von Politik und Wirtschaft. Münster u. Hamburg.

Lauth, Hans-Joachim 1995: Perspektiven der Demokratisierung. In: Lauth, Hans-Joachim/Horn, Hans-Rudolf (Hg.): Mexiko im Wandel. Frankfurt/M.: 195-208.

Lauth, Hans-Joachim 1997: Drei Dimensionen der Demokratie und das Konzept einer defekten Demokratie. In: Pickel, Gert/Pickel, Susanne/Jacobs, Jörg (Hg.): Demokratie – Entwicklungsformen und Erscheinungsbilder im interkulturellen Vergleich. Frankfurt/Oder: 33-54.

Lauth, Hans-Joachim/Wagner, Christoph 1993: Die mexikanischen Präsidentschaftswahlen 1988. Dokumente und Materialien Nr.18, Institut für Politikwissenschaft Universität Mainz. Mainz.

Lawson, Chappell 1997: Mexico's New Politics. The Elections of 1997. In: Journal of Democracy (8)4: 13-27.

Lehoucq, Fabrice 1996: The Institutional Foundations of Democratic Cooperation in Costa Rica. In: Journal of Latin American Studies 28: 329-355.

Luna, Matilde 1995: Entrepeneurial Interests and Political action in Mexico. In: Roett, Riordan (Hg.): The Challenge of Institutional Reform in Mexico. Boulder & London: 77-94.

Maihold, Günther 1988: 30 Jahre Demokratie in Venezuela - ein Modell für Lateinamerika? In: Sevilla, Raffael (Hg.): Venezuela. Kultur- und Entwicklungsprobleme eines OPEC-Landes in Südamerika. Tübingen: 75-91.

Mainwaring, Scott/Shugart, Matthew (Hg.) 1997: Presidentialism and Democracy in Latin America. Cambridge.

Merkel, Wolfgang/Lauth, Hans-Joachim 1998: Systemwechsel und Zivilgesellschaft. Welche Zivilgesellschaft braucht die Demokratie. In: Aus Politik und Zeitgeschichte B 6-7: 3-12.

Messner, Dirk (Hg.) 1998: Lateinamerika: Der schwierige Weg in die Weltwirtschaft. INEF-Report 26. Duisburg.

Meyer, Heinrich 1998: Das Zweiparteiensystem in der Krise? Zu den Präsidentschafts-, Parlaments- und Kommunalwahlen in Costa Rica vom 1. Februar 1998. In: Konrad Adenauer-Stiftung – Auslandsinformationen 5: 101-151.

Molina, José/Pérez, Carlos 1994: Le Venezuela: les élections de 1993. Vers un nouveau système des partis? In: Problème d'Amérique latine 15: 87-102.

Mols, Manfred 1981: Mexiko im 20. Jahrhundert. Paderborn u.a..

Mols, Manfred 1996: Politische Transformation in Mexiko. In: Hofmeister, Wilhelm/Thesing, Josef (Hg.): Der Wandel politischer Systeme in Lateinamerika. Frankfurt: 229-278.

Morris, Stephen D. 1995: Political Reformism in Mexico. An Overview over Contemporary Mexican Politics. Boulder.

Muno, Wolfgang 1997: Die politische Dynamik ökonomischer Reformen. Dokumente und Materialien Nr. 23, Institut für Politikwissenschaft Universität Mainz. Mainz.

Naím, Moisés 1993: Paper Tigers and Minotaurs: The Politics of Venezuela's Economic Reforms. Washington.

Naím, Moisés 1995: Latin America: The Second Stage of Reform. In: Diamond, Larry/Plattner, Marc (Hg.): Economic Reform and Democracy. Baltimore: 28-44.

Nelson, Joan 1989: Crisis Management, Economic Reform and Costa Rican Democracy. In: Stallings, Barbara/Kaufman, Robert(Hg.): Debt and Democracy in Latin America. Boulder: 143-161.

Nelson, Joan 1995: Linkages Between Politics and Economics. In: Diamond, Larry/ Plattner, Marc (Hg.): Economic Reform and Democracy. Baltimore: 45-58.

Nicodemo, Pascuale/Bisbal, Marcelino 1992: Democracia, credibilidad y aspiraciones. In: SIC Juni: 206-209.

Nohlen, Dieter 1993: Politische Reform „à la mexicana - Zur mexikanischen Wahlreform. In: Sevilla, Raffael/Azuela, Arturo(Hg.) Mexiko: die institutionalisierte Revolution. Bad Honnef: 195-206.

Nohlen, Dieter/Thibaut, Bernhard (1994): Trotz allem: Demokratie - Zur politischen Entwicklung Lateinamerikas in den neunziger Jahren. In: Junker, Detlef; Nohlen, Dieter; Sangmeister, Hartmut (Hrsg.): Lateinamerika am Ende des 20. Jahrhunderts. München, 235-259.

Nolte, Dieter (Hg.) 1991: Lateinamerika im Umbruch? Wirtschaftliche und politische Wandlungsprozesse an der Wende von den 80er zu den 90er Jahren. Hamburg.

O'Donnell, Guillermo 1994: Delegative Democracy. In: Journal of Democracy (5)1: 55-70.

Otero, Gerardo 1996: Neoliberal Reforms and Politics in Mexico. An Overview. In: ders. (Hg.): Neoliberalism Revisited. Economic restructuring and Mexico´s Political Future. Boulder u. Oxford: 1-26.

Philip, George 1993: The new economic liberalism and democracy in Latin America: friends or enemies? In: Third World Quarterly (14)3: 555-571.

Przeworski, Adam 1991: Democracy and the market. Political and economic reforms in Eastern Europe and Latin America. Cambridge.

Raimondo, Ezequiel/Echegaray, Fabián 1991: Repensando la democracia desde el ajuste: una perspectiva crítica. In: Nueva Sociedad 113: 84-90.

Rey, Juan Carlos 1989: El futuro de la democracia en Venezuela. Caracas.

Roett, Riordan 1991: Das Wiedererwachen von Demokratie und Marktwirtschaft in Lateinamerika. In: Europa-Archiv 1: 7-16.

Rojas Bolaños, Manuel 1992: Costa Rica. Una sociedad en transición. In: Nueva Sociedad 119: 16-21.

Romero, Aníbal 1996: Venezuela: Democracy Hangs On. In: Journal of Democracy (7)4: 30-42.

Romero, Aníbal 1997: Rearranging the Deck Chairs on the Titanic: Th Agony of Democracy in Venezuela. In: Latin American Research Review (32)1: 7-36.

Rovira Mas, Jorge 1987: Costa Rica en los años ochenta. San José.

Roxborough, Ian. 1991: La inflación y los pactos sociales en Brasil y en México. In: Foro Internacional Octubre/Diciembre: 165-198.

Rustow, Dankwart 1970: Transitions to Democracy: Toward a Dynamic Model. In: Comparative Politics 2: 337-363.

Sabino, Carlos 1995: El sistema político venezolano: estabilidad, crisis e incertidumbre. In: Contribuciones 1: 149-167.

Sangmeister, Hartmut 1994: Lateinamerikas soziale Schuld. In: Aus Politik und Zeitgeschichte B4-5: 19-27.

Schirm, Stefan 1995: Mexikos internationale Beziehungen und die NAFTA. In: Lauth, Hans-Joachim/ Horn, Hans-Rudolf (Hg.): Mexiko im Wandel. Frankfurt: 17-33.

Schmidt, Siegmar 1986: Der Internationale Währungsfond in Costa Rica: Die Strangulierung der nationalen Souveränität. In: Ernst, Manfred/Schmidt, Siegmar (Hg.): Demokratie in Costa Rica. Ein zentralamerikanischer Anachronismus? Berlin: 59-84.

Seligson, Mitchell/Gómez, Miguel 1989: Ordinary Elections in Extraordinary Times. The Political Economy of Voting in Costa Rica. In: Booth, John/Seligson, Mitchell (Hg.): Elections and Democracy in Central America. Chapel Hill: 158-184.

Sojo, Ana 1994: Política social en Costa Rica: reformas recientes. San José.

Sterr, Albert 1997: Einleitung. In: Ders. (Hg.): Die Linke in Lateinamerika. Analysen und Berichte. Köln: 13-57.

Thesing, Josef 1997: Die Demokratie stabilisiert sich. Aber neue Gefahr droht durch soziale Konflikte. In: Entwicklung und Zusammenarbeit (38)3: 69-71.

Teichmann, Judith A. 1995: Privatization and Political Change in Mexico. Pittsburgh u. London.

Thibaut, Bernhard 1996: Präsidentialismus und Demokratie in Lateinamerika. Opladen.

Valenzuela, Arturo 1992: Democratic Consolidation in Post-Transitional Settings: Notions, Process, and Facilitating Factors. In: Mainwaring, Scott/O'Donnell, Guillermo (Hg.): Issues in Democratic Consolidation. Notre Dame: 57-103.

Welsch, Friedrich/Carrasquero, José 1998: Auflösungserscheinungen einer etablierten Demokratie? Politisch-kulturelle Analyse des Falls Venezuela. In: Lateinamerika. Analysen-Daten-Dokumentation (15)37: 70-84.

Welsch, Friedrich/Werz, Nikolaus 1994: Venezuela: Die Wahlen vom Dezember 1993 und der Beginn der zweiten Amtszeit Caldera. In: Lateinamerika. Analysen-Daten-Dokumentation (11)25/26: 155-165.

Werz, Nikolaus 1983: Parteien, Staat und Entwicklung in Venezuela. München.

Werz, Nikolaus 1989: Die „Lateinamerikanisierung" Venezuelas. In: Jahrbuch Dritte Welt 1990: 240-256.

Whitehead, Laurence 1995: An Elusive Transition: The Slow Motion Demose of Authoritarian Dmoninant Party Rule in Mexico. In: Democratization Vol.2 No.3: 246-269.

Jaime Sperberg

Städtische Armut und Partizipation in Brasilien und Chile

Einleitung

Der Widerspruch zwischen der sozialen und politischen Einbeziehung ist ein Schlüsselelement im Demokratisierungsprozess in Süd- und Mittelamerika. Während die Bevölkerung in den 80er und 90er Jahren vor allem politische Bürgerrechte erlangen konnte (freie Meinungsäußerung, Wahlrecht), muss im sozialen Bereich eher ein Abbau sozialer Garantien und Rechte konstatiert werden. Brasilien und Chile gehören zu jenen Ländern auf dem Subkontinent, die die größte soziale Ungleichheit aufweisen. Die Wiedererlangung der demokratischen Rechte in den 80er und 90er Jahren beinhaltete für die urbanen Armen die Möglichkeit, sich in neuen Formen in das politische System zu integrieren. Gleichwohl kam es bei den sozialen Bürgerrechten in beiden Ländern zu einem Bedeutungsverlust. Während in Chile diese Rechte vom autoritären Regime (1973 bis 1989) vollständig aus der Verfassung gestrichen wurden, sind sie in Brasilien nach der Redemokratisierung stark zurückgedrängt worden (Vilas 1997: 24).

In diesem Beitrag sollen das politische Engagement und die Einstellungen der urbanen Armen in Brasilien und Chile untersucht werden[1]. Dabei wird gefragt, ob diese Bevölkerungsgruppe nach der Redemokratisierung sowohl die Formen ihres politischen Handelns als auch ihre Einstellungsmuster verändert und an die neue Situation angepasst hat. Dies soll in Anknüpfung an die Diskussion über die Zivilgesellschaft und den Bürgerstatus (*ciudadanía*) geschehen. Die zentrale Fragestellung ist, ob die städtischen Armen in den 90er Jahren stärker kooperative oder, wie

---

[1] Dieser Beitrag basiert auf Ergebnissen eines komparativ angelegten Forschungsprojekts, das an der Philipps-Universität Marburg von 1994 bis 2000 durchgeführt worden ist. In diesem Projekt wurden in zwei lateinamerikanischen (Brasilien und Chile) und in zwei afrikanischen (Elfenbeinküste und Kenia) Staaten die Einstellungs- und Verhaltensmuster der Bevölkerung in Armensiedlungen untersucht. Dabei wurde in Brasilien und Chile jeweils eine Metropole (Rio de Janeiro, Santiago de Chile) und eine mittelgroße Stadt (Aracaju, Temuco) ausgewählt. In jeder Stadt wurden qualitative Analysen sowie Meinungsumfragen in einer Slumsiedlung, d.h. einer etablierten konsolidierten Siedlung, und einer „Squattersiedlung", d.h. in diesem Falle einem jungen, in der Existenz bedrohten illegalen oder semilegalen Viertel, durchgeführt.

in den 80er Jahren, weiterhin eher konfrontative Strategien in der politischen Auseinandersetzung vorziehen. Die These des Beitrags besteht darin, dass zum einen zwar die sozialen Rechte in Chile während der Militärdiktatur aus der Verfassung gestrichen wurden und in Brasilien diese aufgrund der fortlaufenden Strukturanpassung nicht konkretisiert werden, zum anderen aber die urbanen Armen in den 90er Jahren sich aktiv in der Zivilgesellschaft beteiligen und die vielseitigen Freiräume nutzen, die sich durch den Demokratisierungsprozess eröffnet haben. Insbesondere bei diesen Bevölkerungsgruppen besteht auch die Möglichkeit der Verbesserung ihrer sozialen Lebensbedingungen. Gleichzeitig hat die Redemokratisierung in beiden Ländern die Konfrontation zwischen Zivilgesellschaft und Staat, die vor allem während der Militärdiktaturen deutlich wurde, abgeschwächt und durch ein stärker auf staatliche Organisationen bezogenes und in staatliche Strukturen eingebundenes Engagement ersetzt.

Zunächst werden einige theoretische Fragen zur Zivilgesellschaft, dem Bürgerstatus und den Bürgerrechten behandelt, um dann die politischen Kontexte beider Länder und die Partizipationstypen der urbanen Armen vorzustellen. Daran schließt sich der empirische Teil an. Der Beitrag endet mit einer Zusammenfassung der Ergebnisse und einem Ausblick zum zivilgesellschaftlichen Engagement der urbanen Armen.

Partizipation und Zivilgesellschaft

Zivilgesellschaft kann nicht einfach als die Anwesenheit von Gruppen und Individuen in einer intermediären Sphäre, die zwischen dem Staat und der Privatheit der Familie liegt, angesehen werden. Es lohnt sich, hier eine komplexere Dimension zu verwenden. Zivilgesellschaft steht in enger Beziehung zu einem demokratischen[2] politischen Kontext. In den 80er Jahren, als in Lateinamerika autoritäre Regime vorherrschten, hatte die Zivilgesellschaft eine antistaatliche Konnotation. Sowohl in Chile als auch in Brasilien existierten Militärregime. Die Opposition gegen den autoritären Staat rechtfertigte damals die Distanz und eine Protesthaltung ihm gegenüber. In einem autoritären Kontext tendiert die Zivilgesellschaft dazu, Funktionen zu erfüllen, die in einer Demokratie normalerweise den politischen Parteien und Interessengruppen vorbehalten sind, die auf diese Weise die Interessen aus der Zivilgesellschaft weiterverarbeiten und auf das zentrale politische System vermitteln (Lauth/Merkel 1997: 23). In Chile und Brasilien übernahmen die katholische Kirche und die NGOs diese Funktionen. Zivilgesellschaftliche Organisationen boten einen Deckmantel für politisches Engagement. Mit der Rückkehr zur Demokratie in den 90er Jahren änderte sich wesentlich der sozio-politische Rahmen, so dass die Partizipation an der Zivilgesellschaft seitdem mit weniger Risiken behaftet ist. Zudem werden staatliche Akteure auf der nationalen, regionalen und lokalen Ebene

2 Zum prozeduralen Demokratieverständnis siehe Dahl (1989).

wichtig, welche die Zivilgesellschaft als ein Beziehungsgeflecht erscheinen lassen. Auf diese Weise werden die Grenzen der Zivilgesellschaft aufgelöst und zwar bis dahin, dass die Autonomie der Zivilgesellschaft immer mehr vom Staat und seinen Institutionen abhängt. Aus einer Perspektive der Regierbarkeit erscheinen diese Abhängigkeit und die Abnahme der Partizipation in der Zivilgesellschaft bzw. in sozialen Bewegungen, die für die post-autoritäre Phase festgestellt wird, als funktional zu den Anforderungen einer demokratischen Transition, die mit den Akteuren des *Ancien régime* vereinbart worden ist. Letztere Akteure behalten ihre Vetomacht und schränken die weitere Demokratisierung stark ein. Nach Schmitter (1993: 1) ist die Selbstbeschränkung ein Kernbestandteil der Zivilgesellschaft, die sich auf die Regierbarkeit der neuen Demokratien bezieht (Cohen/Arato 1995: 17f.). Die Selbstbeschränkungen zielen zweifellos auf das Vermeiden von exzessiven Forderungen und undemokratischen Mitteln, um nicht die neuen und eher fragilen demokratischen politischen Systeme zu destabilisieren. Für die Definition von Zivilgesellschaft und ihre Operationalisierung in der empirischen Analyse werden hier drei Aspekte hervorgehoben: politische Partizipation, d.h. verhaltensrelevante Aspekte, politische Kultur, d.h. die subjektive Seite von Politik, und das Beziehungsgeflecht zwischen Zivilgesellschaft und Staat.

Wir können Zivilgesellschaft folgendermaßen konzipieren: Zivilgesellschaft ist ein selbstgeschaffenes Handlungsfeld, in dem Individuen und Gruppen freiwillig und in gegenseitiger Abhängigkeit mit dem Staat ihre sozialen und politischen Interessen verfolgen. Wir verstehen unter gegenseitiger Abhängigkeit eine symmetrische politische Beziehung zwischen Staat (auch lokale Regierung) und Zivilgesellschaft, in der Normen und Verfahren vorherrschen, die von allen beteiligten Akteuren akzeptiert werden (Diamond 1994: 5). Diese Art von politischer Beziehung, die einen gewissen Grad von Normativität beinhaltet, hängt in großem Maße von *governance* ab, d.h. von der Art und Weise, wie regiert wird (Rodríguez/Winchester 1997: 29f.). Dabei ist eine wichtige Funktionsvoraussetzung von *governance*, dass adäquate Kanäle für eine politische Beteiligung eingerichtet werden, damit die neue Beziehung zwischen Zivilgesellschaft und Staat effektiv ist. Die unterschiedlichen Formen ziviler Aktivitäten müssen einen demokratische Einstellungen und Werte betonenden Bürgerstatus[3] unterstützen, der sich bei der Konfliktregulierung und Interessenvertretung niederschlägt. Zivilgesellschaftliches Engagement ist besonders in politischen Systemen relevant, die nach der Transition zur Demokratie und im Zuge ihrer demokratischen Vertiefung einen gewissen Grad an Responsivität gegenüber zivilgesellschaftlichen Organisationen und ihren Forderungen aufweisen. Im Unterschied zu den sozialen Bewegungen besteht die Zivilgesellschaft aus unterschiedlichen Gruppen, deren gemeinsamer Nenner ein „minimaler normativer

3 Unter Bürgerstatus verstehen wir im Sinne Ralf Dahrendorfs nicht nur die sozialen Bürgerrechte, sondern auch das Zusammenleben in der Gemeinschaft und das zivile Engagement, das daraus erwachsen kann (s. Wendt 1996; Dahrendorf 1992).

Konsens" (Toleranz, Gewaltlosigkeit, Fairness) ist (Lauth/Merkel 1997: 17). Neben der demokratischen Normativität definiert sich Zivilgesellschaft durch Pluralität an Gruppen und Individuen, die z.B. während der autoritären Periode zur Demokratiebewegung gehörten. Diese Bewegung hat ihre allgemeinen Ziele hinsichtlich einer Durchsetzung demokratischer Normen erreicht. Aber sie hatte hinsichtlich der Befriedigung materieller Interessen und einer gerechteren Einkommensverteilung keinen Erfolg. Dieser Punkt ist jedoch für die Beteiligung der städtischen Armen an der Zivilgesellschaft von zentraler Bedeutung. Ferner ist die Art der Autonomie der Zivilgesellschaft in der Demokratie durch die vorherrschenden Spielregeln und die spezifische Beziehung zu politischen Parteien und dem Staat geregelt.

Zivilgesellschaft ist ein selbstgeschaffenes Handlungsfeld: Weder der Staat noch die politischen Parteien haben sie ins Leben gerufen, noch haben diese ihre Entwicklung weitgehend geprägt. In einigen Fällen können zivilgesellschaftliche Organisationen und Aktionsformen auf ein zusätzliches Element gemeinschaftlicher Kohäsion zurückgreifen: Die eigene Identität einiger zivilgesellschaftlicher Gruppen, die sie vor der Durchdringung und Kontrolle von Seiten mächtigerer Akteure schützt (Staat, Markt, Parteien). Die gegenseitige Abhängigkeit der Zivilgesellschaft mit anderen politischen Akteuren und mit außerhalb ihres Handlungsfeldes liegenden Strukturen zeigt sich in Bezug auf staatliche Institutionen – insbesondere auf die Stadtverwaltung – und auf soziale und politische Bürgerrechte. Die stärkere Betonung sozialer Bürgerrechte (z.B. Forderung nach einer würdigen Wohn- und Gesundheitsversorgung sowie Bildung) macht deutlich, dass diese Arbeit sich in erster Linie auf die Gruppe der urbanen Armen als untere Einkommensschichten bezieht. Das Problem der Exklusion größerer Bevölkerungsgruppen von Gütern und Dienstleistungen, die im Rahmen eines Marktmodells typisch sind, weist der Zivilgesellschaft die Aufgaben der Aggregierung von Interessen und der Artikulation von Forderungen zu. Damit besteht die Möglichkeit, die negativen Auswirkungen neoliberaler Reformpolitiken mit dem damit verbundenen Verlust sozialer Rechte durch eine Beteiligung an zivilgesellschaftlichen Organisationen zu kompensieren und auf das demokratische Prinzip der Gleichheit zurückzugreifen. Zivilgesellschaft kann nicht als eine apolitische Sphäre betrachtet werden, die nur der rein persönlichen oder kulturellen Selbstverwirklichung dient. Vielmehr ist sie eine Instanz, um Forderungen gegenüber dem Staat zu formulieren, wobei nicht das Ziel verfolgt wird, politische Ämter im Staat oder in Parteien zu besetzen (Lauth/Merkel 1997: 16; Diamond 1994). In kapitalistischen Gesellschaften, die durch die Ungleichheit in der Verteilung von Einkommen und Gütern gekennzeichnet sind, bekommt die Zivilgesellschaft somit die Gelegenheit, das in der politischen Demokratie verankerte Prinzip der Gleichheit einzufordern (Becker 1996: 72).

Bürgerstatus und Partizipation

Eine zentrale These dieses Beitrags besteht darin, dass die Zivilgesellschaft der Ort ist, wo sich die politischen Aktivitäten der urbanen Armen verdichten und wo sie als Bürger mit Verantwortungssinn handeln. Wenn man Hannah Arendt (1949) und Jelín (1993) folgt, dann ist es im Rahmen von Bürgerrechten besser, von Verantwortung zu sprechen und nicht von Pflichten, weil letztgenannter Begriff mit Zwang in Verbindung gebracht wird. Aus demokratischer Sicht sind sich verantwortungsbewusste Bürger ihrer Probleme bewusst und sie sind auch bereit, eigene Energien in die Lösung dieser Probleme zu investieren. Die demokratische Verantwortung wird durch eine aktive politische Beteiligung übernommen, die das Ziel verfolgt, politische Entscheidungen auf lokaler und nationaler Ebene zu beeinflussen. Die Partizipation an der Zivilgesellschaft, die mit einem verantwortungsbewussten Bürgerstatus verbunden wird, erfordert eine institutionelle Struktur, welche die sozialen Akteure befähigt, Entscheidungen in der politischen Sphäre zu beeinflussen. Wenn keine institutionellen Möglichkeiten zur Partizipation existieren, kann kein verantwortungsbewusster Bürgerstatus entwickelt werden, da dieser erst in der symmetrischen Beziehung zwischen sozialen Akteuren der Zivilgesellschaft und staatlichen Akteuren entsteht. Für Jelín existieren zwei Arten politischer Verantwortung: Einerseits orientieren sich einige politische Beteiligungsformen an solidarischen Praktiken, die eng mit einer individuellen Ethik verbunden sind. Andererseits können sich politische Beteiligungsformen auf die Erfüllung von etablierten institutionellen Pflichten beschränken (siehe auch Wendt 1996: 15). Die Entfaltung von politischen Aktivitäten, die mit einer persönlichen Ethik in Verbindung gebracht werden, z.B. die Verteidigung von Menschenrechten oder der Kampf um bessere Lebensbedingungen, kann die bestehenden Gesetze missachten, um Verantwortung zu übernehmen. Auf diese Weise kann gegenüber einem autoritären politischen System Widerstand geleistet oder gegen ein demokratisches System mit ernsthaften Begrenzungen der Partizipation protestiert werden (Jelín 1996: 113). Im Zuge eines Transitionsprozesses zur Demokratie gibt es einen Schwenk der Partizipation in Richtung auf den zweitgenannten Typ und zwar auf denjenigen, der die institutionelle Verantwortung hervorhebt. In einem demokratischen System können theoretisch beide Typen von Verantwortung kombiniert werden, weil die Öffnung oder die Bereitstellung von Möglichkeiten zur Teilnahme in bestimmtem Maße erlauben, dass die persönliche Verantwortung sich über institutionelle Mittel und Wege kanalisiert. Diese Entwicklung konnte in den Demokratisierungsprozessen in Chile und Brasilien in den 90er Jahren beobachtet werden.

Politische Rahmenbedingungen

Die Demokratisierungswelle in den 80er und 90er Jahren ist eng mit der Frage der Einbeziehung der städtischen Armen verbunden. Die armen Bevölkerungsteile gewinnen aufgrund ihres Wahlrechts erheblich an politischem Gewicht. Die Analyse politischer und zivilgesellschaftlicher Partizipation wird erst vor dem Hintergrund des jeweiligen länderspezifischen politischen Kontexts verständlich, worauf im folgenden kurz eingegangen wird.

Dezentralisierung

Während das chilenische System durch einen hohen Grad an Zentralisierung gekennzeichnet ist, weist Brasilien ein föderales System auf, das sowohl regionalen Regierungen als auch Kommunen ein großes Maß an Eigenverantwortlichkeit überträgt. Die chilenische Militärregierung hat zwar in den 70er und 80er Jahren bestimmte Funktionen auf die Kommunen übertragen, die bisher in den Händen der Zentralregierung gelegen hatten, dabei handelte es sich aber nicht um eine breit angelegte Dezentralisierung, sondern eher um eine Dekonzentration der Verwaltung (Boisier 1993; Guerra 1993). In Brasilien verstärkte die Verfassung von 1988 die bereits existierenden Autonomiebestrebungen auf lokaler und regionaler Ebene. Wie in Chile in den 70er und 80er Jahren stand dabei auch in Brasilien der Bildungs- und Gesundheitsbereich im Vordergrund. „Die Dezentralisierung des Staates korrespondiert mit einer Dezentralisierung der Konflikte, was in der Praxis die Transformation der lokalen Ebene in einen Raum von Kämpfen beinhaltet, in dem die Möglichkeit zur Eroberung von Bürgerrechten eröffnet wird" (Nunes 1994: 185). Die Dezentralisierung bzw. Dekonzentration von Aufgaben und Ressourcen macht die lokale Ebene zum bevorzugten Raum für die Interessendurchsetzung der urbanen Armen, die ihre Forderungen über verschiedene politische und zivilgesellschaftliche Beteiligungsformen einbringen. Dennoch konnten die Forderungen, die auf die lokale politische Ebene gerichtet wurden, von den jeweiligen Stadtverwaltungen häufig nicht befriedigt werden. Der Grund hierfür lag z.B. im Nordosten von Brasilien in den geringen finanziellen Möglichkeiten der armen Städte dieser Region, die zwar viele Aufgaben von der Zentralregierung übernommen haben, denen aber die entsprechenden finanziellen Zuweisungen und Möglichkeiten fehlten.

Parteien- und Wahlsystem

Das in Chile während des autoritären Regimes eingeführte Mehrheitswahlrecht hat zu einer Blockbildung im Parteiensystem geführt und zu einem Zwang, Koalitionen einzugehen. Das Regierungsbündnis *Concertación* umfasst Parteien aus dem linken Spektrum (Sozialisten) und der Mitte (Christdemokraten), während die Parteien der Rechten sich seit 1990 in unterschiedlichen politischen Bündnissen zusammengefunden haben. Die lange Zeit vorhandene Organisation des Parteiensystems auf der Basis der Klassenstruktur schwächte sich am Ende der Militärdiktatur ab. Die Position der Parteien zum Militärregime (1973 bis 1989) stellt ein zentrales Unterscheidungsmerkmal in der aktuellen Politik Chiles dar. Die weltanschauliche Polarisierung zwischen den Parteien, wie sie noch bis Ende der 80er Jahre vorherrschend war, löste sich mit dem Übergang zur Demokratie weitgehend auf und wurde durch einen Grundkonsens über demokratische Spielregeln zwischen allen im Parlament vertretenen Parteien ersetzt. Eine weitere Besonderheit des seit Anfang der 90er Jahre bestehenden Parteiensystems ist seine relative Autonomie und Abschottung gegenüber Einwirkungen aus anderen gesellschaftlichen Bereichen. Die Parteien haben sich vom „Volk" stärker isoliert und sind eher als Elitengebilde zur effizienten Entscheidungsfindung zu verstehen. Dies hatte zur Folge, dass „populistische Einflüsse" erfolgreich abgewehrt und damit die Ziele Regierbarkeit und makroökonomisches Gleichgewicht[4] weitgehend erreicht werden konnten.

Die städtischen Armen empfinden gegenüber den Parteien und den Politikern ein tiefes Misstrauen. Unter weniger gebildeten Kreisen in den *Poblaciones* (chilenische Marginalsiedlungen) wird die Stimmabgabe zu einer Personenwahl, wobei Kandidaten oft das Adjektiv „unabhängig" und „unpolitisch" benutzen, um bei den städtischen Armen Stimmen zu gewinnen.

Aufgrund des Verhältniswahlrechts und politisch-kultureller Faktoren hat sich in Brasilien ein sehr fragmentiertes und institutionell wenig verankertes Parteiensystem etabliert. Die Bindung der Politiker und Abgeordneten an „ihre" Partei ist sehr schwach ausgeprägt. Parteien und Programme treten vor der Persönlichkeit der Kandidaten in den Hintergrund. Die Ausnahme bildet die Arbeiterpartei (*Partido dos Trabalhadores*, PT), denn sie ist als linke Programmpartei an bestimmte Schichten bzw. Milieus gebunden. Trennscharfe Konfliktlinien zwischen den Parteien lassen sich hier kaum ausmachen. Diese sind stärker regionaler Natur, in der Art, dass ein „*Coronel*" (*Caudillo*) aus einer bestimmten Region gegen einen anderen aus einer anderen Region antritt. Der Klassenkonflikt zwischen Arbeitnehmern und Arbeitgebern lässt sich in bezug auf die PT anwenden, die stärker die Interessen der Arbeiter und der unteren Mittelschicht vertritt. Die Wahl des einen oder des anderen Kandidaten scheint eher dem Kalkül der *Favelados*, der Bewohner der Slums, zu entsprechen, diejenigen zu wählen, die dem Viertel, in dem sie leben, bereits Vergünstigungen verschafft haben oder diese glaubhaft in Aussicht stellen können. Die Loyalitäten zu politischen Führern über Klientelsysteme sind aufgrund des in Brasilien existierenden Vielparteiensystems nicht über längere Perioden stabil. Deshalb kann in diesem Zusammenhang von einem kompetitiven Klientelismus gesprochen werden, der den *Favelados* erlaubt, den *Patrón* bei Unzufriedenheit auszutauschen. Dabei bezieht sich der Wettbewerb auf die inter- und intraparteiliche Ebene.

---

4 Das makroökonomische Gleichgewicht (*equilibrio macroeconómico*) ist eine übergeordnete Zielvorstellung der chilenischen Regierung, deren Sicherung alle anderen Politikbereiche unterordnet. Sie besitzt eine doppelte Funktion: Einerseits dient sie dazu, gesellschaftliche Forderungen mit dem Hinweis auf die Gefährdung der makroökonomischen Stabilität abzuschwächen oder abzublocken, andererseits hat sie die Funktion der Rechtfertigung „unpopulärer" Maßnahmen bzw. Unterlassungen im sozialen Bereich.

Partizipation auf der Ebene der Stadtteile

In Chile wurden die Stadtteilkomitees (*Juntas de Vecinos*) 1968 formal-juristisch anerkannt. Diese Stadtteilorganisationen wurden als wohnortbezogene und repräsentative Interessenorganisationen der Nachbarn eines bestimmten Stadtbezirkes (*Unidad Vecinal*) verstanden. Zwischen 1974 und 1989 wurden sie von der Militärdiktatur in deren hierarchische politisch-administrative Struktur eingebunden und ihre Vorsitzenden vom Bürgermeister ernannt. Nach 1989 kam es zur Redemokratisierung der Juntas, die damit ihre Stellung als Vermittlungsorgane zwischen Stadtteilbewohnern, Stadtverwaltung und Nationalregierung, nun demokratisch legitimiert, wieder erfüllen konnten. Die *Juntas Vecinales* und andere lokale Organisationen dürfen auf Gemeindeebene Dachverbände bilden, wenn es in der Gemeinde mindestens drei gleiche Organisationen gibt (siehe *Manual de Gestión Municipal* 1992)[5].

In Brasilien sind die entsprechenden Organisationen die *Associacoes de Moradores* (AM). Deren Institutionalisierung begann zwar früher als in Chile, jedoch blieb diese zunächst auf Rio de Janeiro und Sao Paulo beschränkt. In der zweiten Hälfte der 50er und Anfang der 60er Jahre wurde die Gründung von AM's von staatlichen Stellen gefördert und eine eigens zur Betreuung von Favelas ausgerichtete Institution ins Leben gerufen. Seitdem wurden die AM's juristisch anerkannt, mussten dafür aber eine einheitliche Organisationsstruktur übernehmen, die der chilenischen sehr nahe kommt. In der stärker repressiven Phase des brasilianischen Militärregimes wurden die AM's und ihre Dachorganisationen politisch verfolgt und durch offiziell eingesetzte Führer ersetzt. Seit Anfang der 80er Jahre kommt es verstärkt zur Gründung von AM's, die aber oftmals aufgrund des gleichzeitig wieder begin-

5 Alle Personen, die ihren Wohnort in der *Población* haben und volljährig sind, können Mitglied einer dort ansässigen *Junta* werden. Die Mitglieder wählen frei und geheim alle drei Jahre eine Direktive, bestehend aus dem Präsidenten, seinem Vertreter und dem Kassenwart. Für die Gründung einer Junta muss ein Statut verfasst werden, in dem auf die Aufgaben sowie Rechte und Pflichten der Organisation hingewiesen wird. Die Stadtverwaltung entscheidet dann über die Zulassung einer Junta, wenn alle formellen Kriterien erfüllt sind. Es ist auch vorgesehen, dass die Juntas Unterabteilungen aufbauen, um spezifische Themen bzw. Probleme in kleineren Gruppen zu behandeln bzw. zu lösen. Einige dieser Komitees, „*comités de adelanto*“ oder „*organización de pasaje*“ genannte Gruppen, haben sich aber in den letzten Jahren von der Junta abgekoppelt und versuchen, über den direkten Kontakt zu staatlichen Stellen ihre Probleme zu lösen.
Es können auch beliebig viele *Juntas* in einer einzigen *Población* von ihren Bewohnern gegründet werden, wenn sie mindestens 60 Interessenten zusammenbekommen. Das Ergebnis dieser vom autoritären Regime eingeführten permissiven Regelung ist die z.T. extreme Atomisierung der Organisationen innerhalb einer Kommune. In der Regel existieren Juntas, die dem Regierungsbündnis oder den Oppositionsparteien von Rechts oder Links nahestehen.

nenden Parteien- bzw. Politikerwettbewerbs unter die Kontrolle populistischer Politiker geraten. Vor allem im industrialisierten Südosten Brasiliens entstehen eher autonome AM's, die als demokratische Interessenvertretungsorgane der *Favelados* fungieren. Im Nordosten des Landes hingegen sind sie stärker Ausführungsgehilfen staatlicher Politiken. Die AM's und andere Basisorganisationen der städtischen Armen in Brasilien sind de facto Verwaltungsorgane auf lokaler Ebene. Deshalb sehen viele *Favelados* ihre AM's als eine sogenannte „miniprefeitura" an, also als einen Ableger der Stadtverwaltung in der Favela (Bento Rubiao 1993: 104). Den Anführern der *Favelas* obliegt, auf der Basis ihrer individuellen Machtressourcen (Kontakte zu Politikern, Stadtverwaltung), Verbesserungen für ihr Viertel zu erreichen. Auf diese Weise wird einerseits eine Austauschbeziehung zwischen *Favelados* und ihren Führern und andererseits zwischen diesen Führern und den politischen Autoritäten geschaffen.

Typen politischer Partizipation

Bei der Analyse der politischen Beteiligung von städtischen Armen zeigen sich drei Partizipationstypen: die wohnortbezogene Beteiligung in Stadtteilorganisationen, die Beteiligung an Wahlen auf der lokalen wie nationalen Ebene und die Beteiligung in politischen Parteien. Dies sind Typen, die sich in der Realität überschneiden (siehe Tabelle 1).

Lange Zeit wurden unter politischer Partizipation vor allem konventionelle und formelle Formen subsumiert. Nach Verba et al. (1978: 64) versteht man unter politischer Partizipation jene legalen Aktionen, die versuchen, die Entscheidungsfindung im politischen System zu beeinflussen. Barnes und Kaase (1979) hoben diese

Tabelle 1: Partizipationstypen in Prozent

	Partizipation			
	in (formellen) Stadtteilorganisationen	in Parteien	bei Wahlen (total)	Nur Wähler*
Chile (Total)	32	5	79	17
Santiago	11	3	82	23
Temuco	53	6	77	10
Brasilien (Total)	29	8	81	24
Rio	45	12	79	12
Aracaju	14	4	82	37

* Wählen als einzige politische Aktivität
Quelle: Projekt Politische Partizipation 1999, N=396-403

Einschränkung auf und erweiterten den Politikbegriff um die unkonventionellen und zum Teil illegalen Beteiligungsformen. Nach Barnes und Kaase soll hier politische Partizipation als freiwillige Aktivität verstanden werden, die auf den verschiedenen Ebenen des politischen Systems direkt oder indirekt Entscheidungen beeinflusst (Kaase/Marsh 1979: 42). Dabei gehen wir von einem erweiterten Politikbegriff aus: Chile und Brasilien sind durch starke soziale Ungleichheiten geprägt, die sich v.a. in einer ungleichen Einkommensverteilung und einer mangelhaften Wohnversorgung sowie einer defizitären Infrastruktur niederschlagen. Mit einer erweiterten Definition des Politikbegriffs werden auch jene Beteiligungsformen als politisch definiert, die versuchen diese Ungleichheiten und mangelhaften Versorgungsmöglichkeiten zu reduzieren – bzw. zu beheben. Politische Beteiligung soll weiterhin in einem größeren oder geringerem Maße öffentlich sein und gesellschaftliche, d.h. generelle Probleme betreffen (Alemann 1994: 147).

In der Folge werden die in Tabelle 1 aufgezeigten Typen politischer Partizipation der urbanen Armen – Beteiligung in Stadtteilorganisationen, parteipolitische Partizipation und Teilnahme an Wahlen – beschrieben und analysiert:

Beteiligung in Stadtteilorganisationen

Obwohl die Beteiligung bei Wahlen rein zahlenmäßig stärker zu Buche schlägt, wird von den Armen die Partizipation in Stadtteilorganisationen als das wichtigste und effektivste Instrument zur Interessenvertretung gesehen. Den Mitgliedern dieser Organisationen, die in hohem Maße an institutionelle Regeln gebunden sind, bietet sich auf der einen Seite die Möglichkeit des Zuganges zu nationalen und kommunalen Programmen und Projekten. Auf der anderen Seite besteht die Gefahr, in Abhängigkeit zu den lokalen Autoritäten zu geraten und die kritische Kapazität zu verlieren. Die spontanen Organisationen im Viertel, die sich bislang informell organisiert hatten und die Probleme zum Teil ohne fremde Hilfe gelöst haben, können nun von demokratischen Lokalregierungen an den Rand gedrängt und kontrolliert werden (*Ventajismo*, *Paralelismo*). Sowohl in Brasilien, wo die Stadtteilorganisationen einen geringeren Institutionalisierungsgrad besitzen, als auch in Chile hängt ihre Effektivität sehr stark von ihrer Konfliktfähigkeit gegenüber politischen Autoritäten ab. Diese basiert dabei stark auf der Gruppengröße und ihrem Standort in der Stadt.

Die *Juntas de Vecinos* in Chile bzw. die *Associacoes de Moradores* (AM) in Brasilien versuchen die konkreten Probleme, die die Gemeinschaft betreffen, zu lösen. Es zeigt sich dabei ein im internationalen Vergleich starker Unterschied zwischen den Metropolen und den Mittelstädten in beiden Ländern. Während in Santiago de Chile nur elf Prozent der Befragten Mitglieder in einer *Junta de Vecinos* waren, ist in Brasilien und hier besonders in Rio de Janeiro eine große Anhängerschaft der AM's unter den *Favelados*. Insbesondere in Santiago de Chile wuchs die Unzufriedenheit mit den Juntas in den 90er Jahren, da ihnen die Projekte zur Verbesserung des Stadtteiles nicht gelangen. Im Gegensatz zu den Erfahrungen in Santiago de Chile besitzen die *Juntas de Vecinos* der Stadt Temuco intensive Beziehungen zur Stadtregierung. Hier zeigt sich eine geringere Desillusionierung und Unzufriedenheit gegenüber den Stadtteilorganisationen, so dass weiterhin die Möglichkeit gesehen wird, über diesen legitimen Weg die Probleme des Stadtteils zu lösen. In Rio de Janeiro haben die AM's häufig den Status einer „*Miniprefeitura*" (kleine Stadtverwaltung) und besitzen gleichzeitig gegenüber der lokalen Regierung ein hohes Prestige als unabhängige Interessenorganisation der *Favelados* (Bento Rubiao 1993: 104). In der Stadt Aracaju dagegen sind die AM's stark durch charismatische Persönlichkeiten geprägt, die eine breite Beteiligung eher behindern.

Zwischen den Organisationen lassen sich zwei Handlungsmuster und Strategien ausmachen. Der Typ des „*demand making*" versucht, über die Kontakte der Organisation zu staatlichen Institutionen und lokalen Behörden die eigenen Ziele zu erreichen. Eine andere Strategie versucht, über die Förderung von Selbsthilfegruppen kommunitaristische Wertestrukturen aufzubauen und die eigenen Probleme zu lösen. (Moore 1979: 202). Unter den Stadtteilorganisationen, die eine formelle Struktur besitzen, sind die Strategien des *demand making* stärker vertreten. Dagegen haben die Organisationen mit eher spontan informellen Strukturen einen höheren Anteil an Selbsthilfepotential. In der Realität vermischen sich die beiden Typen, die *Favelas* und die *Poblaciones,* stark und werden je nach politischer Situation benutzt.

Parteipolitische Partizipation

Die Teilnahme am politischen Prozess von Parteien wird häufig als die einzige politische Beteiligungsform angesehen. Sie ist direkt mit der Regierung und dem politischen Parteiensystem verbunden. In allen Armensiedlungen, die untersucht wurden, spielte dieser Typus jedoch nur eine untergeordnete Rolle. Insbesondere in Chile zeigt sich eine starke Abneigung gegenüber allen Beteiligungsformen, die auf die Parteien ausgerichtet waren. In Chile war die Ausrichtung auf Parteien vor 1973 die wichtigste Form und der bevorzugte Weg der Interessenorganisierung der *Pobladores*. Mit der Demokratisierung 1990 wurde dieses Muster aber nicht wieder hergestellt. Nach Garretón (1995) hat sich die soziopolitische Matrix von einer Vermischung aller gesellschaftlichen Sphären (*imbricación*) zu einer heutzutage dominierenden technischen Beziehung geändert. Das Verhältnis der politischen Parteien zu den Bewohnern der Armensiedlungen beruhte bis 1973 vielfach auf typischen Klientelstrukturen. Als Gegenleistung für staatliche Zuwendungen lieferten die Pobladores Wahlunterstützung und parteipolitische Aktivitäten. Mit der Veränderung des chilenischen Staates erfolgen entsprechende Gratifikationen nicht mehr nach klientelistischen Prinzipien. Die Abwesenheit klientelistischer Praktiken, die bis 1973 in dem tripartistischem Aushandeln zwischen den Parteien, dem Staat und der Zivilgesellschaft zum Ausdruck kam, erklärt die geringe Legitimität der Parteien unter städtischen Armen und das Desinteresse dieser Bevölkerungsgruppe an einer parteipolitischen Mitarbeit.

Eine Orientierung auf die Parteien hat in den brasilianischen Marginalsiedlungen nie eine große Rolle gespielt. Bis zum Ende der 70er Jahre dominierten klientelistische Beziehungen zwischen dem Staat und der Bevölkerung, die nur sehr eingeschränkt Wahlvolk war, und zivilgesellschaftliche Aktivitäten waren stark eingeschränkt (Happe/Schmitt 1998a: 3). Am Ende der 70er Jahre bzw. zu Beginn der 80er Jahre begann ein Wandel in der Organisierung der Interessen der urbanen Armen. In diese Phase fällt die Gründung der *Partido dos Trabalhadores* (PT), die im Gegensatz zu den anderen Parteien eine starke Parteidisziplin besitzt und Mittelschichten, arme Bevölkerungsteile sowie linke Intellektuelle der Oberschicht an sich bindet. Insbesondere die Bürgermeister der PT, z.B. in Porto Alegre, förderten eine breite Beteiligung der Bevölkerung an der Entscheidungsfindung auf lokaler Ebene.

Das geringe Niveau parteipolitischen Engagements in Chile (5%) und Brasilien (8%) unter städtischen Armen zeigt eine deutliche Parteiverdrossenheit in beiden Ländern. Während in Brasilien die Parteien selten eine wichtige Rolle gespielt haben und vielmehr lediglich von den Kandidaten als Karrierevehikel benutzt werden, wird erkennbar, dass sich diese Parteiverdrossenheit in Chile erst mit der Zeit entwickelt hat und eine Protestform gegenüber dem heutigen politischen System darstellt.

Beteiligung an Wahlen

Die Wahlbeteiligung ist die Aktivität, die am stärksten mit der Demokratie als politischem Regime in Beziehung gebracht wird. Die Wählerregistrierung ist freiwillig. Eine Nicht-Registrierung bedeutet eine mögliche Diskriminierung durch die Stadtverwaltung. Die Wahlbeteiligung (80%) liegt seit der Installation der neuen demokratischen Regierungen sehr hoch (Alaminos 1991: 58).

Chile hat mit seiner langen demokratischen Tradition auch während der Zeiten der Militärdiktatur auf Stadtteilebene demokratische Strukturen bewahrt (Sperberg 1997; Alaminos 1991: 70). So wird der Wahlakt in Chile bis heute als eine Bürgerpflicht angesehen, was insbesondere in der Zeit der Transition zur Demokratie 1988 bis 1990 galt. Auch wenn sich die Wahlbeteiligung seit dem Übergang zur Demokratie nicht signifikant verringert hat, so existiert v.a. bei jüngeren Menschen die Tendenz zu einem Wahl- und Registrierungsboykott, die zu einem Absinken der relativ hohen Wahlbeteiligung führen kann. Insbesondere unter den Jugendlichen in den Marginalsiedlungen wird eine Tendenz der politischen Entfremdung deutlich, die nach dem Motto „*no estar ni ahí*" (Lust zu gar nichts haben) sich nicht in die Wählerverzeichnisse eintragen.

In Brasilien ist die Wechselwählerschaft und der politische Opportunismus weniger in Bezug auf die Parteien als vielmehr gegenüber den kandidierenden Politikern charakteristisch. Der Wahlakt wird in geringerem Maße als Bürgerpflicht gesehen und das politische Engagement in eher pragmatischer und output orientierter Weise als Mittel der Zielerreichung betrachtet.

Die Gruppe der Nur-Wähler, die sich außer an den Wahlen bei keinen anderen politischen Aktivitäten wie z.B. politischen Demonstrationen, Parteiveranstaltungen oder Parteimitgliedschaften beteiligen, ist in Brasilien (24%) und Chile (17%) signifikant groß. Diese Gruppe ist in Aracaju (37%) im Nordosten Brasiliens und in Santiago de Chile (23%) bemerkenswert hoch. Während in Santiago die Unzufriedenheit mit dem politischen System und die kritische Haltung gegenüber den *Juntas de Vecinos* dieses Phänomen erklären, zeigt sich in Aracaju eher eine politische Kultur mit parochialen, d.h. allein auf den Ort bezogenen und autoritären Zügen, die mit einer geringen Beteiligung an den AM's und einer höheren politischen Apathie einher geht.

Bislang sind die zivilgesellschaftlichen Aktivitäten ebenfalls als politische Partizipation im weiteren Sinne eingestuft worden, da im Rahmen eines erweiterten Politikbegriffes zivilgesellschaftliche Aktivitäten unter den bereits genannten Bedingungen als politisch verstanden werden. Dabei besteht hier nicht die Absicht, eine Dichotomie zwischen einer parteipolitischen und einer stärker wohnortbezogenen Partizipation entstehen zu lassen. Vielmehr werden die vorgestellten Partizipationsformen bzw. Typen als unterschiedliche Dimensionen des Politischen begriffen.

Bürgerstatus und Einstellungsmuster

Im folgenden sollen die Einstellungsmuster und die Wertestrukturen der städtischen Armen in bezug auf das Selbsthilfeengagement und den Bürgerstatus dargestellt werden. Dabei stehen zum einen Fragen der Bürgerrechte, wie z.B. das Recht auf freie Meinungsäußerung, die Gleichstellung von Männern und Frauen und die Einschränkung von Bürgerrechten im Vordergrund. Zum andern ist von Interesse, inwieweit die urbanen Armen selber bereit sind, zu Problemlösungen beizutragen oder andere Gruppen bzw. staatliche Organisationen als verantwortlich für die Problemlösung machen.

Als wichtigste Probleme im Viertel wurden der Mangel an Wohnraum und die fehlende bzw. mangelhafte Ausstattung der sozialen „Infrastruktur“ benannt (Chile 59%). Allgemeine Probleme, wie z.B. Ungleichheit oder Armut, werden seltener thematisiert (Chile 12%; Brasilien 3%). Ein großes Problem ist Kriminalität. Dies meinen 18 Prozent der chilenischen Slumbewohner und 17 Prozent der brasilianischen Bewohner von Marginalsiedlungen.

Bürgerstatus und Selbsthilfeorientierung

An der Frage, ob man bereit ist, zur Problemlösung im Viertel beizutragen, wird deutlich, dass die Motivation zu freiwilliger Selbsthilfe in Chile wesentlich höher liegt als in Brasilien (Tabelle 2). In beiden Ländern zeigt sich aber, dass die Mitglieder der Stadtteilorganisationen eine höhere Disposition zur Selbsthilfe besitzen als der Rest der Bevölkerung. In beiden Ländern existiert eine hohe positive Korrelation zwischen der Beteiligung in den *Juntas de Vecinos* bzw. den AM's und der Bereitschaft zur Selbsthilfe. Diese ist eng mit politischen Interessen und Diskussionsbereitschaft des Stadtviertels verbunden, wobei sich dies nicht einzig und allein auf den Stadtteil bezieht. So werden auch nationale und internationale politische Prozesse verfolgt. In Chile liegt die Bereitschaft zur Selbsthilfe, d.h. mittels Stadtteilorganisationen Probleme zu lösen, in nahezu allen Marginalsiedlungen sehr hoch. Dabei existiert aber ein großer Unterschied zwischen der Metropole Santiago und der Stadt Temuco. In Santiago glauben nur 13 Prozent, dass der Staat für die Problemlösung in den Marginalsiedlungen verantwortlich ist, in Temuco liegt dieser Prozentsatz bei etwa 40 Prozent. Insbesondere die urbanen Armen in Santiago de Chile sehen die Verantwortlichkeiten kaum beim Staat, sondern sind stärker bereit, durch eigene Anstrengung ihre Lebensbedingungen zu verbessern. Die Art der Selbsthilfebereitschaft kann einerseits individuell mittels persönlicher Kraftanstrengung, z.B. bei der Ausweitung von Erwerbsarbeit, oder andererseits mittels Engagement in kollektiven wohnortbezogenen und zivilgesellschaftlichen Organisationen umgesetzt werden. Die zweite Option ist diejenige, die den Bürgerstatus und eine demokratische Zivilgesellschaft stärkt und die negativen Auswirkungen neoliberaler Umstrukturierungen im sozialen und politischen Bereich – wie Individualisierung, Atomisierung, politische Entfremdung – abschwächt.

Tabelle 2: Selbsthilfebereitschaft und Partizipationstyp in Prozent

Können Sie persönlich zur Problemlösung im Stadtteil beitragen?

	A	B Chile	C	A	B Brasilien	C
Ja	52	56	47	29	47	52
Nein	32	27	47	46	35	26
weiss nicht/k. A.	16	17	6	25	18	23

A Total
B Mitglied in Stadtteilorganisation
C Mitglied in Partei

Quelle: Projekt Politische Partizipation 1999, N=396-403

In Brasilien zeigt sich ein erheblicher Unterschied zwischen der Metropole Rio de Janeiro, wo ein hohes Maß an Partizipation in den *Associacoes de Moradores* und Selbsthilfebereitschaft existiert, und den Daten aus Aracaju mit einem geringen Beteiligungsniveau in Stadtteilorganisationen. Hier zeigt sich der Unterschied der politischen Kultur zwischen dem industrialisierten Südosten und dem unterentwickelten Nordosten Brasiliens. Insgesamt sind die chilenischen Armen jedoch stärker selbsthilfeorientiert, während man in Brasilien ein höheres Maß an etatistischen Einstellungsmustern findet. Dabei spielen die untersuchten Siedlungen in Rio eine Ausnahmerolle im brasilianischen Kontext, da dort das Niveau des kollektiven Engagements und der Selbsthilfebereitschaft relativ hoch ist.

Bürgerstatus und Wertestruktur

Das Wertesystem und die politischen Einstellungsmuster prägen sowohl die politische Partizipation als auch den Bürgerstatus und die daraus resultierenden Aktivitäten. Die Werte basieren dabei sowohl auf der individuellen politischen Sozialisation, d.h. auf den gemeinsamen Erfahrungen im Stadtviertel, und der individuellen Prägung innerhalb von Familie und Freundeskreis. Die Erfahrungen mit Beteiligungsaktivitäten in den 80er Jahren innerhalb der Stadtviertel produzierten in beiden Ländern große Erwartungen in bezug auf die demokratischen Systeme. Insbesondere in Chile zeigte sich aber in der postdiktatorischen Periode eine hohe Unzufriedenheit mit den politischen Aktivitäten im Stadtteil. In Brasilien, und hier besonders in Rio de Janeiro, eröffnete die Demokratie neue und effiziente Kanäle der Partizipation auf der lokalen Ebene, wodurch die Legitimität des demokratischen Regimes innerhalb der urbanen Armen wuchs. Die Formierung demokratischen Bewusstseins und

Tabelle 3: Redefreiheit, Einstellung zu Notstandsgesetzen, Gleichstellung von Männern und Frauen und Fatalismus in Prozent

	A	B	C	D
Chile (Total)	91	70	77	82
Mitglieder in den *Juntas de Vecinos*	90	69	78	80
Brasilien (Total)	90	53	68	54
Mitglieder *Associacoes de Moradores*	94	55	68	49

A Für Redefreiheit
B Gegen Notstandsgesetze
C Für die Gleichstellung von Männern und Frauen
D Das Leben ist nicht vorbestimmt

Quelle: Projekt Politische Partizipation 1999, N=396-403

die Entwicklung einer partizipativen Bürgerkultur ist eng verknüpft mit den positiven Erfahrungen lokaler Beteiligung, die wiederum die Loyalität zur Regierung und zum Staat und die demokratische Legitimität insgesamt wachsen lassen.

Die Zahlen in Tabelle 3 zeigen die Einschätzung der urbanen Armen in bezug auf verschiedene demokratische Werte.

Es zeigte sich, dass die Befragten eine große Distanz zwischen sich und dem politischen System fühlen. Daraus resultieren aber keine antidemokratischen Werte, sondern im Gegenteil. Es ergibt sich ein hohes Interesse an den Bürgerrechten wie z.B. der freien Meinungsäußerung und der Gleichstellung von Männern und Frauen. Auch in Konfliktsituationen sollen die legalen Rechte nicht angetastet werden. In Chile bewerten die urbanen Armen die zivilen Bürgerrechte höher als die Bevölkerung in den brasilianischen Marginalsiedlungen. So meinen 70 Prozent, dass selbst im nationalen Notstand die Bürgerrechte bewahrt werden sollten. Dagegen meinen etwa 53 Prozent der urbanen Armen Brasiliens, dass in diesem Falle die demokratischen Garantien zeitweilig ausgesetzt werden könnten. Das hohe Ansehen der Bürgerrechte in Chile basiert vor allem auf den Erfahrungen mit der Unterdrückung während der Militärdiktatur, in denen zeitweise der nationale Ausnahmezustand sowie Ausgangssperren verhängt worden und massiv Menschenrechte verletzt worden waren. Menschenrechtsverletzungen durch das Militär waren in den 80er Jahren auch eine Erfahrung vieler Bevölkerungsteile in den Marginalsiedlungen. Unter den chilenischen urbanen Armen, die befragt wurden finden sich noch positivere Einschätzungen der Bürgerrechte in Gruppen mit höherer Bildung und jüngeren Alters. Unter den befragten brasilianischen städtischen Armen sind lediglich in Rio de Janeiro die Bürgerrechte höher angesehen. Dies gilt ebenfalls vor allem für die Bevölkerungsteile mit höherem Bildungsniveau (Happe/Schmitt 1998b).

Aus Tabelle 3 wird auch ersichtlich, dass 82 Prozent der chilenischen Befragten über eine nichtfatalistische Haltung verfügen, d.h. sie glauben nicht an die Vorbestimmtheit des Lebens. Dagegen besitzen ca. die Hälfte der brasilianischen Befragten eine eher fatalistische Einstellung. Dieser Unterschied geht auf die stärkere Religiosität und Spiritualität der brasilianischen Bevölkerung zurück, vor allem jener aus dem Nordosten des Landes. Im Nordosten Brasiliens finden sich höhere Grade an Volksreligiosität (ebd.: 15). In Chile ist die Säkularisierung weiter vorangeschritten und das Bildungssystem hat die Bevölkerung gleichmäßiger erreicht als in Brasilien. In Brasilien existieren diesbezüglich stärkere sozioökonomische und regionale Unterschiede. Sowohl in Chile wie auch in Brasilien sind fatalistische Einstellungen häufiger bei älteren und weniger gebildeten Personen zu finden.

Schlussbemerkungen

Die Analyse des politischen Verhaltens, der Einstellungen und Werte der städtischen Armen in Chile und Brasilien zeigt, dass die sozialen Ziele ebenfalls über den regen Gebrauch politischer Bürgerrechte und des Bürgerstatus erreicht werden können.

Die Mitgliedschaft in politischen Parteien gehört nicht zu den bevorzugten Partizipationsformen der städtischen Armen zur Lösung ihrer sozialen Probleme. Gleichwohl beschränken sich etwa 30 Prozent der Befragten nicht auf eine breite Wahlbeteiligung, sondern arbeiten in einer Stadtteilorganisation mit. Wenn die Aktivitäten in informellen politischen Organisationen, besonders im Bereich des Wohnorts, hinzukommen, steigt dieser Prozentsatz noch mehr. Allerdings sollte Klarheit darüber herrschen, dass Ausmaß, Form und Intensität der Beteiligung in den Marginalsiedlungen nicht über längere Perioden gleichbleiben, sondern vom politischen Kontext abhängen und von den Erfahrungen, welche die urbanen Armen mit den politischen Autoritäten machen. Wenn mittelfristig die Gruppenziele nicht erreicht werden, kann die Partizipation stark zurückgehen, was häufig mit einer Bürokratisierung der Organisation einher geht.

Mit der Rückkehr zur Demokratie haben die Stadtteilorganisationen in Chile und Brasilien neue Beziehungen zu den politischen Autoritäten entwickelt und ihre früher eher kommunitaristische Ausrichtung auf eine stärker interessengeleitete „*Demand-Making*“ Strategie umgestellt. In Brasilien gestaltete sich dieser Wechsel weniger dramatisch als in Chile, da dort die Redemokratisierung der lokalen Ebene bereits in den 80er Jahren begann.

Hinsichtlich der politischen Orientierung der urbanen Armen können wir teilweise einen kulturellen Wandel beobachten. Dieser Wandel wurde in Chile am deutlichsten, da dort ein radikales neoliberales Modell angewendet wurde. Dieser Wandel bezieht sich auf die Orientierung der urbanen Armen – vor allem bei Mitgliedern von Stadtteilorganisationen – gegenüber einer Selbsthilfeorientierung zur Lösung der sozialen Probleme am Wohnort. Gleichzeitig wird dem Staat nicht mehr eine alleinige Verantwortung zugewiesen. Trotz der Zunahme der Selbsthilfeorientierung innerhalb der städtischen Armen wird aber weiterhin der Staat als eine wichtige Referenz für die Lösung von Problemen angesehen. Wichtig ist dabei auch, dass die städtischen Armen demokratische Werte und Methoden präferieren und die notwendigen Bedingungen zur Partizipation an der Zivilgesellschaft erfüllen.

In Chile und Brasilien wurden in den 80er Jahren die Grundlagen gelegt, damit in den 90er Jahren eine demokratische zivilgesellschaftliche Partizipation entstehen konnte. Der eng an institutionelle Pflichten gebundene Bürgerstatus (Teilnahme an Wahlen und parteipolitische Orientierung) hat bei den städtischen Armen in Chile und Brasilien an Bedeutung eingebüsst, so dass für diese Bevölkerungsgruppe derjenige Bürgerstatus eine größere Rolle bekommt, der Eigenverantwortung und persönliche Anstrengung in den Vordergrund stellt. Die Begrenzungen für die politische Partizipation der städtischen Armen liegt nicht bei dieser Gruppe selbst, sondern vor allem in der institutionellen Struktur der jeweiligen politischen Systeme. Die politische Entfremdung der städtischen Armen bezieht sich dabei in erster Linie auf die politischen Parteien und in geringem Maße auf die staatliche Ebene. In Chile wird diese Entfremdung durch das Verhalten der Parteien noch gefördert. Auf diese Weise wird die Kluft zwischen den Partizipationswünschen der Bevölkerung und dem Parteiensystem immer größer. Die Autonomie der politischen Sphäre, d.h. die fehlende Vermischung mit anderen gesellschaftlichen Bereichen, hat eine negative Wirkung auf das Bestehenbleiben stabiler demokratischer Verhältnisse, denn die Partizipation in politischen Parteien ist in den Marginalsiedlungen kaum vorhanden.

Literatur

Alaminos, Antonio (1991): Chile: transición política y sociedad. Madrid.

Alemann, Ulrich von (1994): Grundlagen der Politikwissenschaft: Ein Wegweiser. Opladen.

Arendt, Hannah (1949): The Rights of Man: What are They? In: Modern Review, 3/1.

Barnes, Samuel H./Kaase, Max et al. (1979): Political Action. Mass Participation in five Western Democracies. Beverly Hills.

Becker, David (1996): Citizenship, Equality, and Urban Poverty. Rights in Latin America: The Peruvian Case. In: Studies in Comparative International Development, Vol. 31, No. 1, 65-95.

Bento Rubiao (1994): Favelas, Petropolis.

Boisier, Sergio (1993): Descentralización en Chile: antecedentes, situación actual y desafíos futuros. In: Contribuciones 4, 49-61.

Booth, John/Seligson, Mitchell A. (eds.) (1979): Political Participation in Latin America, Vol. 2: Politics and the Poor. New York.

Chalmers, Douglas A. et al. (eds.) (1997): The New Politics of Inequality in Latin America. Rethinking Participation. Oxford, NY.

Cohen, Jean/Arato, Andrew (1995): Civil society and political theory. Cambridge (Mass.), London.

Dahl, Robert A. (1989): Democracy and its Critics. Cambridge, Mass.

Dahrendorf, Ralf (1992): Der moderne soziale Konflikt: Essay zur Politik der Freiheit. Stuttgart.

Diamond, Larry (1994): Rethinking Civil Society. Toward Democratic Consolidation. In: Journal of Democracy, Vol. 5, No. 3, 4-17.

Garretón, Manuel Antonio (1995): Hacia una nueva era política. Estudio sobre las democratizaciones. México, DF., Santiago.

Guerra R., Carlos (1993): La evaluación del proceso de descentralización en Santiago de Chile. In: América Latina Hoy 6, 21-27.

Happe, Barbara/Schmitt, Sylvia (1998a): Die städtischen Armen auf der Suche nach politischem Einfluss? Kollektive Interessenorganisation im interkontinentalen Vergleich. Unveröff. Ms., Marburg.

Happe, Barbara/Schmitt, Sylvia (1998b): Politische Kultur. Unveröff. Ms., Marburg.

Jelín, Elisabeth (1993): Cómo construir ciudadanía? Una visión desde abajo. In: European Review of Latin American and Caribbean Studies 55, 21-37.

Jelín, Elisabeth (1996): Citizenship Revisited: Solidarity, Responsibility, and Rights. In: Jelín/Hershberg (eds.), 101-119.

Jelín, Elisabeth/Hershberg, Eric (eds.) (1996): Constructing Democracy. Human Rights, Citizenship, and Society in Latin America. Boulder, Col.

Kaase, Max/Marsh, Alan (1979): Political Action. A Theoretical Perspective. In: Barnes/Kaase, 27-56.

Lauth, Hans-Joachim/Merkel, Wolfgang (1997): Zivilgesellschaft und Transformation. Ein Diskussionsbeitrag in revisionistischer Absicht. In: Forschungsjournal Neue Soziale Bewegungen, Jg. 10, Nr. 1, 12-34.

Ministerio del Interior, Subsecretaría de Desarrollo Regional y Administrativo (1992): Manual de Gestión Municipal. Santiago.

Moore, Richard (1979): The Urban Poor in Guayaquil, Ecuador: Modes, Correlates, and Context of Political Participation. In: Booth, John A./Seligson, Mitchell A. (eds.), 198-218.

Nunes, Edison (1994): Conclusión. In: Rodríguez, Alfredo/Velásquez, Fabio (eds.), 183-205.

Rodríguez, Alfredo/Velásquez, Fabio (eds.) (1994): Municipio y servicios públicos. Gobiernos locales en ciudades intermedias de América Latina. Santiago de Chile.

Rodríguez, Alfredo/Winchester, Lucy (eds.) (1997): Ciudades y gobernabilidad en América Latina. Santiago.

Schmitter, Philippe (1993): Some Propositions about Civil Society and the Consolidation of Democracy. Institut für Höhere Studien, Reihe Politikwissenschaft, Wien.

Sperberg, Jaime (1997): Urbane Landbesetzungen in Santiago de Chile und Buenos Aires. Soziale Bewegungen in Chile und Argentinien in den 80er Jahren. Hamburg.

Verba, Sidney et al. (1978): Participation and Political Equality. A Seven Nation Comparison. Cambridge.

Vilas, Carlos M. (1997): Participation, Inequality, and the Whereabouts of Democracy. In: Chalmers et al., 3-42.

Wendt, Wolf Rainer et al. (1996): Zivilgesellschaft und soziales Handeln: Bürgerschaftliches Engagement in eigenen und gemeinschaftlichen Belangen. Freiburg i. Br.

Andreas Boeckh

Wie läßt sich heute lateinamerikanische Außenabhängigkeit diskutieren?

1. Einleitung

Im Zeitalter der Globalisierung über Abhängigkeit zu reden, erscheint als Anachronismus, wenn nicht gar als Ausdruck von entwicklungstheoretischer Nostalgie. Heute sind andere Stichworte gefragt: Weltmarktintegration anstelle von Dissoziation, Auslandsinvestitionen anstelle von nationaler Industrialisierung, Handelsliberalisierung statt Protektionismus, Markt statt Staat, Interdependenz und nicht Dependenz. Daß Märkte von Machtstrukturen gekennzeichnet sind und daß nicht nur die berühmte unsichtbare Hand, sondern manchmal auch ziemlich sichtbare Hände die Entwicklungschancen weltweit ungleich verteilen können, wird heute kaum noch erwähnt. Mit anderen Worten: Nicht nur das Thema der Abhängigkeit ist vom Tisch, man redet konsequenterweise auch nicht mehr vom Imperialismus. Globalisierung heißt es, daß die Welt immer mehr zu einem Markt wird, und zum ersten Mal gilt dies tendenziell auch für den Arbeitsmarkt. Die Fähigkeit von Nationalstaaten, eine Wirtschaftspolitik zu implementieren, die an eigenen politischen Präferenzen orientiert ist, nimmt rapide ab. Und dies nicht nur in Ländern der Dritten Welt, sondern auch in den Industrieländern der ersten Welt. Für die Metropolen können, anders als früher, Produktivitätsveränderungen und Veränderungen in der Exportstruktur in den peripheren Regionen der Welt durchaus einen erheblichen Anpassungsbedarf auslösen. Was Dieter Senghaas einmal mit einer seiner schönen Begriffsschöpfungen als das „Gestaltungsprivileg" der Metropolen bezeichnet hat, scheint sich zu verflüchtigen. Und selbst die sozialen Erscheinungen, die früher charakteristisch für periphere Gesellschaftsstrukturen waren , nämlich strukturelle Heterogenität und Marginalität, prägen immer mehr auch die Gesellschaften metropolitaner Staaten. Die zunehmende Informalisierung der Arbeitsverhältnisse nicht nur in den USA, aber vor allem dort, markiert eine Tendenz, die schon als längst überwunden galt, und wer sich in US-amerikanischen Großstädten wie Detroit umgesehen hat, fragt sich, ob es da noch einen großen Unterschied zu dem Sozialprofil lateinamerikanischer Städte gibt.

---

* Andreas Boeckh, Ph.D., Professor für Politikwissenschaft, Institut für Politikwissenschaft der Universität Tübingen.

Wie sinnvoll ist es, angesichts dieser Situation heute noch über Abhängigkeit zu sprechen?

Diese Frage stellt sich auch noch aus einem anderen Grund: Die Dependencia-Theorie, die diese Abhängigkeit thematisierte, welkte als entwicklungstheoretisches Konzept ausgerechnet in dem Moment dahin, als die Schuldenkrise auf den ersten Blick die schlimmsten Annahmen der Dependencia-These zu bestätigen schien: Hatte sich der Weltmarkt nicht einmal mehr als Falle für Länder der lateinamerikanischen Peripherie erwiesen, und zeigte sich in der Rolle des IWF beim Krisenmanagement nicht erneut, wer in der Weltwirtschaft das Sagen hatte? Konnte der Imperialismus sein häßliches Gesicht deutlicher offenbaren als in den IWF-inspirierten Anpassungsprogrammen mit deren z.T. horrenden sozialen Kosten? Mit anderen Worten: Wenn selbst die Schuldenkrise der Dependencia-Debatte keinen neuen Auftrieb geben konnte, dann war sie wirklich am Ende. Die Dependencia-Theorie ist nicht nur und nicht vor allem, aber auch an einem Etikettenschwindel zugrunde gegangen.[1] Das Aufkommen der Ansätze, die den Begriff der Abhängigkeit ins Zentrum der Debatte stellten, wurde trotz einschlägiger Warnungen als Paradigmenwechsel gefeiert, welcher angeblich der Hegemonie der Modernisierungstheorien ein Ende bereitete. Das war in jedem Fall zu hoch gegriffen. Wie einer der Urheber der ganzen Dependencia-Debatte, nämlich kein geringerer als F. H. Cardoso, immer wieder betonte, handelte es sich bei der Dependencia nicht einmal um eine Theorie, geschweige denn um ein Paradigma im Sinne Kuhns, sondern allenfalls um eine Situationsbeschreibung.[2] Als dann der paradigmatische Anspruch im Laufe der 80er Jahre - bei einigen Autoren schon früher - ins Wanken geriet, und die theoretischen Aussagen über den Zusammenhang von kapitalistischem Weltmarkt und Unterentwicklung an der Peripherie in einigen Fällen auf spektakuläre Weise von der Realität falsifiziert wurden,[3] verschwand auch das Thema der Abhängigkeit. Wenn also von

[1] Zu den anderen Gründen des Scheiterns siehe u.a. A. Boeckh 1985: Dependencia und kapitalistisches Weltsystem, oder: Die Grenzen globaler Entwicklungstheorien, in: F. Nuscheler (Hrsg.): Dritte-Welt-Forschung, Opladen (PVS-Sonderheft 16), 56-74; A. Boeckh 1992: Entwicklungstheorien: Eine Rückschau, in: D. Nohlen/F. Nuscheler (Hrsg.): Handbuch der Dritten Welt, Bd. 1, Bonn, 110-130.

[2] Siehe u.a. F. H. Cardoso 1977: The Consumption of Dependency Theory in the United States, in: Latin American Research Review 12:3, 7-24.

[3] Es hat sehr lange gedauert, bis die Industrialisierungs- und Entwicklungserfolge der „kleinen Tiger" von Autoren im Umfeld der Dependencia als Bedrohung ihrer theoretischen Annahmen über das Wirken des Weltmarktes wahrgenommen wurde. A. G. Frank konnte auch noch 1983 in der gesamten Peripherie nichts als kapitalistische Unterentwicklung erkennen (A. G. Frank 1983: Die gegenwärtige Krise und das kapitalistische Weltsystem, in: J. Blaschke (Hrsg.): Perspektiven des Weltsystems. Materialien zu Immanuel Wallerstein, „Das moderne Weltsystem, Frankfurt/New York, 230-255), und einige Untersuchungen des Industrialisierungsprozesses in den Schwellenländern immunisierten sich gegen unbequeme Einsichten dadurch, daß sie die dortigen Industrien als weltmarktabhängige Enklavenökonomien mißverstanden, aus denen kein umfassender In-

Abhängigkeit die Rede sein wird, dann im Sinne Cardosos Situationsbeschreibung und nicht als Theorie. Es wird darum gehen, auszuarbeiten, wo die Dependencia-Ansätze Aspekte aufgegriffen haben, die auch heute noch eine Rolle spielen, und wo die Annahmen der Dependencia in die Irre führen. Um dies zu diskutieren, wird man nicht umhin können, sich auf einige der zentralen Aussagen der Dependencia-Ansätze zu beziehen. Nur so kann man feststellen, was noch gültig ist und was nicht. Aus Gründen der Übersichtlichkeit möchte ich dabei zwischen vier Dimensionen unterscheiden:

- der außenwirtschaftlichen Dimension,
- der Herrschaftsdimension,
- der außenpolitischen Dimension,
- der ideologischen Dimension.

2. Die außenwirtschaftliche Dimension

Die außenwirtschaftlichen Aspekte standen zweifellos im Zentrum der Dependencia-Debatte. Eine Richtung betonte dabei die Ausbeutung durch Handel infolge der säkularen Verschlechterung der *terms of trade*. In die Begrifflichkeiten der marxistischen Arbeitswerttheorie übersetzt - durch einen ungleichen Tausch. Dem durch den Außenhandel bedingten Ressourcenverlust wurde eine zentrale Bedeutung bei der Erklärung der Unterentwicklung bzw. der Akkumulationsschwierigkeiten zugeschrieben. Eine ähnliche Bedeutung maß man den Auslandsinvestitionen bei: Ausländische Firmen würden durch ihre Überfakturierungspraktiken und Gewinntransfers letztendlich ebenfalls zu einer Dekapitalisierung der lateinamerikanischen Volkswirtschaften beitragen.[4]

Die andere und komplexere Variante stellte die strukturellen Verflechtungen zwischen den Metropolen und der Peripherie ins Zentrum der Argumentation.[5] Diese richteten die Produktionsstruktur an der Peripherie an den gesellschaftlichen Bedürfnissen der Metropolen aus, verhinderten eine Produktionsstruktur nach metropolitanem Muster und zögen in den Ländern der Peripherie Phänomene wie Marginalisierung und strukturelle Heterogenität nach sich. Technologische Veränderun-

dustrialisierungsprozeß hervorgehen könne. F. Fröbel / J. Heinrichs/O. Kreye 1977: Die neue internationale Arbeitsteilung, Reinbek; Siehe F. Fröbel/J. Heinrichs/O. Kreye 1986: Umbruch in der Weltwirtschaft, Reinbek. Erst als angesichts der Industrialisierungserfolge anderer Länder in Ost- und Südostasien die „vier kleinen Tiger" nicht mehr als Ausnahmen von der Regel interpretiert werden konnten, vermochte man sich gegen eine Revision der eigenen Prämissen nicht mehr länger zur Wehr zu setzen.

4 Zusammenfassend: A. Boeckh 1979: Interne Konsequenzen externer Abhängigkeit. Eine vergleichende empirische Analyse der Deqendenz am Beispiel der Industriearbeiterschaft Venezuelas, Kolumbiens und Perus, Königstein/Ts., Kap. 1.

5 Die berühmte Arbeit von F. H. Cardoso/E. Faletto 1977: Abhängigkeit und Entwicklung in Lateinamerika, Frankfurt (Erstpublikation: 1969) zählt zu den ersten und für lange Zeit auch zu den differenziertesten Äußerungen dieser Denkschule.

gen in den Metropolen würden Ressourcen an der Peripherie in Wert und außer Wert setzen und damit deren Produktionsstrukturen bestimmen, aber nicht umgekehrt. Sie besäßen somit das „Gestaltungsprivileg", um den schon erwähnten Senghaas'schen Begriff zu benutzen. In beiden Varianten war es die spezifische Form der Weltmarktintegration peripherer Gesellschaften, welche deren Entwicklung blokkierte bzw. deformierte und einen spezifisch „peripheren Kapitalismus" hervorbrachte.[6] Das ist zugegebenermaßen eine stark stenographische Darstellung der zentralen außenwirtschaftlichen Argumente der Dependencia, die aber hier genügen muß, um einen Vergleich mit der heutigen Situation zu ermöglichen.

a) Ausbeutung durch Handel. Es fällt auf, daß das Argument aus der heutigen Diskussion fast völlig verschwunden ist. In der Tat hat die Forschung wenig davon übrig gelassen. Die Debatte um den „ungleichen Tausch" hat nach meiner Einschätzung wirklich nur heiße Luft produziert[7], und die *terms of trade* zeigen für verschiedene Gruppen von Entwicklungsländern ein zu unterschiedliches Profil, als daß sie generell zur Erklärung für Entwicklungsblockaden an der Peripherie herangezogen werden können.[8] Zwar ist im Zusammenhang mit der Schuldenkrise darauf hingewiesen worden, daß die Zahlungsunfähigkeit der lateinamerikanischen Großschuldner mit einem Verfall der Rohstoffpreise und d.h. der lateinamerikanischen *terms of trade* einhergegangen sei, doch hat dies lediglich die Frage provoziert, warum Lateinamerika nach 40 - 50 Jahren Industrialisierung noch immer von den Exporten von Primärgütern abhängig ist. Die Debatte geht heute nicht mehr um die Ausbeutung durch Handel, sondern um eine Liberalisierung des Handels, wobei die Länder der Dritten Welt und auch die lateinamerikanischen Staaten die eklatanten Regelverletzungen der Industrieländer anprangern. Die EG hatte mit ihrer Agrarpolitik

---

6 Dies referiert in kurzen Worten den Versuch von D. Senghaas, aus Teilen der lateinamerikanischen Dependencia und der Theorie der peripheren Akkumulation von Samir eine Theorie des peripheren Kapitalismus zusammenzufügen (zusammenfassend: D. Senghaas 1977: Weltwirtschaftsordnung und Entwicklungspolitik: Plädoyer für Dissoziation, Frankfurt/M.).

7 Schon bei dem Versuch, die Marx'sche Arbeitswerttheorie auf die internationalen Austauschbeziehungen zu übertragen, hat man sich heillos verheddert, und bei keiner der verschiedenen Versionen des ungleichen Tauschs kann man auch nur ansatzweise den Versuch eines empirischen Belegs erkennen, was die betreffenden Autoren aber nicht daran hinderte, bezüglich der Ausbeutung der Dritten Welt durch Handel zu sehr weitreichenden und z.T. absurden Schlußfolgerungen zu kommen. Vrgl. etwa W. Bärtschi 1976: Ausbeutung und Einkommensverteilung in den internationalen Wirtschaftsbeziehungen, Berlin (der es immerhin geschafft hat, einem Land wie Venezuela eine Dekapitalisierung über den Ölsektor zu bescheinigen); A. Emmanuel 1969: L'échange inégal, Paris; E. Mandel 19722: Der Spätkapitalismus, Frankfurt. Siehe auch die vernichtende Kritik bei M. Massarat 1978: Die Theorie des ungleichen Tauschs in der Sackgasse, in: Die Dritte Welt 6:1, 40-73.

8 So schon H. Sieber 1968: Die realen Austauschverhältnisse zwischen Entwicklungsländern und Industriestaaten, Tübingen/Zürich.

bei den Verhandlungen in der Uruguay-Runde bekanntlich wenig Freunde gefunden. Die Bananenpolitik der EG macht unabhängig von dem tatsächlichen Schaden, den diese anrichtet, deutlich, mit welcher Arroganz sich Industrieländer bei Bedarf über die angeblich weltweit gültigen Regeln hinwegsetzen, welche man den Entwicklungsländern predigt, und deren Befolgung man als Voraussetzung für eine erfolgreiche Entwicklung verkauft.

Damit ist es zu einer vollständigen Umkehrung der Dependencia - Argumente gekommen. Der Weltmarkt gilt heute nicht mehr als Falle, sondern als Chance, und der Vorwurf lautet heute, daß die Industrieländer durch unfaire Handelspraktiken den Ländern der Dritten Welt diese Chance verwehren. Diese Vorwürfe sind durchaus fundiert. Inwieweit die neue *World Trade Organization* in der Lage sein wird, Regelverletzungen metropolitaner Staaten einen Riegel vorzuschieben, wird sich erst noch zeigen müssen. Wenn man also im Zusammenhang mit dem internationalen Handel nach Phänomenen Ausschau hält, die sich als Ausdruck von Abhängigkeit interpretieren lassen, wird man durchaus noch fündig: *Die führenden Industrieländer sind nach wie vor eher als die Entwicklungsländer in der Lage, über eine Vermachtung von Märkten und mit Hilfe von protektionistischen Maßnahmen die Regeln des internationalen Handels außer Kraft zu setzen, und damit die Verteilung des Nutzens zu ihren Gunsten zu beeinflussen.*

b) Die Rolle des Auslandskapitals. Im Gegensatz zu früher, als das Auslandskapital in dependenztheoretischen Schriften als eine Ursache lateinamerikanischer Entwicklungsblockaden gesehen wurde und sich in Lateinamerika politischen Einschränkungen unterworfen sah (insbesondere durch den Andenpakt), konkurrieren diese Staaten heute um das Auslandskapital. Von Auflagen ist keine Rede mehr. Für den Wirtschaftsnationalismus, welcher der Dependencia eigen war, hatte es durchaus gute Gründe gegeben. Die ausländischen Rohstoff- und Nahrungsmittelkonzerne haben sich in der Vergangenheit oft als Staat im Staate aufgeführt. Betrug und eklatante Vertragsbrüche waren an der Tagesordnung. Für die 60er und frühen 70er Jahre wurde durch seriöse Untersuchungen belegt, daß auch und gerade in den modernen Wachstumsbranchen der Industrie das Auslandskapital nicht nur eine dominante Rolle spielte, sondern auch in oligopolitischen Situationen agierte und entsprechende Gewinne einfuhr und transferierte. Untersuchungen aus der kolumbianischen Planungsbehörde haben gezeigt, daß in dieser Zeit die Gewinntransfers des Auslandskapitals aus Kolumbien in einigen der modernen Industrien deren Kapitaltransfer in das Land um ein Vielfaches übertrafen.[9] Was hat sich geändert?

Um mit dem Offenkundigen anzufangen: Die Schuldenkrise hat den Bedarf an Kapitalzufluß enorm gesteigert, und sie hat den lateinamerikanischen Staaten kaum noch Verhandlungsmöglichkeiten gelassen. Die Privatisierung von Staatsfirmen kommt oft auch und vor allem dem Auslandskapital zugute. Lediglich bei einigen,

---

9 Siehe u.a. J. I. Arango 1976: Inversión extranjera en la industria manufacturera colombiana, in: Boletín mensual de estatísticas del DANE 302, 112-223, 303, 96-158.

von Staatsfirmen ausgebeuteten Rohstoffen (Öl in Venezuela, Eisenerz in Brasilien) gibt es noch hinhaltenden Widerstand gegen eine Beteiligung oder Übernahme durch das Auslandskapital. Die früher oft geäußerte Furcht vor einer Denationalisierung der lateinamerikanischen Volkswirtschaften scheint - abgesehen von diesen wenigen Ausnahmen - heute nicht mehr relevant zu sein.

Was nun die oligopolistische Marktstruktur und die entsprechenden Gewinne und Gewinntransfers angeht, so waren diese vor allem eine Folge der staatlichen Protektionspolitik und entsprechender Marktzugangsbeschränkungen. Eine Marktöffnung, wie sie in Lateinamerika heute allenthalben stattfindet, dürfte es sehr viel schwerer machen, Gewinne mit dem damaligen Umfang von z.T. 60 - 80% p.a.[10] zu erzielen und zu transferieren. Allerdings wird man sehen müssen, ob die vorhandenen Oligopole wirklich aufgebrochen werden. Die Tatsache, daß bei der Privatisierung staatlicher Firmen private Oligopole bzw. Monopole geschaffen wurden, läßt durchaus Zweifel zu.

c) Strukturelle Verflechtungen, „autozentrierte Entwicklung" und das Gestaltungsprivileg der Metropolen. Es läßt sich kaum bestreiten, daß das koloniale Erbe in Lateinamerika und die weltwirtschaftliche Inwertsetzung Lateinamerikas als Rohstoff- und Nahrungsmittelproduzent im Laufe des 19. Jahrhunderts die dortigen Ökonomien gegenüber Nachfrageschwankungen auf dem Primärgütersektor sehr verletzlich gemacht und das behindert haben, was man mit einem Begriff der Dependencia-Schule als „autozentrierte Entwicklung" bezeichnen könnte. Daß eine Weltmarktspezialisierung auf dem Primärgütersektor aber keineswegs zwangsläufig eine autozentrierte Entwicklung ausschließen muß, zeigen Vergleiche mit Australien, Kanada[11] und nordeuropäischen Agrarexporteuren[12]. In Chile hat man sich nach 1973 wieder ganz bewußt auf die traditionelle internationale Arbeitsteilung eingelassen, als man sich als landwirtschaftlicher Produzent auf dem Weltmarkt Nischen suchte und fand. Sofern man den Begriff der „autozentrierten Entwicklung" nicht wie in den früheren Arbeiten von Senghaas mit einer partiellen Abkoppelung vom Weltmarkt assoziiert[13], sondern als einen Versuch begreift, Entwicklung an den eigenen Potentialen auszurichten und an den Zielen der jeweiligen Gesellschaften orientierte Problemlösungen zu suchen, dann ist dieser Begriff auch heute noch sinnvoll.[14] So gesehen hat Lateinamerika nie eine autozentrierte Entwicklung erlebt, da die Besitz- und Machtverhältnisse und die Kosten-Nutzenverteilung der dort gewählten Entwicklungsmodelle die Entfaltung der eigenen Potentiale behindert und

---

10 Siehe J. I. Arango 1976: op. cit.

11 D. C. M. Platt/G. Di Tella (Hrsg.) 1985: Argentina, Australia and Canada. Studies in Comparative Development, 1870-1965, New York.

12 U. Menzel 1985.

13 Ab 1982 betont Senghaas, daß auch mit einer Assoziationsstrategie eine autozentrierte Entwicklung möglich sei. Siehe D. Senghaas 1982: Von Europa lernen, Frankfurt/M..

14 Siehe u.a. W. Hein 1995: Autozentrierte Entwicklung. Eine notwendige Voraussetzung für „Good Governance". in: Entwicklung und Zusammenarbeit 36:10, 271-274.

dazu beigetragen haben, daß der Subkontinent immer hinter seinen Möglichkeiten zurückgeblieben ist. An Brasilien, dem ewigen Land der Zukunft, wird dies besonders deutlich. Diese Verhalten hat man in Lateinamerika schon seit langem erkannt: Die CEPAL (UN-Wirtschaftskommission für Lateinamerika) konnte sich zeitweise mit ihrem außenwirtschaftlichen Ansatz durchsetzen, weil er den Bedürfnissen von industrialisierungswilligen Entwicklungskoalitionen entgegen kam. Mit ihrem gesellschaftsstrukturellen Reformprogramm ist sie jedoch an den bestehenden Verhältnissen gescheitert. Eine engere strukturelle Verflechtung von Volkswirtschaften unterschiedlicher Entwicklungsniveaus durch die Schaffung von Freihandelszonen gilt in Lateinamerika heute keineswegs als Katastrophenszenario. Waren frühere Integrationsversuche in Lateinamerika auch als Abwehr der US-amerikanischen Hegemonie und ökonomischen Dominanz konzipiert, findet heute geradezu ein Wettlauf darum statt, wer sich an den US-amerikanischen Markt ankoppeln darf. Wie die erbitterte Diskussion in den USA vor dem Abschluß des NAFTA-Vertrags deutlich machte, war man sich dort keineswegs sicher, daß man zu den Gewinnern zählen werde. Die weltweiten ökonomischen Verflechtungen und regionale Freihandelszonen wirken sich somit nicht mehr unbedingt zugunsten der metropolitanen Staaten aus. Weitaus mehr als die Arbeiterbewegung war das Kapital schon immer international. Die transnationalen Kapitalbewegungen orientieren sich nicht daran, ob ein Land einen bestimmten Status besitzt, d.h. ob es den Metropolen zuzurechnen ist oder nicht, sondern an den jeweiligen Verwertungsbedingungen. Diese sind in den vergangenen Jahrzehnten in einigen Regionen der Dritten Welt besser geworden, was u.a. mit dem Ausbau der Infrastruktur und dem Bildungswesen zusammenhängt. Globalisierung heißt daher auch, daß das zitierte „Gestaltungsprivileg" nicht mehr einer bestimmten Gruppe von Ländern, sondern dem Weltmarkt zukommt. Anders als die Dependencia-Autoren, die den Imperialismus gerne auf bestimmte Länder begrenzt haben, was historisch ja durchaus richtig war, hat Immanuel Wallerstein mit seinem Weltsystemansatz den kapitalistischen Weltmarkt als oberste Steuerungsinstanz gesehen.[15] Auch metropolitane Länder werden heute von den „Märkten" blitzschnell abgestraft, wenn ihre Finanzpolitik als unsolide eingestuft wird, wie das Schicksal Englands und Italiens im europäischen Währungssystem gezeigt hat.[16] Wenngleich die Möglichkeiten der metropolitanen Staaten, die Re-

[15] Da es sich bei dem Weltsystemansatz eine Zeitlang um eine sehr dynamische akademische Wachstumsindustrie gehandelt hat, sei hier nur auf den Titel verwiesen, der die Diskussion in Gang gesetzt hat: I. Wallerstein 1974: The Modern World System I: Capitalist Agriculture and the Origins of the European World-Economy in the Sixteenth Century, San Diego.

[16] Wer von „Märkten" redet, bedient sich einer stark metaphorischen Sprache, die vermuten läßt, daß man entweder nicht so recht weiß, wovon die Rede ist, oder daß man sich einer Verschleierungssprache bedient. „Märkte" setzen sich aus Akteuren zusammen, die in diesem Falle ein weltweites und hochgradig integriertes und blitzschnell funktionierende Spekulationsnetz aufgebaut haben. Über den „Kasino"- oder „Zockerkapitalismus" ist schon genügend gesagt worden, weshalb sich an dieser Stelle alles weitere erübrigt.

geln des Marktes ungestraft zu verletzen, tendenziell geringer werden, ist sie bei ihnen immer noch weitaus besser entwickelt als bei den peripheren Staaten. Dies kann man an verschiedenen Phänomenen festmachen. Die Subventionspolitik in den metropolitanen Staaten geht bei einem branchenspezifischen Anpassungsbedarf von ganz anderen Fristen aus als bei Staaten der Dritten Welt. Während man dort oft schockartig vorgeht, ist man hier eher geneigt, diese Prozesse über Jahrzehnte zu strecken. Man denke z.B. an die bundesdeutsche Kohlepolitik oder an die Übergangsfristen, welche die EG für ihre Agrarpolitik ausgehandelt hat. Diese Subventionen verwehren aber oft Ländern der Dritten Welt gerade dort Marktzugangschancen, wo sie konkurrenzfähig sind. Ferner werden die Disziplinierungsinstrumente bei chronischem Fehlverhalten in den Ländern des Südens sehr viel schneller eingesetzt als in denen des Nordens. Man stelle sich einmal vor, mit dem amerikanischen Finanzministerium würde in der selben Tonlage ein Politikdialog gepflegt wie etwa mit der venezolanischen Regierung, um diesem ein Anpassungsprogramm zur Reduzierung des chronischen Haushaltsdefizits nahezulegen. Dabei ist das US-amerikanische Haushaltsdefizit weltwirtschaftlich weitaus problematischer als das venezolanische, um bei diesem Beispiel zu bleiben. Wenn wir, wie bei der Diskussion der Handelsbeziehungen, die ungleiche Anwendung von Regeln als Ausdruck von Abhängigkeit werten, dann haben wir es auch hier mit Abhängigkeit zu tun: *Die wirtschaftlich führenden Länder sind nach wie vor viel eher in der Lage als die peripheren Länder, Anpassungszwängen auszuweichen und die daraus resultierenden Kosten zu externalisieren.* Natürlich versuchen die Metropolen auch untereinander, sich die Anpassungskosten zuzuschieben, doch setzt die jeweilige Sanktionsmacht der Kontrahenten solchen Praktiken Grenzen. Die Entwicklungsländer verfügen nicht im selben Maß über diese Sanktionsmacht.

Zusammenfassend kann man feststellen, daß nach wie vor keine Gleichheit bei der Regeldurchsetzung in der Weltwirtschaft gegeben ist, und daß die Fähigkeit der wirtschaftlich führenden Länder, sich den Regeln teilweise zu entziehen, zu Lasten der Entwicklungsfähigkeit von Ländern der Dritten Welt geht. Die Ergebnisse der Uruguay-Runde lassen sich kaum anders interpretieren: Während die Forderungen der Staaten des Nordens insbesondere im Dienstleistungssektor weitgehend erfüllt wurden, konnten sich die Länder des Südens mit ihren Forderungen nach Marktöffnung bei Industrie und Landwirtschaft nur ansatzweise durchsetzen.

Gleichwohl wird man sich davor hüten müssen, wie zu Zeiten der Dependencia hierin ein wesentliches, wenn nicht gar das wichtigste Entwicklungshindernis zu sehen. Es gibt eine Reihe von Entwicklungsländern, die sich trotz dieser Tendenzen auf dem Weltmarkt hervorragend zurecht gefunden haben, und die über die nötige Flexibilität verfügen, um die immer wieder auftretenden Abschirmungsversuche der führenden Industrieländer zu unterlaufen. Ein wichtiges Feld der post-imperialistischen Auseinandersetzungen um wirtschaftliche Hegemonie ist die Technologiepolitik und der Technologiehandel. Wo immer Staaten eine technologisch führende Position errungen haben, versuchen sie, diese durch Monopolpraktiken abzusichern und zugleich in die Märkte von Drittländern einzudringen.[17] Für die Länder der Dritten Welt und auch für Lateinamerika stellt sich das Problem nicht auf der Ebene der technologischen Konkurrenz, als vielmehr als Problem des Zugangs zu modernen Technologien. Das ist alles nicht neu. Gerade in Lateinamerika ist man immer wieder mit Versuchen technologisch führender Länder, insbesondere der USA, konfrontiert worden, Technologietransfers nach Lateinamerika zu unterbinden. Dank der Konkurrenz zwischen Industrieländern war diesen Versuchen kein langfristiger Erfolg beschieden. Selbst auf dem sicherheitspolitisch so brisanten Gebiet der Nukleartechnologie war dies nicht möglich. Ausgerechnet die Bundesrepublik, die bis dato Lateinamerika als Hinterhof der USA respektiert hatte, ließ sich deswegen auf einen ziemlich geräuschvollen Konflikt mit den USA ein.

3. Die Herrschaftsdimension

In der Dependencia-Literatur wurden die politischen Eliten abhängiger Länder häufig als Brückenköpfe der Metropolen interpretiert, welche entweder aus einer Übereinstimmung der Interessens mit den Metropolen oder aber unter unmittelbarer politischer Kontrolle der Metropolen deren Geschäfte führten. Die enge wirtschaftliche Verflechtung mit den Metropolen und die geringen entwicklungs- und gesellschaftspolitischen Spielräume, die sich daraus ergaben, so das Argument, ließen den Eliten ohnehin kaum eine Wahl, sofern sie nicht bereit waren, die Fesseln der kapitalistischen Entwicklung zu sprengen. In der Tat gibt es vor allem in Zentralamerika und der Karibik zahlreiche Bespiele dafür, daß die USA ihre strategischen und wirtschaftlichen Interessen auch damit durchzusetzen versuchten, daß sie mißliebige Regime entfernten und ihnen genehme aktiv stützten, wenn es sein mußte, auch mit militärischer Gewalt. Mißliebige Regime haben dort nach wie vor kaum Chancen, sich lange zu halten. Allerdings muß man auch hierbei differenzieren. Die USA haben vor allem aus strategischen und sicherheitspolitischen Interessen interveniert und weniger aus wirtschaftlichen. Ließen sich wirtschaftliche und strategische Interessen nicht in Deckung bringen, setzten sich in den USA immer die strategischen durch (z.B. bei der Verstaatlichung des Erdöls in Mexiko 1938).[18] Selbst in der Blütezeit des Kalten Krieges waren die USA unter bestimmten Voraussetzungen bereit, revo-

---

[17] Siehe u.a. G. Junne. 1984: Der strukturpolitische Wettlauf zwischen den kapitalistischen Industrieländern, in: Politische Vierteljahresschrift 25:1, 134-155; D. Ernst/D. O'Connor 1989: Technology and Global Competition. The Challenge for Newly Industrialising Economies, Paris; G. Simonis 1994: Technologie- und Forschungspolitik, internationale, in: Boeckh, Andreas (Hrsg.): Internationale Beziehungen. Lexikon zur Politik, Bd. 6, München, 526-539.

[18] Ein interdisziplinäres Forschungsprojekt (Boeckh/Heideking) zum Thema „Handlungsspielräume schwacher Staaten. Zentralamerikanische und Karibische Länder in der internationalen Politik des 19. und 20. Jahrhunderts", dessen Ergebnisse z.Z. zur Publikation vorbereitet werden, hat in dieser Hinsicht sehr eindeutige Resultate gebracht.

lutionär anmutende Reformansätze in Lateinamerika zu akzeptieren. Ein Vergleich zwischen Bolivien 1952 und in Guatemala 1954 zeigt, daß auch tiefgreifende Reformen für die USA dann akzeptabel waren, wenn sie keine Veranlassung hatten, diese im sicherheitspolitischen Kontext des Ost-West-Konflikts zu interpretieren. Es dürfte also schwer fallen, die amerikanischen Interventionen zur Durchsetzung genehmer Regimes ohne weiteres unter einer ökonomisch begründeten Brückenkopftheorie zu subsumieren. Um Mißverständnisse zu vermeiden: Natürlich hatten und haben die USA ökonomische Interessen in der Region, und es ist unbestritten, daß diese die amerikanische Politik beeinflußten und beeinflussen. Bestreitbar ist jedoch, daß sie immer dominant waren und unbesehen als Beleg für eine ökonomische Theorie des Imperialismus herangezogen werden können.

Hinzu kommt, daß politische Eliten in der zentralamerikanischen und karibischen Region es in der Vergangenheit immer wieder verstanden haben, die US-amerikanische Politik zur Durchsetzung ihrer Herrschaftsinteressen zu manipulieren. Die amerikanische Intervention in Kuba im Jahre 1906 war von der kubanischen Regierung bewußt provoziert worden, um sich mit amerikanischer Hilfe gegen Aufständische zu verteidigen. Aus demselben Grund bemühte sich die Regierung von Nicaragua nach 1912, ebenfalls wie Kuba in den Genuß eines Platt-Amendments zu kommen, welches das Interventionsrecht - und in gewissem Umfang auch die Interventionspflicht der USA verankert und - so die Hoffnung - die Regierung in Nicaragua stabilisiert hätte.[19] Die Militärregime der 60er und 70er Jahre als Brückenköpfe imperialistischer Interessen bzw. der Interessen der USA zu interpretieren, wie dies nicht nur in Lateinamerika[20], sondern auch bei der hiesigen Linken üblich war, beruhte auf einem groben Mißverständnis. Daß die entsprechenden Militärputsche den Beifall der USA fanden, heißt noch lange nicht, daß sie inszeniert wurden, um den USA einen Gefallen zu tun. Als Kissinger in seinen Memoiren den chilenischen Putsch von 1973 dem amerikanischen Einfluß zugute schrieb, klagte ein chilenischer General auf Unterlassung dieser Behauptung: Man habe den Putsch auf eigene Rechnung gemacht. All diese Regime erwiesen sich gegenüber den USA wiederholt als durchaus konfliktfähig, übrigens auch auf so sensiblen Gebieten wie der Rüstungs-, Wirtschafts- und Technologiepolitik.[21] Wenn es selbst bei einem so unsägli-

---

[19] Siehe u.a. das Memorandum des amerikanischen Außenministers Bryan an den Senat vom 19. 7. 1913, in dem u.a. auf entsprechende Bestrebungen der Regierung von Nicaragua hingewiesen wird (NA/DS/RG59/817.812/22). Siehe ferner Mitteilung des Botschafters Nicaraguas an das State Department vom 12. 2. 1914, in dem der ausdrückliche Wunsch des Präsidenten Nicaraguas nach der Einbeziehung des Platt-Amendments in den Kanal-Vertrag zwischen Nicaragua und den USA übermittelt wird (FRUS 1914, 953 f).

[20] Siehe z.B. C. Furtado u.a. 1968: Brasil hoy, México.

[21] Siehe u.a. Adler, Emanuel 1987: The Power of Ideology: The Quest for Technological Autonomy in Argentina and Brazil , Berkeley etc.; L. A: Moniz Bandeira, 1989: Brasil - Estados Unidos. Rivalidade Emergente (1950-1988), Rio de Janeiro; W. Grabendorff/ M. Nitsch 1977: Brasilien: Entwicklungsmodell und Außenpolitik, München; St. A. Schirm, 1990: Brasilien: Regionalmacht zwischen Autonomie und Dependenz: Außen-

chen Regime wie dem haitianischen unter General Cedras eines spektakulären Aufwandes bedurfte, um es loszuwerden, wird deutlich, daß die Einflußmöglichkeiten relativ beschränkt sind.

4. Die außenpolitische Dimension

Auf außenpolitischem Gebiet waren die Auswirkungen der Abhängigkeit am wenigsten spürbar. Sieht man von wenigen Ausnahmen ab[22], haben auch Autoren aus der Dependencia-Schule, sofern sie sich überhaupt mit dem Thema befaßt haben, an der Peripherie ein relativ hohes Maß an außenpolitischer Autonomie konstatiert.[23] Diese hatte ihre Grenzen bei der Frage der Blockzugehörigkeit: Die USA waren nicht willens, eine Wiederholung des kubanischen Malheurs zuzulassen. Der sicherheitspolitische Schock, der sich mit dem Lagerwechsel Kubas verband, führte dazu, daß man eine Zeitlang jedes noch so reaktionäre Regime, das politische Stabilität versprach, zu unterstützen bereit war. Den wirtschaftlichen und technologischen Emanzipationsbemühungen der lateinamerikanischen Staaten im Laufe der 60er und 70er Jahre hatte man aber wenig entgegenzusetzen: Weder konnten die USA den deutsch-brasilianischen Nuklearvertrag von 1975 verhindern, noch war es ihnen möglich, der zunehmenden außenwirtschaftlichen Orientierung Lateinamerikas in Richtung Europa gegenzusteuern. Ende der 70er Jahren konnte man aus Lateinamerika regelrecht triumphale Äußerungen über die gelungene Emanzipation vom amerikanischen Hegemon hören. Ein Land wie Brasilien hat seine Außenpolitik schon seit vielen Jahrzehnten in den Dienst einer schnellen wirtschaftlichen Entwicklung und der Gewinnung einer technologischen Autonomie gestellt. Das Verhältnis zu den USA wie zu anderen Industrieländern war vor allem von der Einschätzung geprägt, ob diese Ziele mit oder gegen die USA durchzusetzen seien. Von einer Unterordnung unter US-amerikanische Hegemonialansprüche konnte bei diesem Land nie die Rede sein.[24]

Dann kam die Schuldenkrise, welche die beträchtliche Diversifizierung des lateinamerikanischen Außenhandels wieder zunichte machte. Allerdings hat es nicht den Anschein, als habe die Schuldenkrise den außenpolitischen Handlungsspielraum

---

politik, Wirtschaft und Sicherheit im internationalen und lateinamerikanischen Kontext (1979-1988), Hamburg.

22 Siehe A. Quijano 1974: Imperialism and International Relations in Latin America, in: J. Cotler/R. R. Fagan (Hrsg.): Latin America and the United States: The Changing Political Realities, Stanford, 67-99.

23 R. F. Fagan 1977: Studying Latin American Politics: Some Implications of the Dependencia Approach, in: Latin American Research Review 12:2, 17. Siehe auch B. E. Moon 1985: Consensus of Compliance? Foreign Policy Change and External Dependence, in: International Organization 39:2, 297-330; J. L. Ray 1981: Dependence, Political Compliance, and Economic Performance: Latin America and Eastern Europe, in: Ch. W. Kegley/P. McGowan (Hrsg.): The Political Economy of Foreign Policy Behavior, Beverley Hills, 111-136; N. A. Richardson 1978: Foreign Policy and Economic Dependence, Austin.

24 Siehe die in Anm. 21 zitierte Literatur.

in Lateinamerika gegenüber den USA wesentlich beeinträchtigt. Die 1983 von Mexiko, Venezuele, Kolumbien und Panama zur Beilegung des Zentralamerika-Konflikts gegründete Contadora-Vermittler-Gruppe, zu der auch einige hochverschuldete Länder gehörten, verfolgte in einem für die USA sehr wichtigen Konflikt eine durchaus eigenständige Linie und behandelte die USA im Grunde als Konfliktpartei und nicht als den Oberschiedsrichter in der zentralamerikanischen Region. Die Bemühungen, in der Mitte der 80er Jahre gebildeten Rio-Gruppe ein eigenständiges und identifizierbares außenpolitisches Profil für Lateinamerika als Region zu gewinnen, spricht ebenfalls nicht für eingeschränkte Handlungsspielräume.

Zugleich wird nun auch offenkundig, daß der Ost-West-Konflikt die Strukturen des internationalen Systems auf dem Stand von 1945 eingefroren hat. Zumindest die größeren Länder Lateinamerikas mahnen nach 1990 zunehmend eine Reform der UNO und ihrer Entscheidungsgremien an, womit vor allem der Sicherheitsrat gemeint ist. Vor allem aus Brasilien kommen sehr deutliche Forderungen nach einer Reform der Nachkriegsordnung.[25] Sollten die Siegermächte mit dem Versuch Erfolg haben, den Sicherheitsrat nur um die Verlierer des Zweiten Weltkriegs zu erweitern, wird dies der UNO ihre Glaubwürdigkeit als Weltorganisation nehmen. Länder wie Brasilien und Indien werden das nicht akzeptieren. Brasilien ist schon einmal aus einer Weltorganisation ausgetreten, als man dem Deutschen Reich einen ständigen Sitz im Völkerbundsrat angeboten hatte, nicht aber Brasilien.[26] Die Frage ist natürlich, ob die anderen Staaten des Subkontinents den wie selbstverständlich formulierten Anspruch Brasiliens akzeptieren werden, für Lateinamerika sprechen zu wollen.

Das Ende des Ost-West-Konflikts hat für die Autonomie Lateinamerikas widersprüchliche Konsequenzen. Der Zusammenbruch des sozialistischen Lagers beraubte die lateinamerikanischen Staaten ihres Wertes als Verbündete im globalen Konflikt, was auch solche Politiker beklagten, die nie im geringsten an eine Annäherung an die Sowjetunion gedacht hatten: In einem Interview im September1992 bedauerte General Pinochet, daß nach dem Kollaps der Sowjetunion nur noch die USA als Hegemon übrig geblieben seien. Er fügte hinzu, jetzt gebe es in Lateinamerika nur noch zwei überzeugte Anti-Imperialisten: Der andere wohne in Kuba. Ob es den lateinamerkanischen Staaten gelingen wird, mit Hilfe ihrer ökologischen Bedeutung für das Weltklima politische Renten einzufahren[27], muß sich erst noch zeigen. Auf der anderen Seite dürfte der reformpolitische Spielraum, den auch eine marktorientierte Politik durchaus bietet, größer geworden sein. Die für eine effiziente Modernisierung unabdingbaren Sozialreformen lassen sich nun nicht mehr im Kontext des

25 F. H. Cardoso 1995: The Post-Cold War Era. A View from the South, Manuskript; siehe ferner C. Lafer 1994: Brazil in a New World, in: A. F. Lowenthal/G. F. Treverton (Hrsg.): Latin America in a New World, Boulder etc., 222-232.

26 J. Smith 1991: Unequal Giants: Diplomatic Relations Between the United States and Brazil, 1898-1930, Pittsburgh.

27 So kürzlich G. Drekonja 1995: Más allá de la autonomía periférica, in: Nueva Sociedad 5-6, 82-93.

Ost-West-Konflikts als sicherheitspolitische Bedrohung interpretieren und mit dem Knüppel des Antikommunismus niedermachen.

5. Die ideologische Dimension

In Lateinamerika schwankt man bei der Beurteilung der eigenen Entwicklungsfähigkeit und der eigenen Realität seit dem frühen 19. Jahrhundert zwischen einer geradezu hymnischen Selbstüberschätzung und der Neigung, die eigene Kultur als Manko zu begreifen und die eigene Realität mit Kategorien zu interpretieren, die ganz anderen Realitäten entnommen sind. Letzteres verband sich mit einem oft bedingungslosen Transfer von europäisch-nordamerikanischen Entwicklungskonzepten, mit z.T. verheerenden Folgen.[28] Was in Lateinamerika als Entwicklung zu gelten hatte, wurde meist in Europa und den USA formuliert. Wir haben es hier mit einer oft unterschätzten Form der Abhängigkeit zu tun. In extremer Form hat dies kürzlich ein lateinamerikanischer Kollege ausgedrückt, der unter dem Eindruck der jüngsten Schuldenkrise meinte, Lateinamerika werde erst dann aufhören Katastrophen zu produzieren, wenn es aufhöre, Lateinamerika zu sein. Eine wichtige Dimension von autozentrierter Entwicklung besteht eben darin, daß man auf die eigene Realität aufbaut und diese erst einmal als entwicklenswert und entwicklungsfähig wahrnimmt. Die im 19. Jh. und bis ins frühe 20. Jh. in Lateinamerika so beliebte und von D. A. Sarmiento popularisierte Kontrastierung von „Zivilisation“ (gemeint waren die europäisierten Städte) und der „Barbarei“ (das Hinterland mit dem Großteil der Bevölkerung) und die Übernahme rassistischer Interpretationsmuster sozialdarwinistischer Theorien in Gefolge Spencers schlossen von vornherein aus, daß man in Lateinamerika Entwicklung als etwas begriff, das mit der eigenen Bevölkerung und nicht gegen diese ins Werk gesetzt werden müsse.[29]

Nun läßt sich allerdings auch zeigen, daß in Lateinamerika Versuche einer eigenständigen Interpretation der Realität und der Formulierung einer eigenständigen Entwicklungsstrategie nicht mit besonderem Erfolg gekrönt waren. Der *Arielismo*, eine Denkrichtung, die die Überlegenheit eines vermeintlich schöngeistigen, den wahren menschlischen Werten zugewandten Lateinamerikas gegenüber den materialistischen USA postulierte, war ein Gegenentwurf zu der erdrückenden Hegemonie der USA. Er war rückwärtsgewandt, anti-demokratisch und extrem elitär.[30] Der

---

[28] Zu Kolumbien siehe W. P. McGreevey 1971: An Economic History of Colombia 1810-1930, Cambridge, etc.

[29] Vgl. B.E. Burns 1980, The Poverty of Progress, Berkeley.

[30] J. E. Rodó 1994: Ariel, Mainz.. Man sollte allerdings insofern zwischen Rodó und dem Arielismo unterscheiden, als in dem letzteren die Vorstellungen Rodós stark vulgarisiert wurden. Siehe ferner: F. Gewecke 1984: Ariel versus Caliban? Lateinamerikanische Identitätssuche zwischen regressiver Utopie und emanzipatorischer Rebellion, in: R. Sander (Hrsg,): Der karibische Raum zwischen Selbst- und Fremdbestimmung. Zur karibischen Literatur, Kultur und Gesellschaft, Frankfurt/New York, 161-187.

Marxismus stellte in Lateinamerika nach dem Tode des Peruaners Mariátegui im Jahre 1929 die unreflektierteste Form eines Ideologieimports dar und hat keine eigenständige Interpretation der lateinamerikanischen Realität hervorgebracht. Um nicht in die heute übliche Form einer platten Marx-Schelte zu verfallen, bedarf diese Aussage einer Qualifikation: Es ist die Rede von dem Marxismus, den die kommunistischen Parteien Lateinamerikas vertreten haben. Dieser vermochte zwar, die eklatanten Defizite der Wirtschafts- und Gesellschaftsstrukturen zu thematisieren, und er stellte immerhin die Frage nach den säkularen Tendenzen bei den Veränderungen der lateinamerikanischen Sozialstrukturen. Er blieb dabei aber völlig schematisch, steril und auf Stichwortgeber von außen angewiesen. Er versagte bei der Formulierung einer funktionsfähigen Alternative.

Verschiedene Ansätze, die in den 20er und 30er Jahren entstanden sind, und denen man z.T. das Etikett des Populismus angehängt hat, haben zum ersten Mal versucht, das, was Lateinamerika von Europa unterscheidet, nicht als Peinlichkeit zu bewerten, sondern als Chance. Das lateinamerikanische Mestizentum zur *raza cósmica* zu verklären[31], war zwar eine gewaltige Überhöhung, markierte aber eine gewandelte Einstellung zur eigenen Kultur und Geschichte. Und auch der *Indigenismo* stellte eine Abkehr von der bisherigen Neigung dar, die ethnischen und kulturellen Abweichungen von Europa als Ursachen der lateinamerikanischen Rückständigkeit zu verstehen.[32] Dieser neuen Haltung hat der brasilianische Dichter Carlos Drummond de Andrade in einem Gedicht Ausdruck verliehen, das mit den Worten „Für mich ist die schlimmste aller Eseleien, nach Europa zu schmachten..." beginnt[33]

Auf wirtschaftspolitischem Gebiet boten die Konzepte der Wirtschaftskommission der Vereinten Nationen für Lateinamerika (CEPAL) eine Alternative zur damaligen Orthodoxie, die versuchte, die spezifischen lateinamerikanischen Entwicklungsprobleme anzusprechen. Die gegenwärtige wirtschaftspolitische Debatte in Lateinamerika macht jedoch deutlich, daß das Debakel der Schuldenkrise heute wenig Raum für eigene Wege läßt . Der „Dritte Weg", so kann man in Anlehnung an einen tschechischen Finanzminister sagen, gilt als der schnellste Weg in die Dritte Welt, aus der sich Argentinien und Mexiko inzwischen offiziell verabschiedet haben (ob auch realiter, sei im Moment dahingestellt). Gegenwärtig, so scheint es, ist in Lateinamerika weder eine entwicklungskonzeptionelle noch eine kulturell-ideologische Eigenständigkeit gefragt. Man läuft dort daher Gefahr, die Spielräume und

---

[31] J. Vasconselos 1925: La raza cósmica, México.

[32] Zum Indigenismo siehe u.a. G. Maihold 1986: Identitätssuche in Lateinamerika: Das indigenistische Denken in Mexiko, Saarbrücken/Fort Lauderdale; R. Graham/Th. E. Skidmore/A. Helg/A. Knight (Hrsg.) 1992: The Idea of Race in Latin America: 1870-1940, Austin.

[33] zitiert in Kurt Meyer-Clason 1995: „Was nun, José?" Die Großstandtlyrik in Carlos Drummond de Andrade, in: Rafael Sevilla/Dary Ribeiro (Hrsg.): Brasilien. Land der Zukunft, Bad Honnef, 266.

Varianten zu übersehen, welche auch im Rahmen des gegenwärtig dominanten Paradigmas möglich sind.

6. Fazit

Es bringt heute in der Tat nicht mehr viel, will man die Entwicklungsprobleme in Lateinamerika auf eine - wie auch immer definierte - Abhängigkeit zurückführen. Was sich noch als Form von Abhängigkeit identifizieren läßt, kann man schwerlich als zentrales Problem charakterisieren. Außerdem würde man sich in Lateinamerika keinen Gefallen tun, wenn man auf die Dependencia-Theorie als Erklärung für die eigenen Entwicklungsprobleme zurückgreift. Die damit verbundene Tendenz, die Verantwortung dafür zu externalisieren, böte wiederum wohlfeile Entschuldigungen für durchaus hausgemachte Defizite. Daß die importsubstituierende Industrialisierung in die Krise geraten ist, lag nicht an den inhärenten Grenzen eines abhängigen Kapitalismus, und übrigens auch nicht an der CEPAL, die ab Mitte der 60er Jahre einen Politikwechsel angemahnt hatte, sondern an den Verteilungskoalitionen, die sich auf der Grundlage dieses Modells herausgebildet hatten, und die einen Strategiewechsel politisch verhinderten. Daß die längst überfälligen sozialen Reformen unterblieben sind, ist nicht dem Imperialismus anzulasten bzw. dessen Brückenkopfeliten - das Argument taugt nichts, wie wir gesehen haben -, sondern den bornierten Interessen der lateinamerikanischen Eliten. Daß man in Lateinamerika seit knapp zwei Jahrhunderten immer wieder in die Schuldenfalle gerät, kann man nicht allein mit der Tücke der kapitalistischen Finanzmärkte erklären, sondern vor allem mit der chronischen Steuerverweigerung der reichen Schichten, welche verhindert, daß durchaus vorhandene gesellschaftliche Ressourcen mobilisiert und entwicklungspolitisch sinnvoll genutzt werden.[34] Soll sich an all dem etwas ändern, muß man in Lateinamerika selbst ansetzen. Wer nur nach außen schaut, verpaßt die Chance zur Reform. Geht man von dem alten Verständnis von Abhängigkeit aus, blickt man ohnehin in die falsche Richtung: Das Problem Lateinamerikas ist nicht die Weltmarktintegration, sondern die säkulare Tendenz einer weltwirtschaftlichen Marginalisierung. Ein seit 1950 rapider gesunkener Anteil am Welthandel und ein immer noch hoher Primärgüteranteil bei den Exporten verdeutlichen dies. Wenngleich das von Ulrich Menzel kürzlich präsentierte Szenario übertrieben ist, das nur noch den alten Industrieländern, den Ländern Südostasiens und den Erdölproduzenten eine weltwirtschaftliche Bedeutung zuschreibt und den Rest, Lateinamerika eingeschlossen, als im Grunde überflüssig einschätzt[35], macht er damit auf ein Problem auf-

34 A. Boeckh 1996: Deuda externa y política tributaria en América Latina: Un ejercicio en cinco pasos, in: Diálogo Científico, im Erscheinen.

35 U. Menzel 1995: Die neue Weltwirtschaft. Entstofflichung und Entgrenzung im Zeichen der Postmoderne, in: Peripherie 15:59/60, 30-44. Kritisch dazu: R. Kappel 1995: Kern und Rand der globalen Ordnung. Globalisierung, Tripolarität, Territorium und Peripherisierung, in: Peripherie 15:59/60, 79-117.

merksam: Daß sich in der Tat eine neue internationale Arbeitsteilung herausbildet, in der Primärgüter immer weniger wichtig sind, in der technologische Kompetenz eine zentrale Ressource darstellt, und in der die Märkte für industrielle Konsumgüter von Anbietern aus anderen Regionen als Lateinamerika besetzt werden. Da diese Märkte nicht unbegrenzt aufnahmefähig sind, wird man sich in Lateinamerika nicht mehr viele Suchphasen leisten können, bevor man die passenden Nischen gefunden hat. Gespräche mit lateinamerikanischen Kollegen und Unternehmerfunktionären vermitteln nicht den Eindruck, als habe man den Ernst der Lage begriffen. Andere Regionen sind da schon weiter, und man kann nicht ausschließen, daß man sich in Lateinamerika zu spät auf die Anforderungen der neuen ökonomischen Weltordnung eingelassen hat. Was die technologische Kompetenz angeht, verfügt in Lateinamerika nur ein Land über eine Technologiepolitik, die den Namen verdient, nämlich Brasilien.[36] Mexiko mag es gelingen, im Verbund mit den USA den Anschluß zu bekommen. Ansonsten kann sich kein Land in Lateinamerika Hoffnung machen, in der Liga der Technologieproduzenten mitspielen zu können. Mit anderen Worten: Es wird erheblicher und schneller Anstrengungen bedürfen, um der Dissoziation vom Weltmarkt zu entkommen, die man vor 20 Jahren noch als das Rezept für eine erfolgreiche und von den Fesseln der Abhängigkeit befreite Entwicklung betrachtet hat. Das Problem Lateinamerikas liegt nicht in seiner Abhängigkeit, sondern in der Gefahr, von der weltweiten Entwicklung abgehängt zu werden.

---

[36] G. Dupa/W. Suzigan 1991: A nova articulação da economia mundial e as opçoes para o Brasil: estratégia industrial e modernização tecnológica, in: J. P. dos Reis Velloso (Hrsg.): O Brasil e a Nova Economia Mundial, Rio de Janeiro, 15-38; J. Marcovitch 1990: Política industrial e tecnológica no Brasil: Uma avaliação preliminar, in: Pensamiento Iberoamericano 17, 91-117.

Ruth Fuchs

Politik mit der Erinnerung

Zur öffentlichen Auseinandersetzung um Gedächtnisorte der Diktatur in Argentinien

> *„Sie haben mich gefragt, was in den Flugzeugen geschah. Nachdem das Flugzeug abgehoben hatte, spritzte der Arzt (...) [den Gefangenen] eine zweite Dosis, ein sehr starkes Beruhigungsmittel. Sie schliefen sofort ein. (...) In diesem ohnmächtigen Zustand zog man ihnen die Kleidung aus. Sobald der Kommandant der Maschine die Anweisung gab (...), wurde die Luke geöffnet und sie wurden nackt einer nach dem anderen hinausgeworfen. Das ist die Geschichte. Eine makabre Geschichte, real, und niemand kann sie leugnen".*[1]

Neues hatte der ehemalige Fregattenkapitän Francisco Scilingo nicht zu berichten, als er sich im März 1995 mit diesen Worten an die argentinische Öffentlichkeit wandte. Die grausame Praxis der sogenannten „Todesflüge", durch die die Militärregierung zwischen 1976 und 1983 hunderte Regimegegner ermorden ließ, war bereits im Bericht der Wahrheitskommission ausführlich beschrieben worden. Und dennoch: Die Tatsache, dass sich ein Offizier zum ersten Mal öffentlich zu den Menschenrechtsverbrechen bekannte, sollte für die politische und gesellschaftliche Auseinandersetzung mit dem Erbe der Diktatur entscheidende Konsequenzen haben. Gleich einer Kettenreaktion folgten Geständnisse weiterer Militärs, die an der Verschleppung, Folter und Ermordung von Oppositionellen beteiligt gewesen waren. Auch Vertreter der Kirche entschlossen sich zu einer – wenn auch zaghaften – Selbstkritik. Der Pakt des Schweigens war brüchig geworden. General Manuel Balza, Stabschef des argentinischen Heeres, betonte in einer Ansprache an die Nation, dass eine Straftat begeht, wer unmoralische Befehle erteilt oder befolgt.[2] Im Gegenzug rechtfertigte Admiral Massera, Mitglied der ersten Militärjunta, einmal mehr den „Krieg gegen die Subversion": Niemand sei illegal ermordet worden.[3]

---

1 Vgl. Verbitsky, Horacio, 1995: El vuelo. Buenos Aires, 57f.

2 Vgl. Das Ziel rechtfertigt niemals die Mittel. Fernsehansprache des Stabschefs des argentinischen Heeres, General Martín Antonio Balza, vom 25.4.1995. In: Nolte, Detlef (Hrsg.), 1996: Vergangenheitsbewältigung in Lateinamerika. Frankfurt am Main, 96-99.

3 Vgl. Wornat, Olga: Increíble pero cierto: las confesiones de Massera. In: *Gente*, 27.7.1995, 48-56.

Das Jahr 1995 markierte den Beginn einer neuen Phase der Auseinandersetzung mit der jüngsten argentinischen Vergangenheit. Bis dahin war es vor allem um den direkten politischen Umgang mit Tätern und Opfern der Diktatur gegangen, um das, was man als politisch-justizielle Aufarbeitung von Menschenrechtsverbrechen bezeichnen könnte: die Einrichtung einer Wahrheitskommission, Maßnahmen zur strafrechtlichen Verfolgung der Täter, Amnestiegesetze und die finanzielle Entschädigung der Opfer. Zwölf Jahre nach dem Ende der Diktatur gewann nun die Diskussion um Erinnerung, Interpretation und Bewertung des Geschehenen immer mehr an Bedeutung. Orte, an denen sich das Gedächtnis der Diktatur in besonderem Maße kondensierte, wurden damit zum Gegenstand öffentlicher Debatten, zu Kristallisationspunkten kontroverser Geschichtserinnerung, zum Kampfplatz konkurrierender politischer Akteure und ihrer Geschichtsbilder.

„Konflikterinnerung als Erinnerungskonflikt" – dieses Spannungsfeld hat uns der Politikwissenschaftler Peter Reichel am Beispiel der deutschen Geschichte besonders eindrucksvoll vor Augen geführt.[4] Die öffentliche Erinnerung des Holocaust hat längst ihre eigene Geschichte, ihre eigenen Zeugnisse hervorgebracht und ist zum Forschungsfeld unterschiedlichster Disziplinen geworden. Argentinien dagegen trennen nur knapp zwei Jahrzehnte von den Schrecken der Diktatur. Die Diskussionen um Bedeutung und Bewertung der Vergangenheit sind noch jung, Orte, die an die Diktatur erinnern, spärlich. Und dennoch – oder vielleicht gerade deshalb – scheint mir die Biographie dieser wenigen Gedächtnisorte besonders spannend.

Die Mechanikerschule der Marine, kurz ESMA, und das künftige Denkmal für die Opfer des Staatsterrorismus liegen im Norden von Buenos Aires, nur wenige Kilometer voneinander entfernt. Nach einigen theoretischen Überlegungen möchte ich diese beiden Orte und ihre Geschichte kurz vorstellen. Sie veranschaulichen den konfliktreichen politischen Prozess, durch den öffentliche Erinnerung von Diktatur und Menschenrechtsverbrechen in Argentinien konstruiert wird.

Gedächtnisorte als politisches Handlungsfeld

Schon aus dem Begriff der Konstruktion wird deutlich: Geschichte und Gedächtnis sind nicht etwa Synonyme, sondern in vieler Hinsicht Gegensätze. „Das Gedächtnis", darauf hat uns der französische Historiker Pierre Nora hingewiesen, „ist das Leben: stets wird es von lebendigen Gruppen getragen und ist deshalb ständig in Entwicklung, der Dialektik des Erinnerns und Vergessens offen, es weiß nicht um die Abfolge seiner Deformationen, ist für alle möglichen Verwendungen und Manipulationen anfällig, zu langen Schlummerzeiten und plötzlichem Wiederaufleben fähig. Die Geschichte ist die stets problematische und unvollständige Rekonstrukti-

---

4 Vgl. Reichel, Peter, 1995: Politik mit der Erinnerung. Gedächtnisorte im Streit um die nationalsozialistische Vergangenheit. München.

on dessen, was nicht mehr ist."[5] Tatsächlich verändert sich der erinnerte Sachverhalt durch den Akt des Erinnerns. Von der Vergangenheit wird nur bewahrt, was der Mensch in jedem Moment mit seinem jeweiligen Bezugsrahmen rekonstruieren kann. Der Soziologe Maurice Halbwachs sprach davon, dass Erinnerungen in einen Sinn-Rahmen „eingehängt" werden müssen.[6] Vergessen bedeutet demnach die Auflösung dieses Sinn-Rahmens. Erinnerung schließt also immer ein Vergessen mit ein. Genauer: Erinnerung ist überhaupt nur auf Grund des Vergessens möglich.[7]

Gedächtnisorte – materielle, symbolische und funktionale Träger von Erinnerung[8] – entstehen aus dem Willen, etwas im Gedächtnis festzuhalten. Sie gründen auf der Erkenntnis, dass es kein „spontanes Gedächtnis" mehr gibt, dass das, was sie verteidigen, bedroht ist. „Hausten wir noch in unserem Gedächtnis" so Nora, „brauchten wir ihm keine Orte zu widmen. Es gäbe keine Orte, weil es kein aus der Geschichte herausgerissenes Gedächtnis gäbe."[9] Die Rede vom eigenständigen Gedächtnis der Orte ist insofern irreführend: man sollte vielmehr mit Aleida Assmann vom „Vergessen der Orte" sprechen: „Wie sich die Oberfläche sofort wieder schließt, wenn ein Stein ins Wasser gefallen ist, so schließen sich auch an den Orten die Wunden bald wieder; neues Leben und neue Nutzung lassen bald kaum noch die Narben erkennen".[10] Ohne bestimmte Formen einer kulturellen Mnemotechnik bleiben Ruinen bedeutungslose Steine in der Landschaft. Große Anstrengungen werden nötig, um die permanente Abwesenheit, die Leerstelle als Spur der Vernichtung zu bewahren.

Welche Ereignisse der Vergangenheit erinnert und damit dem Strom der Geschichte entrissen werden, hängt im wesentlichen vom Standpunkt dessen ab, der erinnert. Deshalb ist „Erinnern" in einer modernen sozialwissenschaftlichen Defini-

5 Vgl. Nora, Pierre, 1990: Zwischen Geschichte und Gedächtnis. Berlin, 12f.

6 Vgl. Halbwachs, Maurice, 1985: Das Gedächtnis und seine sozialen Bedingungen. Frankfurt am Main.

7 In seinen berühmten „unzeitgemäßen Betrachtungen" treibt Friedrich Nietzsche diese Anschauung auf die Spitze: „Es ist möglich", heißt es da, „fast ohne Erinnerung zu leben, ja glücklich zu leben, wie das Tier zeigt; es ist aber ganz und gar unmöglich, ohne Vergessen überhaupt zu *leben*." Vgl. Nietzsche, Friedrich, 1966: Unzeitgemäße Betrachtungen. Zweites Stück. Von Nutzen und Nachteil der Historie für das Leben. In: Ders., Werke in sechs Bänden. Hg. von Karl Schlechta. Band 1. München, 213.

8 Gedächtnisorte vereinen nach Pierre Nora eine materielle, eine symbolische und eine funktionale Dimension. Diese drei Qualitäten existieren stets neben- und miteinander und bedingen sich gegenseitig. Gegenstand der Erinnerung können geographische Orte sein, aber auch Denkmäler, Orte die als Gedenkstätten funktionieren, Gedenktage, Embleme, Persönlichkeiten, Institutionen oder komplexe Begriffe. Vgl. Nora, Pierre, 1990: Zwischen Geschichte und Gedächtnis. Berlin, 26.

9 Vgl. ebd., 11.

10 Vgl. Assmann, Aleida, 1994: Das Gedächtnis der Orte. In: Haverkamp, Anselm (Hrsg.): Stimme, Figur. Kritik und Restitution in der Literaturwissenschaft. Stuttgart/Weimar, 32.

tion auch als „Sinnproduktion im Zusammenhang jetzt wahrgenommener oder empfundener Handlungsnotwendigkeiten" beschrieben worden.[11] Das Gedächtnis entsteht dabei nicht nur in, sondern vor allem zwischen den Menschen. Halbwachs, dessen Rede vom „kollektiven Gedächtnis" zahlreiche Kritiker auf den Plan rief, hat den Einfluss der Gesellschaft auf die individuelle Erinnerung überzeugend dargestellt. Erinnerung, so seine Argumentation, kann durch soziale Interaktion überhaupt erst entstehen: „Es gibt kein mögliches Gedächtnis außerhalb derjenigen Bezugsrahmen, deren sich in der Gesellschaft lebende Menschen bedienen, um ihre Erinnerungen zu fixieren und wiederzufinden."[12] Individuen erinnern zwar ihre eigene Geschichte, aber nicht unter selbst gewählten Umständen.

Gemäß der Verheißung, dass die Zukunft gewinnt, „wer die Erinnerung füllt, die Begriffe prägt und die Vergangenheit deutet"[13], versuchen verschiedene gesellschaftliche Akteure, die Ressource Geschichte zur eigenen Traditionsbestimmung und Herrschaftslegitimierung zu nutzen. Öffentliche Geschichtserinnerung ist insofern immer auch Politik mit der Erinnerung. Dabei zielt staatliche Erinnerungspolitik darauf ab, ein aktuelles Gedächtnis zu stiften und vorrangige Erinnerungsstrukturen für sich zu vereinnahmen. Jedes politische Regime konstruiert und propagiert seine eigene Version der Vergangenheit, sein eigenes „offizielles Gedächtnis". Langfristiges Ziel staatlicher Erinnerungspolitik ist es, das offizielle und das nationale Gedächtnis zur Deckung zu bringen und so die mögliche Bedrohung zu reduzieren, die von letzterem ausgeht.

Vor diesem Hintergrund wird die Bedeutung von Gedächtnisorten als Beispiele der politisch konfliktreichen Aneignung und Bewertung von Geschichte offensichtlich. Die Errichtung von Denkmälern und Gedenkstätten ist ebenso wie ihre Veränderung oder Zerstörung ein wichtiger Teilbereich symbolischer Politik. Zahlreiche unterschiedliche Akteure versuchen dabei, gruppenspezifische Geschichtsbilder festzuschreiben und den Erinnerungsdiskurs in ihrem Sinne zu gestalten. Die von ihnen errichteten Denkmäler sagen insofern weniger aus über die Ereignisse oder Personen, die vergegenwärtigt werden sollen, ungleich mehr jedoch über die Interessen, Zielsetzungen und Erinnerungsstrategien der Denkmalsetzer selbst.[14]

Escuela Mecánica de la Armada

Buenos Aires, Stadtteil Nuñez, Avenida Libertador 8209. Vier weiße Säulen markieren den Eingang zur *Escuela Mecánica de la Armada*, dem größten Folterzentrum der Diktatur. Wie kein anderer Ort Argentiniens ist die ESMA zum Symbol des

11 Zitiert nach Reichel 1995: 19.

12 Vgl. Halbwachs 1985: 121.

13 Michael Stürmer, zitiert nach Hölscher, Lucian, 1989: Geschichte und Vergessen. In: Historische Zeitschrift Bd. 249, 1.

14 Vgl. Reichel 1995: 33.

Grauens geworden. Nach Informationen der Wahrheitskommission wurden während der Jahre 1976 bis 1982 mindestens 4.000 Menschen dorthin verschleppt, sie wurden misshandelt, gefoltert und später ermordet. Nach dem Ende der Militärherrschaft diente das marode Gebäude weiterhin als Marine-Schule. Forderungen verschiedener Menschenrechtsorganisationen, auf dem Gelände eine Gedenkstätte einzurichten, waren ohne Ergebnis geblieben.

Am 6. Januar 1998 ordnete Präsident Carlos Menem die Zerstörung der ESMA an. Der Text des Dekrets macht aus der Intention der Regierung kein Geheimnis. Durch den Abriss des Gebäudes sollten, so wörtlich, die „Lehren aus der jüngsten Geschichte gezogen" und der „Wunsch aller Argentinier nach Versöhnung" zum Ausdruck gebracht werden. An dem, wie es heißt, „symbolischen Ort" solle ein Denkmal der nationalen Einheit errichtet werden.[15]

Es war die erklärte Absicht Menems, neue Diskussionen über den Umgang mit der brisanten Erblast des Staatsterrorismus zu unterbinden. Doch er erreichte das genaue Gegenteil: Der Gedächtnisort ESMA wurde in den folgenden Wochen und Monaten zum Motiv erhitzter Debatten um die jüngste argentinische Vergangenheit. Die Menschenrechtsbewegung verurteilte das verordnete Vergessen als grausamen Höhepunkt einer Politik der Straflosigkeit. Ohne Wahrheit und Gerechtigkeit werde es keine Versöhnung geben.[16] Jeder Versuch, die Orte des Grauens zu zerstören und das Geschehene vergessen zu machen, so Ernesto Sábato, Schriftsteller und ehemaliges Mitglied der Wahrheitskommission, sei ein „Akt der Komplizenschaft mit den Folterknechten".[17]

Menem begegnete solchen Vorwürfen mit dem offiziellen Diskurs der „nationalen Einheit", der bereits als Rechtfertigung für die zu Beginn seiner Amtszeit erlassenen Amnestiegesetze gedient hatte. Neue Ermittlungen über die Verbrechen der Diktatur, wie sie zur gleichen Zeit ein Gesetzesprojekt der Opposition vorsah[18], sollten mit allen Mitteln verhindert werden. Der eigenmächtige Versuch der Regierung, offene Wunden gewaltsam zu schließen und unverkennbare Gegensätze zu harmonisieren, nahm in letzter Konsequenz geradezu groteske Züge an. Das Denkmal, erklärte der Verteidigungsminister Jorge Domínguez wörtlich, solle ein „Symbol des demokratischen Zusammenlebens" darstellen und als Ort für Staatsempfänge genutzt werden. An zentraler Stelle müsse deshalb die argentinische Flagge angebracht werden. Andere Länder hätten schließlich auch einen repräsentativen Platz

---

15 Vgl. Dekret 8/98 vom 6.1.1998. Veröffentlicht in: *Boletín Oficial*, 9.1.1998. 2.

16 Vgl. *El Clarín*, 8.1.1998.

17 Vgl. *El Clarín*, 11.1.1998.

18 Im Januar 1998 berieten Abgeordnete der Oppositionspartei Frepaso über eine Gesetzesinitiative, die die Aufhebung der Amnestiegesetze aus den Jahren 1986 und 1987 (*Ley de Punto Final*, *Ley de Obediencia Debida*) vorsah. Das umstrittene Projekt sollte neue Möglichkeiten eröffnen, Menschenrechtsverletzungen während der Diktatur strafrechtlich zu verfolgen.

für solche Anlässe.[19] Aus einem „Ort des Todes" könne so ein „Ort des Lebens" werden.[20]

Drei Wochen dauerte der Versuch der Regierung, kollektives Vergessen zu verordnen. Dann konnte er als gescheitert betrachtet werden. Nach einer Klage von Familienangehörigen ehemaliger Gefangener hatte das zuständige Gericht die Zerstörung der ESMA für verfassungswidrig erklärt. Die argentinische Gesellschaft habe das Recht, die Wahrheit über die begangenen Menschenrechtsverbrechen zu erfahren. Durch die Zerstörung der ESMA würden Beweise vernichtet, die zur Klärung des Schicksals tausender während der Diktatur verschwundener Menschen unerlässlich seien.[21] Der Oberste Gerichtshof hat dieses Urteil im Februar 2001 bestätigt.

Monumento a las Víctimas del Terrorismo de Estado

Während die nationale Regierung um die künftige Bestimmung der ESMA stritt, berieten zur gleichen Zeit Menschenrechtsorganisationen und Politiker der Stadt Buenos Aires über ein Gesetz zur Errichtung eines Denkmals für die Opfer des Staatsterrorismus. Die Biographie dieses Denkmals zeigt nicht nur die Chancen und Probleme der Zusammenarbeit zwischen Staat und Zivilgesellschaft. Sie ermöglicht, und das scheint mir hier besonders spannend, einen tiefen Einblick in die Erinnerungsmotive und Geschichtsbilder der konkurrierenden politischen Akteure.

Schon die Wahl des Ortes – ein 14 Hektar umfassendes Gelände am Nordufer des Río de la Plata – ist aufschlussreich. In der Begründung des Projekts heißt es: „Der Río de la Plata ist das Symbol unserer Stadt. Widersinnigerweise ist er jedoch auch der Ort, an dem unzählige Opfer des Staatsterrorismus ertränkt wurden. Wir wollen, dass dieser Fluss in Zukunft nicht mehr nur ein riesenhafter geheimer Friedhof ist, sondern auch (...) ein Ort der Erinnerung."[22] Die Initiative war von Vertretern verschiedener Menschenrechtsorganisationen ausgegangen. Eine Gruppe Abgeordneter, darunter Mitglieder aller großen Parteien, hatte den Vorschlag aufgenommen und dem Parlament der Stadt Buenos Aires einen Gesetzesentwurf zur Diskussion vorgelegt. Nach der ersten Lesung folgte eine öffentliche Anhörung. Obwohl hier kontroverse Positionen und heftige Kritik an dem Projekt laut wurden, sollte das Gesetz im Juli 1998 mit überwältigender Mehrheit verabschiedet werden.[23]

---

19 Vgl. *La Nación*, 9.1.1998.

20 Vgl. ebd.

21 Vgl. *Cámara Nacional de Apelaciones en lo Contencioso Administrativo Federal*, Urteil vom 23.1.1998 (Osvaldo Guglielmino).

22 Begründung des Gesetzesvorhabens durch die Kommission „Menschenrechte, Garantien und Antidiskriminierung". Vgl. Gesetz zur Errichtung eines Denkmals für die Opfer des Staatsterrorismus: Protokoll der ersten Lesung im Stadtparlament von Buenos Aires am 18.3.1998. 4f.

23 Vgl. Gesetz N° 46, verabschiedet vom Parlament der Stadt Buenos Aires am 21.7.1998. Veröff. in: *Boletín Oficial de la Ciudad de Buenos Aires*, 25.8.1998, 7798.

Wie eine „offene Wunde", ein Riss durch die Gesellschaft, soll sich das Denkmal zickzackförmig durch die Landschaft pflügen. In seine Oberfläche aus Stein werden, so der Wunsch der Initiatoren, die Namen aller Opfer des Staatsterrorismus eingraviert sein, um die Verschwundenen und Ermordeten so „aus der Anonymität einer Zahl heben, die nichts aussagt über die Geschichte jedes Einzelnen".[24] Wer jedoch sind die Opfer? Und: wie soll ihrer gedacht werden? Mit diesen Fragen möchte ich einen kleinen Ausschnitt aus dem weiten Spektrum von Konflikten illustrieren, die um das Denkmal entbrannten.

Schon in den ersten Debatten im Parlament zeigte sich deutlich, dass kein Konsens darüber bestand, wer zur Gruppe der Opfer der Diktatur zu rechnen ist. Zwei Abgeordnete hatten einen alternativen Gesetzesentwurf eingebracht, in dem sie ein „Denkmal für alle Opfer des Terrorismus" forderten. Zivilpersonen, die durch Anschläge der Guerilla ums Leben gekommen waren, sowie Gefallene aus den Reihen von Polizei und Militär sollten demnach gleichermaßen als Opfer der Diktatur geehrt werden. Entsprechend liest sich die Begründung: „Wir müssen unsere Toten in gleicher Weise respektieren. Dabei darf es keine Diskriminierung geben. Sie waren alle Opfer des Terrorismus. Wir wollen nicht zwischen Toten erster und zweiter Klasse unterscheiden."[25].

Zwar stellten solche Stimmen im Parlament die Ausnahme dar. Während der öffentlichen Anhörung wurde jedoch klar, dass sie für einen beachtlichen Teil der argentinischen Bevölkerung sprachen. Ein Drittel der Bürger, die sich hier zu Wort meldeten, kritisierte das Projekt, einige von ihnen unter den Vorzeichen eines extrem autoritären Diskurses. Die Wortwahl lässt keine Zweifel.

Von den „glorreichen Opfern des Militärs, der Sicherheitskräfte und der Polizei" im „Krieg gegen die Subversion" ist da die Rede. Von einer „kranken Erinnerung" pro-terroristisch eingestellter Politiker. Und von „Geschichtsfälschung": Staatsterrorismus habe es nie gegeben, und noch viel weniger Völkermord oder Holocaust. Das Projekt öffne alte Wunden und vertiefe die Spannungen innerhalb der argentinischen Gesellschaft. „Wenn die Subversion gesiegt hätte", so ein Wortbeitrag, „existierte heute kein Parlament, sondern ein castromarxistisches Regime mit einem Diktator an der Spitze." Überhaupt hätten die „sogenannten Opfer des Terrorismus", die durch das Denkmal geehrt werden sollten, selbst „die Gewalt in Argentinien eingeführt".[26]

---

24 Dokument der Denkmalkommission, gelesen anlässlich der Grundsteinlegung des *Parque de la Memoria* am 24.3.1999.

25 Begründung des alternativen Gesetzesentwurfs der Opposition durch Patricia Ruiz Moreno de Ceballos (*Nueva Dirigencia*). Vgl. Gesetz zur Errichtung eines Denkmals für die Opfer des Staatsterrorismus: Protokoll der ersten Lesung und Parlamentsdebatte am 18.3.1998, 14.

26 Vgl. Gesetz zur Errichtung eines Denkmals für die Opfer des Staatsterrorismus: Protokoll der öffentlichen Anhörung am 22.5.1998, 3ff.

Die geschönte Geschichtsdeutung, die sich in diesen Argumentationslinien spiegelt, ist als „Theorie der zwei Dämonen“ lange bekannt und in der argentinischen Gesellschaft nach wie vor weit verbreitet. Attraktiv scheint sie vielen besonders deshalb, weil sie die Last der Vergangenheit durch mythische Erklärungen erträglicher macht. Die systematischen Menschenrechtsverletzungen der Diktatur werden als legitime Reaktion auf eine Bedrohung der nationalen Sicherheit durch terroristische Gruppen gerechtfertigt. Tiefere Ursachen der Gewalt, die Unverhältnismäßigkeit der Mittel und die bestialischen Methoden des Staatsterrorismus bleiben dabei unberücksichtigt. Die Hauptverantwortung liegt nach dieser Interpretation bei denjenigen, die die Verbrechen befohlen haben. Damit werden nicht nur alle untergeordneten Befehlshierarchien sowohl des Militärs als auch der Guerillaorganisationen als „Opfer der Befehlsstruktur“ kollektiv entlastet. Auch die argentinische Gesellschaft kann sich als „unschuldiges Publikum der eigenen Tragödie“ von jeder Mitschuld befreien. In der Logik dieser einseitigen Geschichtskonzeption ist Versöhnung nur durch die Gleichsetzung der Gewaltverbrechen beider „Dämonen“ und damit durch das „gleiche Gedenken aller Opfer“ überhaupt möglich.

Im extremen Gegensatz dazu beriefen sich die Initiatoren des Denkmals, darunter viele Familienangehörige von Verschwundenen, auf die „unvollendeten Utopien einer ganzen Generation“. „Vielleicht“, so eine Abgeordnete, „haben wir eine Schlacht verloren, aber der Krieg ist nicht verloren. Mit anderen Methoden und von anderen Standpunkten aus verteidigen wir weiterhin die Ideale, für die diese Jugend starb.[27]

Der Kampf um Freiheit, Solidarität und Gerechtigkeit wird hier zum Kernstück positiver Erinnerung. Als griffige Formel des Gedenkens bedeutet er zugleich auch eine aktuelle Aufforderung, ein Gebot der Gegenwart. An die Menschenrechtsverbrechen, die während dieses Kampfes von Seiten der Guerillaorganisationen begangen wurden, wird nicht erinnert.

Nach der endgültigen Verabschiedung des Gesetzes nahmen die Debatten um das Denkmal eine neue Wendung: nun stand eine eigens zu diesem Zweck eingerichtete Kommission aus Vertretern der Menschenrechtsorganisationen und der Regierung vor der schwierigen Aufgabe, eine Liste der Verschwundenen und Ermordeten zu erstellen. Weitere Kontroversen folgten: Wann genau begann der Staatsterrorismus? Und auf welche Quellen konnte man zur Feststellung der Zahl und Identität der Opfer zurückgreifen? Leider können diese Fragen hier nur aus der Vogelperspektive zeigen, was genauerer Betrachtung bedarf: In der öffentlichen Auseinandersetzung um die Erinnerung der Diktatur geht es nicht nur um die Unterscheidung von Tätern und Opfern, auch die verschiedenen Täter- und Opfergruppen differenzieren sich aus. So protestierte etwa die Organisation *Madres de Plaza de Mayo* unter Hebe de Bonafini von Anfang an vehement gegen die Errichtung eines

---

[27] Vgl. Gesetz zur Errichtung eines Denkmals für die Opfer des Staatsterrorismus: Protokoll der ersten Lesung und Parlamentsdebatte am 18.3.1998, 29.

Denkmals: Die beste und beständigste Art, die Opfer zu ehren, sei der Kampf gegen die Straflosigkeit.[28]

Fazit

In Argentinien hat der Streit um die öffentliche Erinnerung der Diktatur erst begonnen. Er spiegelt die Mythen, Ideale und politischen Bedürfnisse unterschiedlicher gesellschaftlicher Gruppen in einem Land, in dem Wahrheit und Gerechtigkeit auf institutioneller Ebene bisher nur in unzureichendem Maß durchgesetzt werden konnten. An den ausgewählten Beispielen wird deutlich, dass die argentinische Gesellschaft selbst von einem Grundkonsens über die Bewertung des Geschehenen noch weit entfernt ist. Darauf deutet auch die Tatsache hin, dass bis heute alle auf nationaler Ebene eingebrachten Gesetzesinitiativen zur Errichtung einer Gedenkstätte der Diktatur gescheitert sind.

Mit dem Wechsel der Generationen und dem Aussterben der überlebenden Opfer wächst das Bedürfnis, die Erinnerung an die Verbrechen auf andere Weise zu stabilisieren. Dieser Übergang aus dem kommunikativen ins kulturelle Gedächtnis[29] markiert einen interessanten Wendepunkt: Die Erinnerung der Diktatur wird sich in Zukunft verstärkt auch wieder an die Orte der Vernichtung binden. Neben solchen „Gedächtnisorten im Raum“ werden besonders auch „Gedächtnisorte in der Zeit“, d.h. Gedächtnisfeiern und Gedenktage, für die öffentliche Auseinandersetzung mit der Vergangenheit wichtiger werden. Im vergangenen Jahr hat die Regierung der Stadt Buenos Aires den 24. März, den Jahrestag des Militärputsches, zum „Tag der Erinnerung“ erklärt.[30]

Bis zur Verwirklichung des seit langem diskutierten „*Museo del Nunca Más*“, eines Museums über die Geschichte der Diktatur, werden sicherlich noch Jahre vergehen. Und es wird weitere hitzige Debatten geben. Dabei wird es nicht mehr nur um eine einfache Verurteilung des Staatsterrorismus gehen. Die gesamte Geschichte der Diktatur, ihre Ursachen und Folgen und besonders auch die These der Kollektivschuld stehen noch zur Diskussion. Gedächtnisorte können solche Debatten befördern. Ihre „interaktive und dialogische Qualität“ hat James Young überzeugend belegt.[31]

---

[28] Interview mit Hebe de Bonafini, Vorsitzende der Organisation *Madres de Plaza de Mayo*, 22.11.2000.

[29] Zu einer Theorie der Formen kollektiver Erinnerung sowie der Unterscheidung zwischen kommunikativem und kulturellem Gedächtnis vgl. Assmann, Jan, 1997: Das kulturelle Gedächtnis. Schrift, Erinnerung und politische Identität in frühen Hochkulturen. München.

[30] Vgl. Gesetz N° 355, verabschiedet vom Parlament der Stadt Buenos Aires am 23.3.2000. Veröff. in: *Boletín Oficial de la Ciudad de Buenos Aires*, 4.5.2000.

[31] Vgl. Young, James E., 1997: Formen des Erinnerns. Gedenkstätten des Holocaust. Wien, 18.

In der öffentlichen Auseinandersetzung mit der Vergangenheit werden nicht zuletzt auch die Defizite konkurrierender Geschichtsbilder aufgedeckt. Langfristig kann so ein Grundkonsens über die Bewertung der Vergangenheit geschaffen werden. Nur dann allerdings, wenn sich das Hauptaugenmerk auf ihre öffentliche Funktion richtet, werden Gedenkstätten und Museen der Gefahr entgehen, als eine Art „Totenmaske" die Erinnerung an das Geschehene unter sich zu begraben.

Argentinien 1985 – Die Mütter der Plaza de Mayo

Kristine Vanden Berghe, Bart Maddens

Mexiko: (De-)Konstruktion von Nation und Ethnie im Diskurs der Guerilla

Sind Ethnisch-Lokales, Nationales und Internationales gleichermaßen in den Zielen und im Diskurs des *Ejército Zapatista de Liberación Nacional* (EZLN)[1] enthalten? Manche meinen, dass dies so sei und dass der EZLN seine Legitimität gerade in dem Maße gewinne, wie sich diese drei Ebenen durchmischen. Diese gegenseitige Durchdringung, so wird argumentiert, sei insgesamt recht ausgeglichen, auch wenn es einige Ungleichgewichte gebe (Baschet 2001). In diesem Beitrag werden wir der gegenteiligen Hypothese folgen und uns gerade auf die Spannungen konzentrieren, die innerhalb der drei Ebenen existieren. Wir sind der Überzeugung, dass gerade diese Spannungen auf bestimmte Aspekte des Kampfes der Zapatistas hinweisen, wie beispielsweise auf die widersprüchlichen Erwartungen, mit denen sich die Guerilleros konfrontiert sehen. In einem weiteren Punkt weicht die vorliegende Analyse von bereits veröffentlichten Untersuchungen ab; das betrifft den „*corpus*", die Erzählungen des Subcomandante Marcos[2]. Angesichts von dessen ausgeprägter Fähigkeit, sich öffentlich schnell und pointiert zu äußern, sowie seiner unbestrittenen literarischen Qualitäten überrascht es, dass diese Erzählungen bisher nicht mehr Aufmerksamkeit gefunden haben. Dies verwundert um so mehr, wenn man bedenkt, wie in neueren kultursoziologischen Publikationen der Wert von Erzählungen in der Konstruktion und Repräsentation der Nationen herausgestellt wird. Dafür gibt es

---

Übersetzung aus dem Spanischen Armin Kuhn/Raimund Krämer.

1 Das indigene „Zapatistische Heer der Nationalen Befreiung" besetzte am 1.1.1994 vier Bezirkshauptstädte im Bundesstaat Chiapas, im Südosten Mexikos. Am gleichen Tag trat der Freihandelsvertrag mit Kanada und den USA (NAFTA) in Kraft. Nach heftigen Kämpfen zogen sie sich in den Lacandonischen Urwald zurück. Seit dem 12.1.1994 herrscht offiziell Waffenstillstand mit der mexikanischen Regierung. Der EZLN kämpft für demokratische Rechte, bessere Lebensbedingungen und kulturelle Selbstbestimmung der indigenen Bevölkerung in Mexiko. Dabei berufen sie sich – auch im Namen – auf den Bauernführer Emiliano Zapata in der mexikanischen Revolution (1910–1920). http://www.ezln.org.

2 Subcomandante Marcos ist der Sprecher des EZLN; er unterzeichnet teilweise die Kommuniqués des EZLN, wobei er diese dann literarisch anreichert. Subcomandante Marcos genießt heute nicht nur in Mexiko, sondern auch in der Linken Lateinamerikas, Westeuropas sowie in der globalisierungkritischen Bewegung eine hohe Popularität.

möglicherweise zwei Erklärungen: Die erste besteht darin, dass der EZLN in erster Linie eine indigene Guerilla ist, d.h. eine Bewegung von Marginalisierten, die zuerst zu den Waffen und danach zu den Buchstaben gegriffen haben. In den Worten des argentinischen Dichters Juan Gelman sei der Fall Marcos außergewöhnlich. Es handele sich um „ein seltenes Phänomen, geradezu beispiellos in der Welt: sein Ruhm als Schriftsteller rührt aus seiner Prosa, die die Kommuniqués, die er im Namen des EZLN unterschreibt, mehr als bereichert" (*La Jornada*, 21.04.1996). Eine zweite Erklärung hat weniger mit einem Fehlen an Aufmerksamkeit als mit einer bestimmten moralischen Haltung zum Thema zu tun. Für viele in Mexiko ist diese Bewegung weit „ernster als dass sie als literarisches Phänomen begriffen werden kann". Sie beruht primär auf der Armut und skandalösen Marginalisierung der Indígenas und hat nichts mit Literatur zu tun. Für Juan Villoro[3] ist es nicht akzeptabel, zumindest in seiner Rolle als mexikanischer Intellektueller, sich auf den literarischen Aspekt des EZLN zu konzentrieren. Damit werde versucht, so Villoro, sich auf Kosten einer Bevölkerung zu profilieren, die nicht einmal die ökonomischen Grundlagen zum simplen Überleben besitzt. Daher sei auch bisher keine Arbeit aus der Feder der großen mexikanischen Autoren über dieses Thema erschienen. Aber Villoro hat doch in einem Sinne Recht. Seiner Meinung nach ist es nicht sehr sinnvoll, sich heute mit den Erzählungen von Subcomandante Marcos zu beschäftigen, ohne sie mit dem Guerillakrieg in Beziehung zu setzen, mit dessen Wurzeln, Protagonisten und Zielen. Im Falle des EZLN sind Waffen und Buchstaben zwei Seiten der gleichen Medaille. Aber hier genau setzt auch unser Argument an: Es ist diese enge Beziehung, die eben eine Analyse der Erzählungen des Subcomandante Marcos so sinnvoll macht. Diese sollte mit dem nötigen Respekt vor der künstlerischen Leistung erfolgen und zugleich in den sozialen und politischen Kontext eingebettet werden. So analysiert können uns die Erzählungen erklären, wie der EZLN den politischen und ethischen Prinzipien der Guerilleros eine literarische Form gibt und es ihm damit gelingt, diese Politik einem größeren Publikum verständlich zu machen. Wir werden deshalb im Folgenden analysieren, wie die drei Ebenen, die ethnisch-lokale, die nationale und die postnationale, in den Erzählungen des Subcomandante Marcos zum Ausdruck kommen.

---

[3] Persönliches Gespräch der Autoren mit Juan Villoro am 07.05.2001. Juan Villoro, Jahrgang 1956, gilt als einer der einflussreichsten Schriftsteller und Essayisten im heutigen Mexiko. Er war Herausgeber der Kulturbeilage der Tageszeitung „La Jornada" und arbeitete als Professor an den Universitäten UNAM und Yale. Zur Zeit lebt Villoro als freier Schriftsteller in Barcelona. In deutscher Übersetzung sind erschienen: „Die Augen von San Lorenzo" , München 1996, und „Das Spiel der sieben Fehler" 1997.

Der alte Antonio und Durito

Die Erzählungen von Subcomandante Marcos finden wir oft im Anhang zu eher traditionellen politischen Kommuniqués, die über die Lage in den Konfliktzonen, die Forderungen des EZLN oder die mexikanische Politik informieren. Nach den Protagonisten, die in diesen Erzählungen auftreten, lassen sich die Erzählungen von Marcos in zwei Serien unterscheiden. Die erste handelt von einem Maya, dem alten Antonio. Die zweite Hauptfigur ist Durito, ein Käfer, der in verschiedene Identitäten schlüpft, am häufigsten in die des fahrenden Ritters Don Durito de la Lacandona. In beiden Erzählreihen zieht Marcos verschiedene literarische Register: Während die Erzählungen über den alten Antonio die indigene mündliche Kultur wiederbeleben, sind die verspielten Geschichten über Durito eher nach modernen westlichen Mustern konstruiert. Aber trotz der Unterschiede dienen beide Erzählserien dem politischen Projekt der Zapatistas – Marcos selbst sagte, er sehe die Geschichten über Durito als eine Waffe, die in das Herz der Leser zielt (Le Bot 1997: 356). Sie müssen, so Marcos, vor dem Hintergrund der Forderungen und Ziele des EZLN gelesen werden.[4] In den Erzählungen über den alten Antonio formuliert Marcos einige Maya-Mythen neu. Auf diese Weise verortet er den Kampf der Zapatistas in einem indigenen Gebiet und verknüpft ihn mit einer ethnischen Tradition. Aber in den gleichen Erzählungen wird der EZLN nachdrücklich mit dem nationalen Territorium und den Gründungsmythen der mexikanischen Geschichte verbunden. Dies verweist auf eine doppelte Identifikation der Guerilla: sowohl ethnisch als auch national. Und es zeigt auch, dass dieser Kampf mindestens zwei Territorien, zwei Geschichten und zwei Völker umfasst. Zu diesen gesellt sich dann auch noch eine dritte Dimension: die postnationale bzw. „globale“. Sie ist vor allem in den Texten in *Don Durito de la Lacandona* erkennbar. Dort werden dann die nationalen Grenzen überschreiten, ja, sie werden sogar in Frage gestellt.

1. Ethnozentrische Aspekte

Die Zapatistas wollen das Fundament für eine wahre Demokratie in Mexiko legen. Das ist eines ihrer wichtigsten politischen Ziele. Dies bedeutet in der konkreten Situation des Landes auch die Emanzipation der Indígenas. Deshalb schließt ihr politischer Kampf einen klar erkennbaren ethnischen Aspekt ein. Aber Marcos hat wie-

---

4 Die Geschichten wurden getrennt als „Relatos de el Viejo Antonio“ (1998) und „Don Durito de la Lacandona“ (1999) vom Centro de Información y Análisis de Chiapas (CIACH) in San Cristobal de las Casas, Chiapas, herausgegeben. In deutscher Übersetzung sind erschienen: Marcos, Subcomandante Insurgente, Geschichten vom alten Antonio, Verlag Libertäre Assoziation, Hamburg 1997; Marcos, Subcomandante Insurgente, Botschaften aus dem Lakandonischen Urwald. Über den Zapatistischen Aufstand in Mexiko, Edition Nautilus, Hamburg 1996.

derholt und nachdrücklich erklärt, nicht die Rasse sei von Bedeutung, sondern es sei „die Orientierung, die die Dinge bestimmt" (Durán de Huerta 1994: 44f.). Die Beharrlichkeit, mit der er das sagt, ist bezeichnend für sein Interesse, den Eindruck zu vermeiden, der Zapatismus sei eine ethnozentrische Bewegung, für die die Indígenas die besten, die einzig wahren Menschen wären. Dessen ungeachtet ist offensichtlich, dass sich die *Relatos de el Viejo Antonio* in einen ethnischen Rahmen einfügen: ihr Protagonist, Antonio, ist ein Indígena und erzählt seine mythologischen Geschichten aus einer ebenfalls ethnischen Inspiration heraus. Außerdem scheint es, wenn man diese Erzählungen genauer analysiert, dass dadurch auch ethnozentrische Komponenten integriert werden: die Indígenas werden nicht nur in Abgrenzung zu anderen, d.h. den nicht-indigenen Menschen beschrieben, sondern sie sind in diesen Erzählungen jenen auch überlegen. Das kann man z.B. gut an der Erzählung von der Erschaffung des Menschen zeigen. Sie wird von Antonio als eine Neuinterpretation der Genesis aus dem *Popol Vuh*, der mythischen Geschichte der Quiché-Maya, erzählt. In der Version von Antonio erschufen die Götter zuerst Menschen aus Gold. Aber da diese sich nicht bewegen konnten, weil sie zu schwer waren, entschieden sie sich, einen neuen Versuch zu machen, und erschufen Menschen aus Holz. Diese wurden von den Menschen aus Gold zur Arbeit gezwungen und von ihnen ausgebeutet. Um dies zu verändern, entschieden nun die Götter, einen neuen Menschen aus Mais zu erschaffen, „den guten Menschen", „die wahren Männer und Frauen, die die wahre Sprache sprachen" (Marcos 1998: 22). Auf den ersten Blick überwiegen die Übereinstimmungen mit dem Mythos des *Popol Vuh*. In der Tat beschreiben beide erstens die Schöpfung der menschlichen Gattung als komplizierten Prozess, der mehrere Versuche benötigte bevor er zu einem (erfolgreichen) Ende kam. Zweitens wird in beiden Versionen der endgültige, der gute oder „wahre Mensch" aus Mais erschaffen. Interessanter sind jedoch die Differenzen und Variationen gegenüber dem *Popol Vuh*. Die Logik der Substitution der verschiedenen Menschen im *Popol Vuh* wird zu einer Logik der Gleichzeitigkeit: der Mensch aus Holz ersetzt nicht den aus Gold, sondern wird erschaffen, um ihm Gesellschaft zu leisten. Diese Neuinterpretation erlaubt es, zwischen den ersten beiden Menschentypen eine Beziehung der Feindschaft zu konstruieren. Die von Antonio erzählte Variante muss vor dem Hintergrund dieser Konfliktbeziehung gelesen werden. Im *Popol Vuh* wurde der Vorgänger des Menschen aus Holz aus Schlamm erschaffen. Indem er diesen gegen eine Figur aus Gold austauscht, ersetzt Marcos die Abfolge von zwei eher wertlosen Materialien durch einen Gegensatz zwischen einem kostbaren Mineral mit leuchtender Farbe und einem gebräuchlicheren und dunkleren Material. Das Gold verweist auf die nicht-indigenen Reichen; das Holz steht für die indigenen Armen. Aus dieser Beziehung zwischen dem Menschen aus Holz, der arbeiten muss, und dem aus Gold, der zu arbeiten befiehlt, resultiert die Vernichtung beider. Ihr folgt die Schöpfung des Menschen aus Mais, der den Konflikt überwindet.

Mit dem bekannten Maya-Mythos entwickelt Marcos eine Allegorie der Gegenwart, zur sozioökonomischen Kluft, die Indígenas von den Nicht-Indígenas trennt. Die antagonistische Beziehung zwischen den beiden Menschenarten sowie ihre Darstellung in den Begriffen „gut“ und „böse“ bilden jeweils ethnozentrische Bestandteile der Erzählung. Sie vereinen in sich Merkmale, die seit langem als Stereotypen des „guten Indio“ gegenüber seinem Ausbeuter erkennbar sind. Die Erzählungen des alten Antonio stehen ganz offensichtlich in Widerspruch zu der Behauptung von Marcos, dass die Rasse nicht zähle. Sie zeigen, dass der Diskurs des EZLN auf einem dichotomischen Schema basiert, das einen Gegensatz zwischen Indígenas und Nicht-Indígenas formuliert. Indem sie eine feste Beziehung zwischen Ethnie und Moral etablieren, transportieren die *Relatos de el Viejo Antonio* einen Ethnozentrismus, der einen in der mexikanischen Gesellschaft praktizierten Rassismus widerspiegelt, unter dem die Indígenas selbst leiden. Somit geht dieses sich gegenseitig Ausschließende und Exklusive (unbewusst) in ihr eigenes Gesellschaftsmodell ein.

2. ¡Viva México!

Das Handlungsmodell, auf dem die zapatistischen Erzählungen basieren, ist nicht eindeutig; es transformiert sich fortwährend. So verschwindet oft der Gegensatz zwischen Indígenas und Nicht-Indígenas, indem sich die Widersprüche in einer einzigen Figur vereinen: dem „wahren Mexikaner“, der einer Regierung gegenüber steht, die das Vaterland, die *Patria*, verkauft. In den Geschichten von Marcos, die Mexiko als Ganzes betreffen, erscheinen in der Tat die zapatistischen Indígenas als letzte Zuflucht der nationalen Souveränität und so sind diese Geschichten von nationalen Bezügen und Vaterlandsliebe durchzogen. Unmittelbar und direkt, aber auch vermittelt und versteckt, verbindet Marcos den Kampf des EZLN mit dem Nationalen. Von Beginn an wurde der nationale Bezugsrahmen, d.h. Mexiko, auf den Adressaten des zapatistischen Kampfes projiziert: „An das Volk Mexikos: mexikanische Brüder“ ist dann auch der Untertitel der ersten Deklaration des EZLN. Die Termini „Mexiko/mexikanisch“ kehren immer wieder. Angesichts der späteren Internationalisierung des zapatistischen Kampfes ist es bemerkenswert, dass dieses erste Kommuniqué nicht an die internationale Solidarität appelliert, sondern mittels dieser Wiederholung die Ziele des EZLN an das mexikanische Territorium bindet. Die Syntax des Untertitels – genauer: die Nähe der Begriffe „Brüder“ und „Volk“ – suggeriert, beide seien wie Synonyme zu lesen. Dies wird mit der Anrede „Brüder“ gesteigert; es will eine Verwandtschaftsbeziehung zwischen dem Absender und Adressaten schaffen bzw. unterstellen. Indem sich die Zapatistas an ihre „Brüder“ wenden, stellen sie ein familiäres Band zwischen sich und den anderen Mexikanern her, ein Band des Blutes, das auf dem Adjektiv „mexikanisch“, d.h. ihrer gemeinsamen Zugehörigkeit zu Mexiko, beruht. Die Anrede „Brüder“ – die ja auch mit der Art und Weise des Miteinanders unter den Indígenas korrespondiert (de la Cruz 1993:

248) – ist eine Einladung an das mexikanische Volk, die Zapatistas zu unterstützen, da ja eben diese Zapatistas Mexikaner dem Blut nach sind. So wird die Grundlage für einen ausgeprägt nationalistischen Diskurs gelegt.

Eine andere Art, den Kampf der Zapatistas mit Mexiko zu verbinden, ist die Ortsnennung bei den einzelnen Deklarationen, Kommuniqués und Briefen.[5] Die Deklarationen des EZLN werden nummeriert; bis heute sind sieben veröffentlicht. Die ersten fünf sind mit „Deklaration aus dem lakandonischen Wald“ überschrieben. Die beiden letzten kamen aus „La Realidad“, einem Dorf im lakandonischen Urwald, in dem zwei internationale Treffen gegen den Neoliberalismus organisiert wurden. Auch in den weiteren Dokumenten wird stets ein geographischer Raum angegeben, aus dem es abgeschickt wird, so z.B. „die Berge des mexikanischen Südostens“. Die Bezugnahme auf die beiden Landschaftstypen Wald/tropischer Urwald und Berge/Hochebene verbindet den zapatistischen Kampf gedanklich mit bestimmten Landschaften sowohl im Bundesstaat Chiapas im Süden als auch in Mexiko insgesamt. Auf diese Weise erreichen sie – zumindest symbolisch – eine räumliche Ausweitung des Operationsgebietes des EZLN. Die Absicht der Regierung, die Guerilla mit einem begrenzten Gebiet des Landes zu verbinden, soll damit durchkreuzt werden.[6] Bedeutsam ist auch, dass sich keine der räumlichen Angaben direkt auf Chiapas bezieht und dass Marcos seine Kommuniqués „aus dem mexikanischen Südosten“ verschickt. Mittels des Adjektivs „mexikanisch“ wird der Wille deutlich, die Verbindung der zapatistischen Bewegung mit dem nationalen Territorium zu verstärken und die Behauptungen über den vermeintlich lokalen oder exklusiv ethnischen Charakter des EZLN zu entkräften.

Ein weiterer Hinweis auf den nationalen Rahmen des Kampfes findet sich in der Art der verwendeten Sprache. In den Erzählungen von Marcos sind Mexikanismen reichlich vorhanden. Typisch mexikanische Wörter und Ausdrücke, die einem mexikanischen Leser vielleicht nicht sonderlich auffallen, sind von großer Bedeutung, da sie die Identifikation des mexikanischen Lesers mit dem zapatistischen Diskurs erleichtern. Mexikanische Wortspiele, wie das folgende über Fidel Velázquez[7], verstärken noch diesen Effekt. Durito fragt Marcos: „Glaubst Du, dass Fidel Velázquez ein Pferd hätte?“ Darauf antwortet der Subcomandante: „Also, er ist Rinderhirt [*charro*] ... daher ist es sehr wahrscheinlich, dass er ein Pferd hätte“.[8]

---

[5] Neben den sieben Deklarationen, die grundsätzlichen Charakter haben, werden Kommuniqués und Briefe (cartas) zu tagespolitischen Fragen veröffentlicht

[6] Dies kann als Replik auf den offiziellen Diskurs gelesen werden, der nicht aufhörte zu betonen, dass die Zapatisten isoliert sind und nur geringe Unterstützung erhalten.

[7] Mexikanischer Gewerkschaftsführer; 1941 zum ersten Mal gewählt, war er bis zu seinem Tod 1997 mit einer kurzen Unterbrechung für mehr als 50 Jahre Generalsekretär der offiziellen Gewerkschaft CTM.

[8] Im Mexikanischen bedeutet das Wort „charro“ sowohl Rinderhirte als auch korrupter Gewerkschaftsführer.

Aber der Rahmen nationaler Anspielungen zeigt sich auch in dem, was nicht gesagt wird. Eine der Lücken, die auffällt: Marcos thematisiert weder die prähispanische Kultur noch geht er auf die Ziele der Pan-Maya-Bewegung ein. Damit wird zwar auch eine Verbindungen zu den nicht von den Mayas geprägten Gebiet Mexikos angestrebt, zugleich schwächt dies ihr Band mit den Maya-dominierten Regionen außerhalb von Mexiko, wie z.B. in Guatemala.[9]

Der nationale Bezugsrahmen dient auch dazu, die große Verehrung der Zapatistas für das Vaterland herauszustellen. In den *Relatos de el Viejo Antonio* illustriert dies eine Episode. Antonio erzählt Marcos darin, wie sein Sohn von einer Versammlung zurückkehrt, in der seine Gemeinde für einen Krieg gestimmt hat. Er beschreibt dies so: „es setzt sich der Gedanken durch, dass der Krieg bereits begonnen hat, da Mexiko bereits an die Fremden verkauft ist und sich der Hunger vermehrt; aber was nicht eintritt ist, dass wir keine Mexikaner mehr wären". Marcos suggeriert als Gründe für die Rebellion der Indígenas Hunger und Verlust nationaler Souveränität. Aber er stellt auch klar, dass die nationale Souveränität gegenüber dem Wohlergehen der Indígenas überwiegt. Dies bedeutet auch, dass sie ihr eigenes Glück als marginalisierte Bevölkerungsgruppe von der nationalen Souveränität abhängig machen. Mit anderen Worten: ihr konkretes Überleben hängt von einem abstrakten nationalistischen Ideal ab. Diese Vaterlandsliebe zeigt den nationalistischen Aspekt des zapatistischen Kampfes sehr klar. Aber damit wird nicht erklärt, welchen Typ von Nationalismus Marcos vertritt. Nach seinem Handlungsschema, wie wir es in der Neubeschreibung des *Popol Vuh* vorfinden, liegt der Schluss nahe, dieser Nationalismus sei ein ethnischer: Die Indígenas seien die „wahren Mexikaner" und die anderen Bürger müssten sich von ihnen, von ihrer ethischen Einstellung und ihrer Kultur leiten lassen. Aber solche Elemente in den Erzählungen, die auf einen ethnischen Nationalismus abzielen, gehen mit anderen zusammen, die sich eher an einem multikulturellen Nationalismus orientieren, in dem die verschiedenen Ethnien nicht nur einen geregelten juristischen Status im Staat, sondern auch den gleichen Wert besitzen. Antonio schließt eine Geschichte mit dem Gedanken, „die Welt wird fröhlich sein, wenn alle Farben und alle Gedanken ihren Ort haben" (Marcos 1998: 49) und fügt hinzu, dass die Menschen aus Mais keine klar definierte Farbe haben: „Ich fragte den alten Antonio, welche Farbe die Haut der Menschen aus Mais hätten und er zeigte mir verschiedene Maissorten, alle von verschiedener Farbe, und er sagte zu mir, sie hätten alle Hautfarben, aber niemand wisse dies genau, da die Menschen aus Mais, die wahren Männer und Frauen, kein Gesicht hätten" (ebd.: 22). Diese Sätze können als metaphorischer Ausdruck eines multikulturellen Kampfes der Guerilleros gelesen werden, der für eine Verfassung geführt wird, die die Indígenas als ethnische Gruppe anerkennt. Innerhalb Mexikos sollen sich Gebiete herausbilden, in denen die ursprünglichen Bewohner relative Autonomie genießen und mit anderen ethnischen Gruppen friedlich zusammenleben.

---

[9] Es existiert eine Pan-Maya-Bewegung, die in Teilen Zentralamerikas und Südmexikos auftaucht, ohne nationale Grenzen zu beachten (Ronfeldt u.a. 1998).

3. Spuren einer postnationalen Einstellung

Während Marcos in den Geschichten Antonios lokal verwurzelte Mythen nacherzählt, besitzen die Erzählungen über Durito eher eine kosmopolitische Dimension. Zwar bleibt das nationalistische Leitmotiv erhalten, aber es wird mit einer Ironie und einem Humor gespielt, die aus den Erzählungen über Antonio kaum herauszuhören sind (Vanden Berghe 2002). Die Geschichten über Durito enthalten auch Passagen, die dem zapatistischen Diskurs eine unerwartete Wendung geben, da sie das Konzept der Nation delegitimieren, indem sie ihm alle positiven Inhalte nehmen. So erzählt Durito: „Die Unterschiede zwischen den Ländern dienen nur dazu, das Verbrechen des Schmuggels zu definieren und den Kriegen einen Sinn zu verleihen. Es ist klar, dass zumindest zwei Dinge existieren, die über den Grenzen stehen: das eine ist die Kriminalität, die, als Modernität verkleidet, das Elend im internationalen Maßstab verbreitet; das andere ist die Hoffnung, die Scham existierte nur, wenn jemand sich in einem Tanzschritt irrt und nicht jedes Mal, wenn wir uns im Spiegel sehen (...) für den Kampf ist die Nationalität nur ein Unfall, allein von den Umständen abhängig“ (Kommuniqué vom 7. August 1998). Solche postnationalistischen Positionen sind nicht häufig und erscheinen dann sogar etwas fremdartig. Aber deshalb verlieren sie nicht an Bedeutung. Sie widersprechen ganz offensichtlich dem nationalistischen Unterton anderer Passagen in den Geschichten über Durito, den wir auch in den Erzählungen über den alten Antonio explizit finden. Während dort das Konzept der Nation grundsätzlich positiv interpretiert wird und es einen essentiellen Teil der Identität darstellt, die dem Leben der Bewohner einen Sinn gibt, transportieren die abweichenden Passagen von Durito eher eine negative Bewertung der Nation. Die Teilung der Welt in Nationen diene dazu, Kriege zu legitimieren und Wörtern wie Schmuggel einen Sinn zu verleihen. Tatsächlich zeigt der hier zitierte Kommentar von Durito, dass der Diskurs von Marcos mit dem der Regierung ein – beharrlich von den Zapatistas kritisiertes – Charakteristikum teilt. In der Tat fällt Durito, genau wie die Regierung, von der Nationalität als Identitätsbeginn ab. Letztlich formulieren die Zapatistas die Beziehung zwischen ihnen und der Regierung als Antithese zwischen einer nationalistischen Bewegung und einer Macht, die die Nation nicht mehr respektiert. Aber basierend auf dem Kommentar von Durito müsste diese Beziehung umformuliert werden, als gegensätzliche, aber doch symmetrische Beziehung zwischen zwei postnationalen Akteuren: der eine als Befürworter globaler neoliberaler Formationen, wie die NAFTA, und der andere als Teil einer globalen antineoliberalen Bewegung.

Eine Erklärung für diese „Abweichungen“ gibt die Analyse des Kontextes, in dem sie stehen. Sie zeigt, dass diese „Abweichungen“ meistens in Textpassagen auftauchen, die nicht explizit von Mexiko handeln. Zugleich sind sie meist in Texten, die für bestimmte internationale Treffen bestimmt sind, so z.B. die oben zitierte Textstelle, die einem Brief Duritos an die „Vereinten Komitees der Solidarität mit

Chiapas" in Italien entnommen ist. Diese spezifische Verteilung erlaubt den Schluss, die postnationalen Deklarationen sollten eher als Wunsch von Subcomandante Marcos interpretiert werden, sich damit einem bestimmten Publikum zu nähern, d.h. vor allem für Intellektuelle, die dazu tendieren, Nationalismus mit Ethnozentrismus, Rassismus und Bürgerkrieg zu verbinden. Da Marcos aber Nationalismus und Antinationalismus entsprechend mit der Situation Mexikos und mit einem undefinierten Territorium verbindet, sitzt er zwischen zwei Stühlen: dem des traditionellen Nationalismus und dem des intellektuellen Postnationalismus. Aber eben diese Koexistenz, dieses Miteinander verschiedener Elemente verleiht dem zapatistischen Diskurs seine Stärke und erklärt die Sympathie, die Marcos in verschiedensten Kreisen gewonnen hat: von ethnischen Bewegungen anderer Länder über Mexikaner, die in der Tradition des revolutionären Nationalismus stehen, bis hin zu den globalisierungskritischen Aktivisten in der westlichen Welt, für die Subcomandante Marcos heute eine Ikone ist.

Bibliographie

Baschet, Jérôme 2001, Chiapas y la escritura de la historia, unter: http://www.h-debate.com/spanish/historia/inmediata/chiapas/baschet.htm, 6. November 2002.

Cruz, Víctor de la 1993, Brothers or Citizens: Two Languages, Two Political Projects in the Isthmus, in: Campbell, Howard et al. (Eds.), Zapotec Struggels. Histories, Politics and Representations from Juchitán, Oaxaca, Washington D.C./ London: Smithsonian Institution Press, 241-248.

Durán de Huerta, Marta 1994, Yo, Marcos, Mexiko D.F.: Ediciones del Milenio.

EZLN, Documentos y comunicados 1, Mexiko D.F.: Era.

Gelman, Juan 1996, Nada que ver con las armas, in: La Jornada, 21.04.1996.

Le Bot, Yvon 1997, Subcomandante Marcos. El sueño zapatista, Barcelona: Plaza & Janés.

Lomnitz, Claudio 1999, Modernidad indiana. Nueve ensayos sobre nación y mediación en México, Mexiko D.F.: Planeta.

Ronfeldt, David; Arquilla, John; Fuller, Graham E.; Fuller, Melissa 1998, The Zapatista Social Netwar in Mexico, Santa Monica: Rand.

Subcomandante Insurgente Marcos 1998, Relatos de el Viejo Antonio, Chiapas: CIACH.

Ders. 1999, Don Durito de la Lacandona, Chiapas: CIACH.

Ders. 2000, Detrás de nosotros estamos ustedes. Mexiko-Stadt: Plaza y Janés.

Vanden Berghe, Kristine 2001, La marca de Marcos. ¿Pueden hablar los indígenas mexicanos?, in: Cuadernos Americanos, Nr. 87, 158-173.

Dies. 2002, Revolución, nación y narración en los cuentos del subcomandante Marcos, in: Foro Hispánico, Nr. 22, 155-167.

Cornelius Friesendorf

Drogen, Krieg und Drogenkrieg

Die USA und Kolumbien im aussichtslosen Kampf?[1]

Im März 2005 hat das *Office of National Drug Control Policy* des Weißen Hauses so unauffällig wie möglich Zahlen zur Entwicklung des illegalen Drogenmarktes in den Andenstaaten vorgelegt. Mit Spannung hatten Beobachter vor allem die Daten für Kolumbien erwartet, wo die USA seit dem Jahr 2000 ein milliardenteures Anti-Drogenprogramm implementieren. Die neuen Zahlen bestätigten die Ansicht von Kritikern, dass US-Militärhilfe, das Besprühen von Koka- und Mohnplantagen mit Pestiziden und der Einsatz von Spezialeinheiten ungeeignet zur Reduzierung des Drogenangebotes sind: Im Jahr 2004 wurden in Kolumbien 114.000 Hektar[2] Land für den Anbau von Koka genutzt, was eine leichte Steigerung gegenüber dem Vorjahr ist (Office of National Drug Control Policy 2005). Zwar hob der Bericht hervor, dass die Entwicklungen in Südamerika positiv seien. So bedeute die große Zahl neuer, noch unproduktiver Koka-Sträucher einen Rückgang der Produktion von reinem Kokain im Vergleich zum Vorjahr. Diese Argumentation ist aber unter anderem deshalb fragwürdig, weil die Produktivität von kolumbianischem Koka in den vergangenen Jahren stark gestiegen ist (also die Menge an Blättern, die für die Produktion von Kokain benötigt wird, verringert wurde). Der öffentlich bekundete Optimismus der US-Drogenpolitiker kann nichts daran ändern, dass die US-Drogenpolitik in Kolumbien gescheitert ist. Dies unterstreicht auch eine Untersuchung des *Washington Office on Latin America*, wonach das US-Engagement in Kolumbien keinen Einfluss auf den US-Drogenmarkt gehabt hat. Trotz jahrzehntelanger Bemühungen, die in den vergangenen Jahren in einer historisch beispiellosen Eskalation des US-amerikanischen *war on drugs* gipfelten, ist Kokain innerhalb der Vereinigten Staaten relativ billig, hat einen hohen Reinheitsgrad und ist weithin verfügbar (Walsh 2004: 4f.).

---

* Dr. des. Cornelius Friesendorf, geb. 1973, ETH Zürich und Geneva School of Diplomacy & International Relations, E-Mail: c.friesendorf@isn.ch

1 Dieser Artikel ist die gekürzte Version eines am 22. Juni 2005 gehaltenen Vortrages an der ETH Zürich. Ich danke Adam Isacson, Winifred Tate und Coletta Youngers für ihre Kommentare, Bertrand Lefebvre für die Karte im Anhang und Adam Isacson für die Grafik. Ebenfalls danke ich Peter Andreas, Tom Biersteker und James Der Derian vom Watson Institute for International Studies, Brown University, wo dieser Aufsatz entstanden ist.

2 1 Hektar (ha) = 10.000m^2

Dieser Aufsatz hat das Ziel zu erklären, warum die US-Drogenpolitik in Kolumbien ineffektiv ist, und zu zeigen, dass diese Politik negative politische, humanitäre und ökologische Folgen für Kolumbien und Südamerika hat. Der erste Teil beschreibt *Plan Colombia*, die *Andean Regional Initiative* und die Auswirkungen dieser Programme. Darauf folgt eine Erläuterung einiger Gründe, die zu deren Ineffektivität führen. Die US-Regierung, trotz ihres umfangreichen Engagements, vermindert die Chancen auf eine Reduzierung des Drogenangebotes, weil sie Gewalt geografisch selektiv einsetzt, auf Repression anstatt auf positive Anreize setzt und bilaterale Strategien dem Multilateralismus vorzieht. In Kolumbien tragen starke nicht-staatliche Akteure, ein delegitimierter Staat und eine wenig integrierte Gesellschaft zur Ineffektivität der US-Drogenpolitik bei. Der Aufsatz schließt mit Vorschlägen für eine bessere Politik.

Plan Colombia

In der zweiten Hälfte der 1990er Jahre änderte die Regierung Clinton ihre Politik gegenüber Kolumbien (Crandall 2002). 1996 und 1997 hatten die USA Wirtschaftssanktionen über das Land verhängt, weil sie den damaligen Präsidenten Ernesto Samper der Korruption beschuldigten. Neben schlechten diplomatischen Beziehungen war auch die Militärkooperation zwischen beiden Ländern gering. Der Hauptempfänger US-amerikanischer Hilfe war die Kolumbianische Nationalpolizei. Gegen Ende des Jahrzehnts mehrten sich in den USA jedoch die Stimmen für eine Verbesserung der diplomatischen Beziehungen und mehr US-Militärhilfe. Die beiden wichtigsten Guerillagruppen, die Revolutionären Streitkräfte Kolumbiens (*Fuerzas Armadas Revolucionarios de Colombia,* FARC) und die Nationale Befreitungsarmee (*Ejército de Liberación Nacional,* ELN) kontrollierten immer mehr Gebiet, erhoben ‚Steuern' auf Kokafelder, entführten und töteten US-Staatsbürger und sabotierten Ölanlagen, die US-Unternehmen gehören (Bagley 2001). Die Rebellen kämpften nicht nur gegen den kolumbianischen Staat, sondern auch erbittert gegen immer stärkere Paramilitärs. Diese hatten sich unter der Dachorganisation „Vereinigte Selbstverteidigungsgruppen" (*Autodefensas Unidas de Colombia,* AUC) organisiert, waren noch tiefer als die FARC in den Drogenhandel verstrickt und kooperierten mit Teilen des kolumbianischen Militärs (Bagley 2001). Zahllose Massaker, eine Rekordzahl von Binnenflüchtlingen und die Flucht vieler Kolumbianer aus dem Land waren die Folgen der Konflikteskalation für die Zivilbevölkerung. Bei einer Gesamtbevölkerung von 40 Mio. verließen zwischen 1996 und 2001 wegen der Gewalt und auch wegen zunehmender Armut über eine Million Kolumbianer ihre Heimat (Carpenter 2003: 61). Viele von ihnen gingen in die USA.

1999 erhielt Kolumbien 289 Mio. US-Dollar Hilfe und wurde damit nach Israel und Ägypten zum drittgrößten US-Hilfsempfänger. Die Gründe dafür waren der erhöhte Migrationsdruck, die immer stärkeren Rebellen, mehr Koka- und auch Schlafmohnanbau, größere Kokain- und Heroinlieferungen von Kolumbien in die USA, Druck von der US-Rüstungslobby, die sich Geschäfte erhoffte, und von der Öllobby, die um ihre Investitionen fürchtete, die Gefahr einer regionalen Destabilisierung durch den kolumbianischen Konflikt sowie die Ablösung von Samper durch Andrés Pastrana Mitte 1998. Der politische Kurswechsel führte auch zu engerer militärischer Zusammenarbeit. Um Kritiker in den USA zu beschwichtigen, die ein neues Vietnam und/oder einen Beitrag zur Verschlimmerung der Menschenrechtslage fürchteten, betonte die Clinton-Administration, dass die US-Strategie Drogen- und nicht Guerillabekämpfung beabsichtigen und dass Militärhilfe an strenge Auflagen zur Beachtung der Menschenrechte geknüpft sei.

Diese Argumentation war unlogisch, weil sich das kolumbianische Militär nur bedingt kontrollieren ließ (und lässt). Auch waren Drogen- und Aufstandsbekämpfung in der Praxis nicht zu trennen: Die FARC kontrollierte wichtige Koka-Anbauregionen, was bedeutete, dass Operationen gegen Kokafelder und Kokainlabore die USA unweigerlich in Konflikt mit den Rebellen bringen würden. Die Argumentation erlaubte Clinton jedoch eine historisch bis dahin einmalige Eskalation der seit rund 100 Jahren andauernden internationalen Drogenpolitik der USA. Am 13. Juli 2000 unterzeichnete er ein Gesetz zum *Plan Colombia*. Der Plan war im September 1999 vom kolumbianischen Präsidenten Pastrana lanciert worden und sah Ausgaben von insgesamt 7,5 Mrd. Dollar innerhalb von sechs Jahren vor. Die USA verpflichteten sich, 1,3 Mrd. Dollar zwischen 2000 und 2001 zu zahlen, um die ehrgeizigen Ziele des Plans zu verwirklichen: eine Reduzierung des Drogenangebotes um 50%, eine Verbesserung der Wirtschaft und der Schutz der Bevölkerung vor Gewalt.

Frieden zwischen der Regierung und den bewaffneten Gruppen war auch eines der Ziele des Plans, aber im Gegensatz zu einer früheren Version von *Plan Colombia*, die nicht die Zustimmung Washingtons gefunden hatte, wurde nun die Reduzierung des Drogenangebotes als Voraussetzung für die Lösung des bewaffneten Konfliktes dargestellt. 75% der Mittel, die die USA im Rahmen des Plans für Kolumbien bereitstellten, waren daher für das Militär vorgesehen (Ramírez/Stanton/Walsh 2005: 107-108). Den Friedensprozess zwischen Regierung und bewaffneten Gruppen, der 1998 zur Etablierung einer Zone in der Größe der Schweiz geführt hatte (*zona de despeje*), die de facto der Kontrolle der FARC überlassen wurde, unterstützten die USA mit nur drei Millionen Dollar (Crandall 2002: 164f.). Eine Konsequenz der militärischen Ausrichtung des Plans war, dass sich die Europäische Union mit weit weniger Mitteln als von Kolumbien und den USA ursprünglich erhofft an der Ausführung beteiligte.

Das wichtigste Element der US-Strategie waren hochmobile Elite-Truppen der kolumbianischen Streitkräfte, die vom Pentagon ausgebildet und unter anderem mit Black Hawk- und Huey-Helikoptern ausgestattet waren und die in der ersten Phase von *Plan Colombia* in die südlichen Provinzen Putumayo und Caquetá vorstoßen sollten. Dort wuchs das meiste Koka und dort war auch die

FARC stark präsent (siehe Karte). Im Dezember 2000 begann der Vorstoß nach Putumayo, der durch massive Sprühaktionen auf Kokafelder aus der Luft begleitet wurde. Die von vielen US-Politikern nun als *narcoguerilla* bezeichnete FARC zog sich in die *zona de despeje* und andere Landesteile zurück, ebenso wie Zehntausende Bauern, die entweder in die Elendsviertel der Städte oder in andere ländliche Gebiete zogen, wo viele den Kokaanbau fortsetzen (Marsh 2004: 28). Kolumbien hatte nun über zwei Millionen Binnenflüchtlinge (Washington Office on Latin America 2002: 1). Darüber hinaus verübten Paramilitärs weitere Massaker und die FARC nutzte ihre Zone zum Kokaanbau, zur Aufrüstung und zum Festhalten von Entführungsopfern. Das kolumbianische Militär nutzte unter dem Vorwand der Drogenbekämpfung die Gelegenheit, die Rebellen weiter zurückzudrängen, geriet bei Luftoperationen aber immer öfter unter Beschuss. Im Frühling 2001 töteten Mitglieder der US-unterstützten Drogenbattalione zum ersten Mal Rebellen bei einer Aktion gegen den Drogenanbau (Evans 2001). Koka- und Mohnfelder wurden in immer entlegeneren Gebieten und höheren Lagen gesichtet, Felder wurden kleiner und damit schwerer zu entdecken und Bauern und Händler entwickelten neue Methoden, Koka im Schatten anzubauen sowie den Alkaloidgehalt von Blättern und damit die Kokainproduktion zu erhöhen. Zwischen 2000 und 2004 stieg die Produktivität von Kokapflanzen beträchtlich an (Transnational Institute 2003: 3f.; Isacson 2005).

Die katastrophale Situation in Kolumbien und die Ineffektivität der US-Politik zeigten sich am klarsten an der zunehmenden Kokaproduktion. Trotz Militäroperationen und der Besprühung illegaler Pflanzungen mit Chemikalien, die zu Gesundheitsproblemen bei der betroffenen Bevölkerung und der Vergiftung von Boden und Grundwasser führte sowie Entwicklungshilfeprojekte in Mitleidenschaft zog, stieg der Kokaanbau 2001 im Vergleich zum Vorjahr um 25% auf 169.800 Hektar (siehe Grafik im Anhang). Auch Nachbarländer waren von dem Konflikt betroffen: In Peru unterstützten Drogenhändler Bauern in entlegenen Gebieten durch Kredite und technische Hilfe beim Anbau von Schlafmohn[3], Ecuador war mit dem Grenzübertritt bewaffneter Gruppen und Tausender kolumbianischer Flüchtlinge konfrontiert und in mehreren Staaten wurde erstmalig Koka angebaut und der Drogenhandel nahm zu.

Die Andean Regional Initiative

Die Politik der Regierung von George W. Bush gegenüber Kolumbien war eine Mischung aus Kontinuität und Eskalation. Seit 2002 implementierte Washington die *Andean Regional Initiative*, das Nachfolgeprogramm von *Plan Colombia*,

---

[3] Interview des Autors mit dem Direktor der *Narcotics Affairs Section* der US-Botschaft in Lima, Peru, am 28. August 2003.

durch Zahlungen von jährlich zwischen 500 und 700 Mio. Dollar (Isacon 2005: 46). Zwar stiegen die Zuwendungen an Kolumbiens Nachbarstaaten leicht an, um eine Ausweitung des Konfliktes in Nachbarländer zu verhindern, wie auch Investitionen in alternative Entwicklung und andere nicht-repressive Programme. Grundsätzlich blieb die US-Politik aber repressiv und eskalierte sogar. Nach dem 11. September 2001 genehmigte die Regierung Bush die Verwendung von US-Antidrogenhilfe für Operationen gegen Rebellen als Teil ihres weltweiten *war on terror* und vermischte damit die Bekämpfung von Drogen, Terrorismus und Rebellion (Carpenter 2003: 63f.). Rebellen waren von nun an nicht mehr nur *narcoguerilla*, sondern *narcoterrorists*.

Im Februar 2002 rückte das kolumbianische Militär in die FARC-Zone ein und beendete damit einen Frieden, der nie einer gewesen war. Im gleichen Jahr gewann Alvaro Uribe die kolumbianischen Präsidentschaftswahlen mit dem Versprechen, Recht und Gesetz durchzusetzen. In enger Kooperation mit den USA radikalisierte Uribe die Sprühaktionen, trieb die manuelle Zerstörung illegaler Pflanzungen voran und lieferte des Drogenhandels Angeklagte an die USA aus. Schon bald veröffentlichten die beiden Regierungen die ersten Erfolgsmeldungen wie die Präsenz von Sicherheitskräften in zuvor gesetzlosen Landesteilen, die Zurückdrängung der FARC, die Demobilisierung paramilitärischer Einheiten und weniger Morde und Entführungen. Der größte Erfolg war die Reduzierung der Kokaproduktion, von der Rekordernte im Jahr 2001 (169.800 Hektar) auf 144.400 Hektar (2002) und 113.850 Hektar (2003). Diese Veränderungen gingen einher mit einem Aufstocken des US-Personals in Kolumbien (viele Beteiligte arbeiteten nicht direkt für die US-Regierung, sondern für private Sicherheitsfirmen), zunehmendem Einfluss des *United States Southern Command* (das für Lateinamerika zuständige Kommando der US-Streitkräfte) bei der Politikgestaltung und intensivierten US-Trainingsprogrammen für lateinamerikanische Sicherheitskräfte (Latin American Working Group Education Fund/Center for International Policy/Washington Office on Latin America 2004).

Viele Erfolge waren allerdings Scheinerfolge. Die FARC zog sich in den Dschungel zurück, um bessere Zeiten abzuwarten, und Paramilitärs gewannen an politischem Einfluss (Gespräch des Autors mit Winifred Tate, Brown University, 29. Mai 2005). Und obwohl zwischen 2000 und 2003 rund 380.000 Hektar Land, rund acht Prozent (!) des landwirtschaftlich nutzbaren Bodens, in Kolumbien chemisch besprüht wurden (Ramírez/Stanton/Walsh 2005: 112), war 2004 die Kokaproduktion mit 114.000 Hektar leicht über dem Stand von 2003 (siehe Grafik). Weit bedenklicher, da schwieriger zu bekämpfen, war, dass Koka nun auf kleineren Plantagen in den meisten Landesteilen zu finden war und nicht mehr, wie vor dem *Plan Colombia*, an einigen Orten konzentriert wuchs. Während in den Jahren 2002 und 2003 in Putumayo und Caquetá der Anbau zurückging, stieg der Anbau vor allem in den Provinzen Guaviare, Norte de Santander, Nariño und Meta an.

Erstellt von LEFEBVRE Bertrand, Universität Rouen, 2005
Informationsquelle : US Government, Perry Castañeda Library, University of Texas
http://www.lib.utexas.edu/maps/

Ein Blick auf einen längeren Zeitraum verdeutlicht die Dynamik der Drogenindustrie in Kolumbien. Während 1999 Koka in zwölf von insgesamt 32 kolumbianischen Provinzen angebaut worden war, wuchs Koka Ende Dezember 2003 in 23 Provinzen (Vargas 2004). Der Fall von Guaviare ist besonders illustrativ für die Kurzsichtigkeit der US-Drogenpolitik in den Andenstaaten: massive Sprühaktionen in den 1990er Jahren hatten zu einer Reduktion in dieser Provinz geführt.

Natürlich waren die Sprühaktionen und die manuelle Zerstörung von Pflanzen nicht die einzigen Gründe für Migration und die Verlagerung der Drogenwirtschaft. Kämpfe zwischen Rebellen, Paramilitärs und der Regierung spielten auch eine Rolle in dieser hochkomplexen Konfliktkonstellation. Die von den USA vorangetriebenen Anti-Drogenaktionen sind aber ein wichtiger Erklärungsfaktor, wie die Vereinten Nationen in mehreren Berichten bestätigten (siehe United Nations Office on Drugs and Crime 2004: 27). Die geografische Verlagerung der Drogenwirtschaft ist problematisch für die betroffenen Staaten, da Gewalt, Korruption, Umweltzerstörung und Gesundheitsprobleme mit der Drogenwirtschaft wandern (Friesendorf 2005: 15). Für die USA ist die Verlagerung ebenfalls problematisch, weil sie einer Verknappung des Drogenangebotes entgegenwirkt und damit ein wichtiger Grund für die Ineffektivität der internationalen US-Drogenpolitik ist, die sich in niedrigen US-Drogenpreisen, hohen Reinheitsgraden und der allgemeinen Verfügbarkeit von Drogen zeigt. Doch wie kann die Verlagerung der Drogenwirtschaft erklärt werden, und welche weiteren Faktoren führen dazu, dass die US-Politik in Kolumbien aus Sicht des US-Steuerzahlers ineffektiv und aus Sicht vieler Kolumbianer schädlich ist?

Die Selektivität der US-Politik

Einer der Hauptgründe für die Verlagerung von Koka- und Mohnanbau, Kokain- und Heroinlabors und Drogenschmuggelrouten ist die selektive US-Politik. In Kolumbien zeigte sich diese Selektivität in den vergangenen Jahren auf mehrfache Weise:

Erstens war der *push into Southern Colombia* in den Jahren 2000 und 2001 deshalb strategisch unklug, weil zwar große Kokaplantagen zerstört wurden (Mehrfachbesprühungen machten Versuche von Bauern, nachzupflanzen, oft zunichte), die kolumbianischen Sicherheitskräfte aber zu schwach waren, um die Verlagerung der Drogenwirtschaft in andere Landesteile zu verhindern. Planer hätten diese Entwicklung somit voraussehen können. *Plan Colombia* war aber von vornherein so angelegt, dass Sicherheitskräfte in zeitlichen Etappen in verschiedene Regionen vorstoßen sollten. Darüber hinaus, und damit zusammenhängend, wussten US-Planer schon im Jahr 2000, dass für die Umsetzung des *Plan Colombia* wichtiges Material wie Kampfhubschrauber frühestens 2002 geliefert und einsatzbereit sein würde (General Accounting Office 2000: 19).

Kurzfristige Erfolge waren jedoch wichtiger als eine nachhaltige Politik. Erst 2004 und 2005 konnten kolumbianische und US-Sicherheitskräfte in den meisten Landesteilen operieren.

Ein zweites Merkmal der selektiven US-Politik war die repressive Ausrichtung der Drogenpolitik. In den Jahren 2000 bis 2004 unterstützten die USA Kolumbien mit rund 3,3 Mrd. US-Dollar. Davon waren nur 17% nicht-militärische Hilfe (General Accounting Office 2004: 7-8). Da die finanzielle Unterstützung der Landbevölkerung relativ gering war, oft zu spät kam und an unrealistische Bedingungen wie die sofortige Zerstörung von Kokafeldern geknüpft war, konnten nicht-repressive Programme wenig gegen Binnenmigration und die Verlagerung der Drogenwirtschaft ausrichten. Mitte 2003 drückte ein US-Regierungsbeamter, befragt nach dem Versuch, Kokaanbau in Guaviara zu reduzieren, die Präferenz für repressive Strategien folgendermaßen aus: „*Right now, the plan in Guaviare is just to spray them.*" (Zitiert in Marsh 2004: 27)

Es ist offensichtlich, dass diese Sprühpolitik negative Folgen für die Lebenssituation der betroffenen Landbevölkerung hat. Zwar ist Armut keine ausreichende Bedingung für die Drogenindustrie, was sich unter anderem daran zeigt, dass viele Länder, die ärmer als Kolumbien sind, eine weit geringere Rolle im globalen Drogenhandel spielen (Thoumi 2002: 100-102). Armut ist aber eine notwendige Bedingung und eine der Hauptursachen für Koka- und Mohnanbau. Anstatt diese Grundursache zu bekämpfen, hat Washington die Symptome bekämpft. 2004 lebten über die Hälfte aller Kolumbianer in Armut oder extremer Armut, und ein Jahr zuvor besaß ein Prozent der Bevölkerung 55% des landwirtschaftlich nutzbaren Bodens (United Nations Office on Drugs and Crime 2004: 33; Independent Commission 2004: 107). Unter diesen Bedingungen, und angesichts fehlender staatlicher Unterstützung, haben viele Bauern keine Alternative zum Koka- oder Mohnanbau, um sich und ihre Familien zu ernähren.

Ein drittes Merkmal für die selektive US-Politik ist die Präferenz für Bilateralismus (und oft Unilateralismus). Bilateralismus erlaubt den USA, mehr Einfluss auf lateinamerikanische Staaten auszuüben, als dies bei einer multilateralen Strategie möglich wäre. Es wäre übertrieben zu sagen, dass Washington das Haupthindernis für eine politische Integration Südamerikas ist. Schließlich ähnelt die Politik der südamerikanischen Staaten oftmals einem Nullsummenspiel, bei dem Gesamtinteressen hinter eigenen Interessen zurückstehen. Auch haben die USA Impulse für mehr Multilateralismus gegeben. Trotzdem: Multilateralismus spielt rhetorisch eine größere Rolle als bei der praktischen Drogenpolitik (Independent Commission 2004: 20). Dies wirkt sich negativ auf die Effektivität der Drogenbekämpfung aus, weil ein derart grenzüberschreitendes Problem wie die Drogenwirtschaft gemeinsame Strategien erfordert.

Schwacher Staat – starke nichtstaatliche Akteure

Ein weiterer Grund für die geringe Effektivität der US-Drogenpolitik ist das ungünstige Kräfteverhältnis zwischen dem kolumbianischen Staat und nichtstaatlichen Gewaltakteuren. Die Schwäche des kolumbianischen Staates zeigt sich am deutlichsten an geringer territorialer Kontrolle. Im Juli 2004 schrieb das General Accounting Office (2004: 26), dass die kolumbianische Regierung über bis zu 40% des staatlichen Territoriums keine Kontrolle habe. Vor *Plan Colombia* war die Situation ähnlich. Die riesigen Regionen, in denen nicht Polizei und Militär, sondern FARC, ELN, Paramilitärs oder niemand zugegen war, erlaubte Händlern bei staatlichem Druck, die Drogenwirtschaft zu verlagern. Da im Jahr 2002 laut den Vereinten Nationen nur 0,09% des kolumbianischen Territoriums für den Kokaanbau genutzt wurde (United Nations Office on Drugs and Crime 2003: 9), hätte auch ein stärkerer Staat die Verlagerung nicht verhindern können. Noch dazu war der Staat nicht stark, was sich unter anderem daran zeigt, dass Ende 2003 die Regierung nur rund 40.000 kampfbereite Soldaten hatte – gegen rund 50.000 Rebellen und Paramilitärs (Independent Commission 2004: 63, Fußnote 69). Darüber hinaus fehlte schweres Material wie Hubschrauber.

Die geringen materiellen Kapazitäten bedeuteten, dass Operationen gegen Koka- und Mohnfelder sowie Drogenlabore weit entfernt von Militärbasen hoch gefährlich waren, weil im Falle von Unfällen oder dem Beschuss von Flugzeugen und Hubschraubern keine Rettungsteams entsandt werden konnten. Hohe Risiken wiederum sind ein wichtiger Grund für das *outsourcing* des Drogenkrieges. Der frühere US-Botschafter in Kolumbien, Myles Frechette, erklärte die Logik folgendermaßen: „*Congress and the American people don't want any servicemen killed overseas. So it makes sense that if contractors want to risk their lives, they get the job.*" (Zitiert in: Tamayo 2001) Tatsächlich: Der Umstand, dass seit Ende der 1990er Jahre viele Söldner in Kolumbien umkamen, sorgte für relativ wenig Aufmerksamkeit in den USA.

Die Stärke nichtstaatlicher Akteure und die Schwäche des Staates widerspiegeln strukturelle Probleme Kolumbiens, die das Land zu einem der wichtigsten Drogenproduzenten und -exporteure der Welt gemacht haben. Armut, wie oben erwähnt, ebenso wie ein günstiges Klima und eine günstige geografische Lage, sind keine ausreichenden Bedingungen für Drogenproduktion und -handel in großem Stil. Wichtigere Erklärungsfaktoren sind ein delegitimierter Staat und eine desintegrierte Gesellschaft. Der Staat ist vor allem deshalb delegitimiert, weil er Bürger nicht vor Gewalt schützen kann (Thoumi 1994: 84). Kolumbien ist ein paradoxer Fall: Demokratie und ein im Vergleich zu anderen südamerikanischen Ländern relativer Wohlstand (zumindest bis Ende der 1990er Jahre) gingen einher mit extremer und anhaltender Gewalt. Gleichzeitig veränderte sich die normative Struktur der kolumbianischen Gesellschaft so, dass ein exzessiver

Individualismus und eine „*The Winner Takes All*“-Einstellung hoffähig wurden. Gewalt wurde zu einem normalen Mittel der Auseinandersetzung.

Die Ansicht vieler US-Politiker, der Drogenhandel sei der Hauptgrund für Gewalt in Kolumbien, ist daher falsch. Der Drogenhandel ist ebenso eine Folge der Gewalt wie eine Ursache, und die Bekämpfung des Drogenhandels trägt wenig zur Lösung struktureller, historisch tradierter Probleme bei. Im Gegenteil: Kolumbien braucht einen legitimeren Staat und eine integriertere Gesellschaft. Indem die USA Verlagerung der Drogenwirtschaft, Verletzung von Menschenrechten und Umweltzerstörung verschlimmerten, haben sie das Vertrauen vieler Kolumbianer in den Staat weiter untergraben und zur weiteren Fragmentierung einer zersplitterten Gesellschaft beigetragen. Der Staat wurde nur oberflächlich gestärkt (man kann sich ausmalen, wie schnell sich Polizei und Armee wieder aus unwegsamen Gegenden zurückziehen müssen, sobald der US-Kongress nicht mehr bereit ist, hunderte Millionen Dollar pro Jahr zu investieren). Kurzfristige Gebietsgewinne zählen weniger als langfristiger Legitimationsverlust. Was die Gesellschaft angeht, so war die Politik der harten Hand gegenüber Rebellen bei Teilen der kriegsmüden Bevölkerung zwar lange Zeit populär. Die von den USA forcierte Repression hat Ungleichheit und Gewalt jedoch verschärft.

Anstatt *state building* und *nation building* zu unterstützen, haben die USA also eher das Gegenteil getan. Dies ist nicht nur problematisch für Kolumbianer, die mit Armut und Gewalt konfrontiert sind, sondern auch für US-Steuerzahler. Repression, insofern sie *state building* und *nation building* verhindert, wirkt einer Verringerung des Drogenangebotes entgegen, weil ein schwacher Staat und eine schwache Gesellschaft ideale Bedingungen für die Drogenindustrie bieten. Die US-Politik ist damit nicht nur ineffektiv, sondern kontraproduktiv. Im Jahr 2001 sagte ein Beamter der US-Botschaft: „*The US and Colombia have different priorities. Colombia has peace as a priority. We have narcotics.*“ (Zitiert in: Cooper 2001) Eine nachhaltige Politik gegen Drogen erfordert jedoch eine Politik für den Frieden.

Fazit

Die US-Drogenpolitik hat seit den 1980er Jahren die Funktion eines Katalysators für viele Probleme in Kolumbien gehabt und die Drogenindustrie paradoxerweise gefördert. Der Drogenhandel selbst, auch ohne externe Einwirkung, führt zu Gewalt, sozialer Ungleichheit und der Abholzung von Regenwäldern. Auch hätten die USA das Drogenangebot nicht drastisch verringern können, selbst wenn sie Repression strategischer eingesetzt, mehr Geld in alternative Entwicklung investiert und mehr auf Multilateralismus gesetzt hätten. Die Prohibition von Drogen setzt Programmen gegen das Drogenangebot, ob repressiv oder kooperativ, enge Grenzen. Da der Wert von Drogen exponentiell steigt, je näher die Drogen dem Konsumenten kommen, sind Programme in Anbau- und Transitstaaten relativ ineffektiv. Wenn alternative Entwicklung oder Sprühaktionen zur Reduktion von Feldern führen, können Drogenhändler einfach die Preise von Kokain und Heroin erhöhen und damit ein stetiges Angebot an Rohmaterialien sichern, da höhere Ausgaben für Koka und Mohn die Gewinnspannen von Händlern kaum reduzieren (Rydell/Everingham 1994). Dies bedeutet, dass *law enforcement* in den USA und Europa oder, noch besser, die Behandlung von Drogenkonsumenten viel effektiver ist als Programme in Anbau- und Transitstaaten.

Obwohl methodisch schwer zu ‚beweisen', lässt sich kontrafaktisch argumentieren, dass es Kolumbien ohne die internationale Drogenpolitik der USA besser ginge. In diesem Fall würde das Land aufgrund günstiger struktureller Bedingungen trotzdem eine zentrale Rolle im internationalen Drogenhandel spielen. Ohne den *war on drugs* wäre der Staat aber wahrscheinlich legitimer und die Gesellschaft integrierter. Die Bedingungen für eine graduelle, verhandelte Reduzierung des Drogenangebotes wären unter diesen Voraussetzungen besser. Darüber hinaus – und das ist angesichts der katastrophalen humanitären und ökologischen Situation im Lande nicht zu vernachlässigen – hätten viele „Kollateralschäden" vermieden werden können, hätten die USA nicht auf Auslieferungen bestanden, nicht Gift auf ganze Landstriche versprüht und verarmte Kokafarmer nicht kriminalisiert.

Eine Reform der US-Drogenpolitik ist daher rational und moralisch dringend erforderlich. Die USA sollten den Friedensprozess unterstützen, keine Militäroperationen gegen Bauern unternehmen, Sprühaktionen aussetzen, Projekte alternativer Entwicklung fördern, die nicht an die kurzfristige und unrealistische Vernichtung von Koka geknüpft sind (hier sind die Projekte der Deutschen Gesellschaft für Technische Zusammenarbeit vorbildhaft[4]), die Vergabe von Militärhilfe an strengere Menschenrechtsauflagen binden und die Drogenbekämpfung nicht weiter durch Söldnerunternehmen privatisieren, sondern demokratischer Kontrolle unterstellen. Weiterhin sollten die Vereinten Nationen nicht länger, wie seit den 1960er Jahren, für repressive Strategien gegen Drogen instrumentalisiert werden (Youngers 2005: 342-365). Eine bessere und umfassendere Drogenpolitik – und hier ist auch Europa gefragt – impliziert darüber hinaus die Tilgung von Schulden und eine Reform der internationalen Handelsordnung, die Ländern wie Kolumbien erlauben sollte, ihre Produkte besser abzusetzen.

Ob es jedoch zu einer Kurswende in der US-Drogenpolitik kommt, ist fraglich. Politiker, die Reformen wollen, haben viel zu verlieren, und Politiker, die sagen, sie seien *tough on drugs*, viel zu gewinnen. Das gleiche gilt für Sicherheits-

4 In einem Interview mit dem Autor im August 2003 in der Deutschen Botschaft in Lima (Peru) sagte ein hoher deutscher Diplomat, dass im Rahmen von europäisch finanzierten Projekten jahrelang Vertrauen zu Kokabauern aufgebaut werde und dann plötzlich alle Mitarbeiter abgezogen werden müssten, weil von den USA organisierte *law enforcement*-Programme bürgerkriegsähnliche Bedingungen schafften.

kräfte, die sich durch den Drogenkrieg höhere Budgets sichern, und Medien, für die es profitabler ist, Spezialeinheiten im Dschungel zu zeigen als Drogenrehabilitationskliniken.

Literaturverzeichnis

Bagley, Bruce M. (2001): Drug Trafficking, Political Violence and U.S. Policy in Colombia in the 1990s, Working Paper, Colombia in Context, (07.02.2001): http://www.clas.berkeley.edu:7001/Events/conferences/Colombia/workingpapers/working_paper_bagley.html (abgerufen am 18.5.2005).

Carpenter, Ted Galen (2003): Bad Neighbor Policy. Washington's Futile War on Drugs in Latin America, New York: Palgrave Macmillan.

Cooper, Marc (2001): Plan Colombia, in: The Nation, 19.03.2001.

Crandall, Russell (2002): Clinton, Bush and Plan Colombia, in: Survival 44: 1, 159-172.

Evans, Michael L. (2001): U.S. Drug Policy & Intelligence Operations in the Andes, in: Foreign Policy in Focus 6: 22, June.

Friesendorf, Cornelius (2005): Pushing Drugs. The Displacement of the Cocaine and Heroin Industry as a Side Effect of U.S. Foreign Policy, Universität Zürich, Dissertation, Mai 2005.

General Accounting Office (2000): U.S. Assistance to Colombia Will Take Years to Produce Results, October, GAO-01-26, Washington.

General Accounting Office (2004): U.S. Nonmilitary Assistance to Colombia is Beginning to Show Intended Results, But Programs Are Not Readily Sustainable, July, GAO-04-726, Washington.

Independent Commission (2004): Andes 2020: A New Strategy for the Challenges of Colombia and the Region, Report (uncorrected proofs), Sponsored by the Council on Foreign Relations, Center for Preventive Action, Washington.

Isacson, Adam (2005): The U.S. Military in the War on Drugs, in: Youngers, Coletta A./ Rosin, Eileen (Hrsg.): Drugs and Democracy in Latin America: The Impact of U.S. Policy, Boulder and London, Lynne Rienner, S. 15-60.

Latin American Working Group Education Fund/Center for International Policy/Washington Office on Latin America (2004): Blurring the Lines. Trends in U.S. Military Programs with Latin America, September, Washington.

Marsh, Betsy (2004): Going to Extremes. The U.S.-Funded Aerial Eradication Program in Colombia, Report published by The Latin America Working Group Education Fund, March, Washington.

Office of National Drug Control Policy (2005): 2004 Coca and Opium Poppy Estimates for Colombia and the Andes, http://www.whitehousedrugpolicy.gov/news/press05/032505.html (abgerufen am 2.5.2005).

Ramírez, María Clemencia/Stanton, Kimberley/Walsh, John (2005): Colombia: A Vicious Circle of Drugs and War, in: Youngers, Coletta A./Rosin, Eileen (Hrsg.): Drugs and Democracy in Latin America: The Impact of U.S. Policy, Boulder and London, Lynne Rienner, S. 99-142.

Rydell, Peter C./Everingham, Susan S. (1994): Controlling Cocaine. Supply Versus Demand Programs, Santa Monica, Rand.

Tamayo, Juan O. (2001): Risks for U.S. Military in Andes Drug War, in: The Miami Herald, 22.05.2001.

Thoumi, Francisco E. (1994): The Size of the Illegal Drug Industry, in: Bagley, Bruce M./Walker, William O. III (Hrsg.): Drug Trafficking in the Americas, New Brunswick, Transaction Publishers, S. 77-94.

Thoumi, Francisco E. (2002): El Imperio de la Droga. Narcotráfico, Economía y Sociedad en Los Andes, Bogotá, Planeta.

Transnational Institute (2003): Measuring Progress: Global Supply of Illicit Drugs, Progress Report as a Contribution to the Midterm (2003) Review of UNGASS, Amsterdam.

United Nations Office on Drugs and Crime (2003): Colombia. Coca Survey for December 2002 & Semi-Annual Estimate for July 2003, Vienna.

United Nations Office on Drugs and Crime (2004): Colombia. Coca Cultivation Survey for 2003, June, Vienna.

Vargas, Ricardo (2004): „Política Antidrogas" en Colombia... lejos del „éxito", in: La Esquina Regional, September–October, http://www.tni.org/archives/vargas/exito.htm (abgerufen am 26.11.2004).

Walsh, John M. (2004): Are We There Yet? Measuring Progress in the U.S. War on Drugs in Latin America, WOLA Drug War Monitor, December, Washington, Washington Office on Latin America.

Washington Office on Latin America (2002): Taking Stock: Plan Colombia's First Year, Colombia Monitor, Issue 1, March.

Youngers, Coletta A. (2005): The Collateral Damage of the U.S. War on Drugs: Conclusions and Recommendations, in: Youngers, Coletta A./Rosin, Eileen (Hrsg.): Drugs and Democracy in Latin America: The Impact of U.S. Policy, Boulder and London, Lynne Rienner, S. 339-366.

Wer denkt, wir handelten ohne Gott und Gesetz, der irrt.
Wir rechnen mit der Überwachung des State Department...

Vladdo

Ekuador 2000 – Militär bei der Machtübernahme

Raimund Krämer/Armin Kuhn

Militär und Politik in Süd- und Mittelamerika: Thesen

Von Staatlichkeit, Gewalt und Militär[1]

1. Politische Gemeinwesen, gleich welcher Bezeichnung, sind durch Herrschaftsverhältnisse charakterisiert. Diese sind mit Gewalt, d.h. physischem und psychischem Zwang, unterschiedlichster Art verbunden. Bei grundsätzlichen Debatten über das Politische stand dieser Aspekt, sei es bei Machiavelli oder bei Hobbes, stets im Mittelpunkt. Die *securitas publica* mittels einer politischen Konstruktion, die man Staat nannte, zu erreichen, wurde zu einem Kerngedanken politischen Denkens der Moderne. Der Leviathan sollte vom Bürger die alleinige Gewalt erhalten und im Austausch dafür diesem Schutz garantieren. Gesucht war (und ist bis heute) jener Zustand, in dem das „*bellum omnium contra omnes*", der Krieg aller gegen alle, beendet wird und damit die allgemeine Voraussetzung gesellschaftlicher Entwicklung gesichert werden kann, d.h. der Zustand des physischen Überlebens und des Friedens in einem politischen Gemeinwesen. Dieser Gedanke ist für die Herausbildung moderner Staatlichkeit fundamental. Das staatliche Gewaltmonopol wird bei Max Weber zum entscheidenden Spezifikum des Staates. Für ihn kann man den modernen Staat soziologisch letztlich nur aus *einem* spezifischen Mittel definieren, dem der physischen Gewaltsamkeit. Staat ist danach „diejenige menschliche Gemeinschaft, welche innerhalb eines bestimmten Gebietes... das Monopol legitimer physischer Gewalt-

* Dr. habil. Raimund Krämer, geb. 1952, Hochschuldozent für internationale und vergleichende Politik, Universität Potsdam, Chefredakteur der Zeitschrift *WeltTrends*. E-Mail: rkraemer@uni-potsdam.de

** Armin Kuhn, geb. 1980, Student der Politikwissenschaft, Geschichte und Philosophie an der Universität Potsdam und der UNAM, Mexico-City. E-Mail: armin.kuhn@jpberlin.de

1 Diese Thesen wurden für die internationale Konferenz „Fuerzas Armadas, Democracia y Alternativas al Neoliberalismo en América Latina" des Instituto de Ciencias Alejandro Lipschutz (ICAL) und der Rosa-Luxemburg-Stiftung im November 2004 in Santiago de Chile erarbeitet. Die umfangreichere spanische Fassung ist unter www.ical.cl/noticia zu finden.

samkeit für sich (mit Erfolg) beansprucht".[2] Dieses staatliche Gewaltmonopol muß durch Parlament, Recht und zivile Partizipation eingehegt werden, um das Politische, verstanden als öffentlicher Diskurs über grundlegende Entscheidungen der Gesellschaft, zu ermöglichen. Die „legitime Gewaltsamkeit" des Staates (Weber) heißt dann, daß einerseits allen Akteuren die Chance der politischen Beteiligung eröffnet, und andererseits akzeptiert wird, daß sie bei der Durchsetzung ihrer Ziele auf physische Gewalt verzichten. Die Mittel der Gewalt sind beim Staat konzentriert, konkret bei den entsprechenden bürokratischen Institutionen: die Polizei für die innere Dimension und die Streitkräfte für die äußere. Damit bekommen diese Institutionen zugleich eine herausragende Bedeutung für das Politische allgemein und den Staat im besonderen.

2. Die Gestaltung der militärisch-zivilen Beziehungen gehört somit zu den Herausforderungen in jedem politischen Gemeinwesen. Bestimmt die (zivile) Politik über das Militärische oder dominiert das Militär das Politische? Sicherlich ist kein Staat gegenüber einem militärischen Putsch oder Druck des Militärs immun, und es gibt Unterschiede hinsichtlich der Gestaltung dieses Verhältnisses. Zugleich finden wir nach Juan Linz die Unterordnung der Streitkräfte unter die zivile politische Führung in recht verschiedenen politischen Regimen. So zeigt die Geschichte, daß in sultanistischen, liberalen und totalitären Systemen der Politik das Primat gegenüber dem Militär zukommt.

Wenn es zu militärischen Interventionen in die Politik kommt, so kann dies von folgenden drei Faktoren abhängen: *Erstens* wird in schweren Krisen der staatliche Sicherheitsapparat, insbesondere das Militär, eher eine Rolle spielen; Kriege bzw. deren Möglichkeit oder innere Unruhen erhöhen diese Wahrscheinlichkeit. Bestimmte Parteien oder politische Fraktionen finden dann größere Sympathie unter den Offizieren. Zugleich werden die Interessen der Streitkräfte von diesen Politikern eher gehört. Somit werden direkte oder indirekte Interventionen des Militärs wahrscheinlicher, und so manche schwache demokratische Regierung wurde in Krisenzeiten von der Unterstützung durch das Militär abhängig.

Zweitens sind die zugrunde liegenden Wertvorstellungen sowie konkrete institutionelle Kontrollmechanismen in den politischen Systemen von großer Bedeutung.

Und *drittens* hängen militärische Interventionen auch von ihrer jeweiligen politischen Legitimität ab. Oft sind es die Zivilisten selbst, die in den Kasernen um Hilfe beim Sturz oder bei der Verteidigung von verfassungsmäßigen Regierungen nachsuchen, und viele Gesellschaften räumen in ihren zivilen und „demokratisch" eingerichteten Verfassungen dem Militär eine „moderierende" Macht ein.

---

2 Max Weber (1986), S. 1043.

Als Ergebnis dieser militärischen Interventionen kommt es oft, jedoch nicht immer, zur Etablierung eines Militärregimes. Wir verstehen unter einem solchen Militärregime eine autoritäre Herrschaftsform, in der die Streitkräfte als Institution in verschiedenen Formen in die Ausübung von politischer Herrschaft dauerhaft eingebunden sind und dabei die Entscheidungsgewalt bzw. erheblichen Einfluß auf wichtige Fragen des Politischen haben. Somit gehört nicht jedes Regime, an dessen Spitze ein Militär steht, wie gegenwärtig in Venezuela, zu dieser Kategorie; jedoch zweifellos Regime wie das uruguayische in den 1970er Jahren, in denen sich das Militär einen zivilen Präsidenten „leistete".

3. Der Staat in Süd- und Mittelamerika ist ein schwacher; ein staatliches Gewaltmonopol konnte nur in wenigen Ländern der Region (Kuba, Chile) durchgesetzt werden. Diese Schwäche des Staates manifestiert sich: (a) in seinen geringen finanziellen Ressourcen, (b) in seiner schwachen Legitimation durch die Bürger, (c) in der geringen nationalen Kohäsion (größere Gruppen marginalisiert, separatistische Tendenzen) und (d) in der geringe Kontrolle des Staates über seine eigenen Institutionen, vor allem Militär, Polizei und Geheimdienste. Die Schwäche dieses Staates ist mit dem mangelnden Schutz der Bürger verbunden. Oftmals gehen brutale Übergriffe von staatlichen Einrichtungen, auch und besonders von der Polizei und dem Militär, aus. Der als *Leviathan* konzipierte Staat wird für den Bürger vielfach zum *Behemoth*, zum Unstaat, der seine eigenen Regeln verletzt und selbst Quelle von unkontrollierter Gewalt, der *violencia*, ist. Peter Waldmann hat dafür den Begriff des anomischen Staates geprägt. Die geringe Institutionalisierung, der oftmals kafkaeske Aufbau der Verwaltungen und deren chaotisches Funktionieren schwächen keineswegs die vom Staat ausgehende *violencia* ab. Sie kanalisieren sie eher und ritualisieren sie unter spezifischen Modalitäten. Langandauernde politische Gewalt hat in ausgedehnten Gebieten einzelner Staaten, wie z.B. Perus und Kolumbiens, eine Militarisierung des gesellschaftlichen Lebens zur Folge. Zwar sind zivile Behörden weiterhin existent, jedoch liegen wesentliche Funktionen der Staatsgewalt in den Händen der Militärverwaltungen. Die Schwäche des Staates ist mit einer Militarisierung des politischen und sozialen Lebens verbunden.

Formierung der Streitkräfte in Süd- und Mittelamerika

4. Mit der Formierung moderner Staatlichkeit war auch die historische Herausbildung der Streitkräfte in Süd- und Mittelamerika eng verbunden. Zugleich hatten in diesem Prozeß äußere Faktoren ein großes Gewicht. Der generelle Zweifel, von einem „lateinamerikanischem Militär" zu sprechen, wird nicht nur durch die heutige Verschiedenheit genährt. Bereits bei einem Blick in die Geschichte wird die Unterschiedlichkeit, vor allem zwischen Südamerika einerseits und Zentralamerika/Karibik andererseits, sehr deutlich.

1. Periode: Formierung moderner Streitkräfte (1860 bis 1920/30)
Mit der Etablierung und Festigung oligarchischer Republiken in Südamerika entstanden dort auch nationale Streitkräften, die sich in ihrer Organisation, Strategie und Waffentechnik stark an Europa, insbesondere Frankreich und Preußen, orientierten; die Wehrpflicht wurde eingeführt (zwischen 1900 und 1916) und Militärakademien entstanden.

2. Periode: Eintritt des Militärs in die Politik (1920/30 bis 1960er Jahre)
In den 1920er Jahren, besonders mit der Weltwirtschaftskrise von 1929, kam es in Südamerika zum massiven Eintritt des Militärs in die Politik. Das bisherige oligarchische Agrar- und Exportmodell brach zusammen. Die folgenden ökonomischen Krisen sowie das Drängen neuer Bevölkerungsschichten in die Politik führten zu schweren politischen Turbulenzen. Das Jahr 1930 bedeutete eine politische Wasserscheide für Südamerika: sechs Militärputsche machten aus dem Militär einen politischen Akteur. Nach der Machtübernahme praktizierten diese dann oft eine stark nationalistisch ausgerichtete Politik, die auf eine unabhängige Entwicklung durch nationale Industrialisierung mit starkem staatlichen Sektor abzielte.

In Zentralamerika und der Karibik erfolgte dagegen die Herausbildung von Streitkräften deutlich später, zu Beginn des 20. Jh., und unter klarer Vorherrschaft der USA. Es entstanden kleine, eher polizeiähnliche Kräfte (Nationalgarden), die oft eng an die jeweiligen politischen Machthaber gebunden waren (Nicaragua, Dominikanische Republik).

3. Periode: Interventionismus im Kalten Krieg (1960 bis Anfang der 1990er Jahre)
Im Kontext von Kaltem Krieg und Dominanz der USA kommt es zu einer verstärkten Intervention des Militärs in die Politik (von 1962 bis 1966 neun Putsche). An die Stelle der nationalen Verteidigung tritt das Konzept der nationalen Sicherheit und der „ideologischen Grenzen“ und damit primär der brutale Kampf gegen einen inneren Feind, wodurch vielfach die dauerhafte Übernahme der Macht durch das Militär legitimiert wurde.

4. Periode: Rückzug aus der Politik und Suche nach einer (neuen) Mission (ab 1990)
Nachdem die demokratischen Transitionsprozesse die Militärs bereits in den 1980er Jahren zum Rückzug in die Kasernen zwangen, machte der veränderte internationale Kontext mit dem Ende des Kalten Krieges und der verstärkten (ökonomischen) Globalisierung eine Neubestimmung auch der militärischen Aufgaben notwendig. Zwar waren die Veränderungen auch mit Unsicherheiten und Ängsten der Institution Militär verbunden. Zugleich suchte man neue nationale und internationale Missionen. Diese Suche nach einer neuen Rolle ist schwierig und hält bis heute an.

Militärische Interventionen in die Politik – Eine Typologie

5. In den süd- und mittelamerikanischen Gesellschaften finden wir – im Sinne des Weberschen Idealtypus – folgende Rollen des Militärs als: a) „Prätorianer", b) „Moderator", c) „Modernisierer", d) „Retter", e) „Reformer" sowie f) „Parteisoldaten".

a) Die Rolle des Militärs als Schutzgarde („Prätorianer") der oligarchischen Republiken ist die typische Funktion der Streitkräfte in der Phase ihrer Formierung (Ende des 19./Anfang des 20. Jh., in Zentralamerika bis in die 1970er Jahre). Charakteristisch waren die zivile Oberhoheit bei relativer Autonomie des Militärs, die kurzzeitige, meist brutale militärische Intervention in sozialen Auseinandersetzungen zur Sicherung des Status quo, sei es gegen Salpeterarbeiter in Chile oder Kaffeepflücker in El Salvador, sowie der anschließende Rückzug in die Kasernen.

b) Das Militär als „Moderator" ist eine meist aus mehreren vorherigen militärischen Interventionen hervorgegangene Funktion des Militärs, die wir in diesem Raum sehr häufig finden. Sie wurde zum Teil von den politischen Kräften selbst in den Verfassungen festgeschrieben. Innerhalb des Militärs dominieren legalistische Kräfte, die prinzipiell verfassungsmäßige Formen von Regierung akzeptieren und davon überzeugt sind, daß sie keine den zivilen Akteuren vergleichbare Herrschaftslegitimität haben. Wenn das Militär die Möglichkeiten indirekter Einflußnahme im Falle einer politischen Krise nicht mehr für ausreichend hält, kann es ein kurzfristiges Übergangsregime errichten, das die Rückgabe der Regierung an zivile Kräfte unter der Garantie seines Einflusses und auch seiner Privilegien organisiert. Die Wahrung der institutionellen Einheit ist ein wichtiges Moment, das eine politische Einflußnahme des moderierenden Militärs begrenzt.

c) Seit den 1960er Jahre finden wir in einigen Ländern der Region das Militär in der Rolle des „Modernisierers", die auch unter dem Begriff des „neuen Professionalismus" bekannt wurde (Alfred Stepan). Diese Rolle war eine institutionalisierte Antwort des Militärs auf politische Krisen im Kontext des Kalten Krieges und der konterrevolutionären Militärstrategien der USA. Im Militär hatte sich ein stärkeres soziales und politisches Bewußtsein entwickelt; Armut und Unterentwicklung wurden als Gefahren für die nationale Sicherheit definiert und somit als integrale militärische Aufgaben formuliert. Neue Ausbildungskonzepte sensibilisierten die Militärs für soziale Themen und veränderten ihre professionelle Kapazität. Diese Militärs waren überzeugt, die vermeintlichen Bedrohungen effektiver als die zivile Politik bekämpfen zu können. In politischen Krisen führte die Machtübernahme in enger Verbindung mit Teilen der Elite (Technokraten) zur Etablierung auf Dauer angelegter Militärregime, die eine Neugestaltung der politischen, ökonomischen und sozialen Verhältnisse anstrebten. Aus dem „neuen Professionalismus" der

Modernisierer gingen die bürokratisch-militärischen Regime (O'Donnell) hervor.

Zu beachten ist, daß die Modernisierer-Rolle, wie dies Brasilien und Peru zeigen, zu sehr unterschiedlicher Politik führte; dies sowohl in der Innenpolitik (z.B. im Grad der Einbeziehung der *organizaciones populares*) als auch in den Außenbeziehungen (Verhältnis zu den USA und zum Auslandskapital).

d) Der Typus des Militärs als selbsternannten „Retters" trat in den 1970er Jahren im *Cono Sur* auf. Zwar ähnelt dieser Typus in der Schutzfunktion für den sozialen Status quo der des Prätorianers und im Anspruch auf eine dauerhafte politische Führung dem Konzept der Modernisierer. Jedoch unterscheidet er sich von beiden durch die hochgradige Ideologisierung (obsessiver Anti-Kommunismus verbunden mit konservativen und christlichen Werten – „Rettung des Abendlandes"), einen systematischen Terror gegen Regimegegner, die Einführung eines bedingungslosen Neoliberalismus nach Vorbild der Chicagoer Schule, der mit einem bisher nie gekannten nationalen Ausverkauf und verschärfter sozialer Polarisierung verbunden war, sowie durch eine ostentative Hinwendung zu den Vereinigten Staaten („Teil des Westens").

e) Seit den 1920er Jahren kann man im lateinamerikanischen Militär immer wieder den Typus des nationalistisch-progressiven „Reformers" beobachten (z.B. Torrijos in Panama). Konzeptionell weist er starke Ähnlichkeiten mit dem des Modernisierers auf (Überwindung von Armut und Abhängigkeit als Voraussetzung für nationale Sicherheit). Ihre politischen Programme orientierten sich an Politikern wie Nasser und Atatürk, wobei sich deren Anti-Imperialismus in einem prononcierten Anti-Amerikanismus ausdrückte. In der Geschichte finden wir die Reformer als vereinzelte Gruppen jüngerer Offiziere aus den mittleren und unteren Rängen, die oft mit sozialistischen oder kommunistischen Ideen in Berührung gekommen waren (z.B. Bewegung der *Tenentes* in Brasilien). Sie standen in Opposition zur militärischen Spitze, die meist die Rolle des Prätorianers einnahmen, und erhielten deshalb nach der Machtergreifung oft keinen umfassenden institutionellen Rückhalt. Obwohl sie die Kooperation mit linken Parteien und Bewegungen suchten, war das politische Verhältnis der Reformer diesen gegenüber von Paternalismus geprägt.

f) Wir finden den Typus des „Parteisoldaten" in politischen Systemen, die aus siegreichen Revolutionen hervorgegangen waren (Mexiko 1930er bis 1990er, Kuba ab 1970er, Nicaragua in den 1980er Jahren). Das entscheidende Merkmal besteht darin, daß es der dominierenden Partei gelang, das Militär als Institution fest an sich zu binden und zum Teil in die eigenen Strukturen zu integrieren. Militärische Eliten übernahmen auch führende Positionen in Partei und Regierung, und in den Gesellschaften war das Militärische stark präsent. Das Militär besaß ein relativ hohes soziales Prestiges und seine gesellschaftliche Funktion wurde demonstrativ betont. Jedoch schaltete die Partei *de facto* die Institution Militär politisch aus: Weder entwarf das Militär in dieser Rolle eigene sozio-politische Konzepte, noch griff es als eigenständig handelnder Akteur in den politischen Prozeß ein – selbst in Krisensituationen blieb die zivile Oberhoheit gewährleistet.

Trotz der relativ starken Rolle des Militärs in der lateinamerikanischen Politik gab es auch Streitkräfte, deren politischer Einfluß außerordentlich gering war (Venezuela 1950er bis 1980er Jahre, Kolumbien). Gemeinsam sind ihnen die späte Professionalisierung, die die Herausbildung einer Autonomie des Militärs verlangsamte bzw. verhinderte, und ein starkes Zwei-Parteiensystem. Dies konnte sogar zur institutionellen Auflösung des Militärs und seiner Substitution durch polizeiliche Kräfte führen (Costa Rica).

Die USA und die Streitkräfte der Region

6. Ohne Zweifel hatten und haben die Vereinigten Staaten von Amerika einen herausragenden Einfluß auf die Entwicklung und die Rolle der Militärs in Süd- und Mittelamerika. Das gilt besonders für die Zeit seit dem Zweiten Weltkrieg. Die Beziehungen der USA zu Militärs waren immer ein wichtiger Bestandteil ihrer generellen Lateinamerika-Politik, in erster Linie aber ein Mittel politischer Einflußnahme. Erst in zweiter Linie waren militärstrategische Überlegungen von Relevanz. Über die einheimischen Militäreliten wurde primär Einfluß auf die Politik der jeweiligen Regierungen im Sinne der politischen und ökonomischen Interessen der USA in der Region ausgeübt.

Angesichts ihrer dominierenden Stellung in der Region ist oft der Eindruck einer Allmacht der USA entstanden. Dies führt dazu, daß manche Beobachter hinter jedem militärischen Putsch die USA und die einheimischen Militärs als deren Marionetten sehen. Sicherlich kann man in fast jedem *golpe* auch US-amerikanische Akteure und Interessen finden. Jedoch zeigt die Realität des 20. Jahrhunderts auch: Die Militärs der Region haben trotz der Einflußnahme seitens der Vereinigten Staaten sehr oft recht selbständig gehandelt, wenn sie politisch aktiv wurden.

7. Die USA nahmen vor allem über die Entwicklung von Sicherheitsdoktrinen langfristigen Einfluß auf die Militärs der Region. Besonders nachhaltig wirkten die Doktrinen der „nationalen Sicherheit", der „*counterinsurgency*" und der „*civic action*", die im Kontext der Kennedy-Initiative *Alliance for Progress* entwickelt worden waren. Sie waren vor allem eine Reaktion auf die kubanische Revolution von 1959. Dem Militär wurde eine innere Funktion zugewiesen; an die Stelle des äußeren Feindes kam der (kontinental gemeinsame) innere Feind: „die kommunistische Subversion". Im Rahmen der *civic action* sollten die Militärs als „stabilste und modernste Institution" entwicklungspolitische „*nation-building*"-Aufgaben übernehmen. Verbunden war dies mit dem Ausbau der repressiven Kapazitäten des Militärs.

8. Seit Mitte der 1980er Jahre setzten die Vereinigten Staaten neue Themen auf die Agenda der interamerikanischen Beziehungen: Demokratisierung, Drogen, Umwelt, Proliferation von Atomwaffen, illegale Migration sowie die Freihandelsabkommen. Das Ende des Kalten Krieges, mit dem ein Grundpfeiler der militärischen Zusammenarbeit seit den 1950er Jahren sowie die Legitimation für die vielfachen Interventionen der USA in der Region verschwanden, verstärkte diesen Wandel. Die neuen Themen brachten einen Strategiewechsel in der US-Lateinamerikapolitik vom „*coercive control*“ zum „*cooperation through partnership*“.

Seit den 1990er Jahren verfolgen die USA gegenüber den Militärs zwei Zielsetzungen:

a) Einbindung in die Konsolidierung der zivilen Institutionen;
b) militärische Kooperation zur Bekämpfung neuer Bedrohungen.

Die Erfolge bei der Umsetzung der ersten Zielsetzung sind bisher gering; der Einfluß der USA, über die Militärbeziehungen die demokratischen Institutionen zu stärken, ist begrenzt. Militärische Eliten in der Region, z.B. die Brasiliens, setzen – oft trotzig in bewußter Distanzierung zu den USA – oftmals ihre traditionell nationalistische Politikausrichtung fort.

9. Heute werden die bisherigen Konzepte der inneren Verteidigung auf Konflikte ausgeweitet, die unterhalb der offenen militärischen Konfrontation bleiben, wie soziale Unruhen, Drogenhandel und Terrorismus. Diesen Bedrohungsszenarien entspricht ein ausgeweitetes Sicherheitskonzept, das die Gesamtheit der ökonomischen, politischen, informatorischen und militärischen Hilfe umfaßt. Mit diesem Ansatz sollen Konflikte auf einem Niveau „niedriger Intensität“ gehalten und bekämpft werden. Während einerseits das direkte Eingreifen und einelangfristige massive Stationierung von US-Truppen vermieden werden sollen, weiten die USA andererseits ihre Militärpräsenz mit neuen Stützpunkten und Militärberatern in der Region aus. Im Kontext dieser „neuen Aufgaben“ kommt der Bekämpfung des Drogenanbaus und Drogenhandels eine besondere Bedeutung zu. Dies bedeutet eine Militarisierung der Drogenbekämpfung, die mit der „Andenstrategie“ von 1989 begann und zehn Jahre später im *Plan Colombia* ihren bisherigen Höhepunkt fand. Die damit verbundene Schwerpunktsetzung auf die Andenregion wurde in der *National Security Strategy* der USA von 2002 deutlich formuliert. Die regionalen Militärs sind dagegen zögerlich hinsichtlich einer direkten Einbeziehung in den „Drogenkrieg“, vor allem wegen der Gefahren für die eigene Institution.

10. Mit den Anschlägen vom 11. September 2001 wurde in den US-lateinamerikanischen Militärbeziehungen ein Thema verstärkt, das schon vorher als Sicherheitsproblem präsent war, aber nun bei der Bestimmung der (gemeinsamen) Sicherheitsinteressen deutlicher hervortrat: der Terrorismus. Seitdem baut das *US*

Southern Command die Militärbeziehungen zu den Staaten der Region unter dem Stichwort des „Kampfes gegen den internationalen Terror" und dessen regionaler Version des „Narco-Terrorismus" aus. Jedoch bedeutete der 11. September 2001 zugleich eine Verringerung des Interesses der USA an Süd- und Mittelamerika. Priorität in der globalen Strategie der USA erhielten der Nahe und Mittlere Osten sowie Zentralasien. Das hat sich mit dem Irak-Krieg 2003 noch verstärkt.

Koordinaten verloren – *New Mission wanted!*

11. In der politischen Klasse Süd- und Mittelamerikas herrschen gegenüber der Institution Militär eher Distanz und Mißtrauen vor. Das gilt sowohl für linke Kräfte, die oft bittere persönliche Erfahrungen mit dem Militär erlebt haben, als auch für konservative Politiker, die eher den Oberschichten entstammen und arrogant auf die Militärs herabblicken. Das Militär wird als „überflüssiger Kostenpunkt" gesehen. Jedoch ist dessen institutionelle Beseitigung, wie sie in Panama und Haiti in den 1990er Jahren erfolgte, in der Mehrheit der Staaten nicht zu erwarten. Zugleich ist das Prestige der Militärs regional recht verschieden: In einigen Ländern, wie in Ecuador, Bolivien und in Zentralamerika, hat das Militär im Vergleich zu anderen Institutionen (weiterhin) ein hohes Prestige. In anderen Ländern wie Argentinien und Chile ist dieses (noch) sehr niedrig.

12. Die klassische Aufgabe der Militärs, die Verteidigung des nationalen Territoriums gegenüber einem äußeren Feind, ist kaum bestimmbar. Der Malwinen-Konflikt hat zudem ihre militärischen (Un-)Fähigkeiten drastisch unter Beweis gestellt. Der Anspruch der Militärs, die Gesellschaften zu modernisieren oder gar zu retten, hatte sich als unheilvolle Hybris mit blutigen Folgen erwiesen. Die Militärs waren weder kompetenter noch ehrlicher als die Politiker, die sie abgelöst hatten.

Auf der Suche nach neuer Legitimität traf das Militär in den 1990er Jahren auf das Bemühen der USA, eine neue Sicherheitsagenda zu etablieren. Die von den USA definierten Gefahren wurden in die eigenen nationalen Sicherheitskonzepte weitgehend übernommen. Entsprechend werden heute als regionale Sicherheitsfragen Themen wie Drogenanbau und „Narco-Terrorismus", internationale Kriminalität, Migration und Umwelt, vor allem der Amazonas, genannt. Die Antworten des Militärs auf diese „neuen Herausforderungen" haben (wieder) eine starke zivile, innenpolitische Dimension und erinnern fatal an Strategien der 1960er Jahre.

Aber auch in äußeren Missionen sieht das Militär oft eine Ressource. Das gilt sowohl für die hemisphärische Zusammenarbeit und Einsätze in der Region (Haiti) als auch und besonders für die Teilnahme in internationalen Missionen, vor allem beim *UN Peacekeeping*.

Militärs und die Konsolidierung der Demokratien

13. Die zivile Oberhoheit ist eine *conditio sine qua non* für die Konsolidierung der demokratischen Strukturen in Süd- und Mittelamerika. Die Voraussetzungen dafür sind eng verknüpft mit demokratischen Erfahrungen in der Vergangenheit und der konkreten Politik des Militärs in den letzten drei Jahrzehnten, vor allem bezüglich der Menschenrechte. Das Militär war in den Transitionsprozessen der 1980er und 1990er Jahre unmittelbar präsent. Zwar war der Einfluß der Militärs von Land zu Land unterschiedlich, jedoch spielten diese – im Unterschied zu Spanien – überall eine beachtliche Rolle; in einigen Fällen gelang es ihnen, eine starke politische Position auch verfassungsmäßig abzusichern (Brasilien, Chile).

14. Im Kontext der Debatten über die neuen Aufgaben des Militärs zeigt sich ein parteienübergreifender Konsens, der sich auch mit den strategischen (Neu-) Orientierungen der USA trifft und der für die demokratische Konsolidierung gefährlich ist: die Einbeziehung bzw. Nutzung des Militärs für zivile Aufgaben. Die Tendenz, das Militär innenpolitisch zu nutzen, ist heute über den gesamten Kontinent verbreitet. Ob in Brasilien oder auf Kuba, in Peru oder Venezuela: Militärs stehen an der Spitze von Unternehmen, sorgen sich um Infrastruktur, Tourismus-Industrie oder um modernste Technologien. Ein stark „erweiterter Sicherheitsbegriff" wird dafür als konzeptionelle Basis angeboten, ist jedoch die falsche Antwort. Ein vermeintlicher wirtschaftlicher „Nutzen" soll die Legitimität bringen, die von den Militärs gesucht wird. Andere Herausforderungen, wie Drogen- und Kriminalitätsbekämpfung oder der Schutz der Umwelt, haben eher Polizeicharakter. Ihre Übernahme birgt entweder institutionelle Gefahren (Korruption, Spaltungen) oder droht, die dafür zuständigen (zivilen) Institutionen zu unterminieren. Die „neuen Aufgaben" führen in der Praxis dazu, daß das Militär (wieder) stärker in den politischen Prozeß eingreift, was letztlich die Destabilisierung der zivilen Institutionen zur Folge hat. Diese Tendenz wird durch Entwicklungen auf der regionalen Ebene, sowohl in Zentralamerika als auch in der OAS, noch verstärkt.

15. Die Aufarbeitung der Vergangenheit, konkret die brutalen Menschenrechtsverletzungen und die Forderung nach Gerechtigkeit für deren Opfer, beherrschen die Debatte über die Rolle des Militärs im *Cono Sur*. Diese Fragen sind auch in zentralamerikanischen Ländern nach langjährigen Bürgerkriegen, wie in El Salvador und Guatemala, präsent. (Dagegen werden in den Andenstaaten und auch in Brasilien diese Themen kaum diskutiert.) Wahrheitskommissionen sind dabei meist der Ausgangspunkt. Dies hat die Militärs als politische Akteure weiter diskreditiert und beeinflußt auch die Debatten über den künftigen Status der Streitkräfte im politischen System. Gefordert werden: Ausschluß der identifizierten

Täter aus den Streitkräften, Beschränkung der Militärgerichtsbarkeit, Einführung eines „reflexiven Gehorchens", das es ermöglicht, Befehle zu verweigern, die gegen die Menschenrechte, geltende Gesetze oder die Verfassung verstoßen, sowie das Recht auf Verweigerung des Wehrdienstes aus Gewissensgründen.

16. In den 1990er Jahren trat ein politisches Phänomen in Süd- und Mittelamerika auf, das in der Literatur als „Neo-Populismus" bezeichnet wird und in seinen konkreten Formen oft – aber nicht immer – mit Militärs verbunden ist (z.B. Hugo Chávez in Venezuela und bis vor Kurzem Lucio Gutiérrez in Ecuador). Militärs mit einem linken, gegen die traditionellen Parteien und Institutionen sowie gegen die USA gerichteten Diskurs erlangen durch Wahlen die politische Macht. Sie gehen Bündnisse mit linken Organisationen, indigenen Gruppen und *movimientos populares* ein – zum Teil gründen sie diese selbst. Obwohl die „Machtübernahme" nicht militärisch erfolgt und die Institution Militär nicht geschlossen hinter den jeweiligen Personen steht, kommt es in der Folge meist zu einer Politisierung der Streitkräfte. Dafür steht heute Venezuela, wo Präsident Chávez eine „zivil-militärische Fusion" fordert.

Von der Notwendigkeit eines zivil-militärischen Dialogs

17. Die künftige Rolle des Militärs in der Region ist eng mit den generellen Herausforderungen an die *Polis* zu Beginn des 21. Jahrhunderts verknüpft. Legitimität und Effektivität der politischen Systeme stehen in enger Korrelation mit den Ursachen für Instabilität und Krisen, wie wir sie heute vor allem in den Andenstaaten und in Zentralamerika finden. Die politische Lösung dieser Probleme erfordert einen Staat, der fähig ist,

a) der streuenden Gewalt in den Gesellschaften Einhalt zu gebieten;
b) eine elementare soziale Gerechtigkeit zu sichern;
c) die Wettbewerbsfähigkeit des Einzelnen in den Ländern wie auch der Staaten selbst im Kontext der Globalisierung zu stärken.

Der Staat wird gebraucht – und auch von der Bürgergesellschaft in Anspruch genommen. Stärkung des Staates bedeutet, ihn sowohl institutionell als auch zivilgesellschaftlich auszubauen. Ein in diesem Sinne starker, kein allmächtiger, Staat sichert auch dem Militär seinen gesellschaftlichen Platz und seine Funktion. So kann er sich auch der partiellen oder gar vollständigen „militärischen Übernahme" erwehren.

18. Die Konsolidierung demokratischer Strukturen und damit die auch die Integration des Militärs als eine bürokratische Institution kann auf Dauer nur erfolgreich sein, wenn zugleich Lösungen für die sozialen Herausforderungen gefunden werden. Die Kluft zwischen Arm und Reich, die sich im letzten Jahrzehnt in Süd- und Mittelamerika deutlich vertieft hat, ist „ein Skandal" (O'Donnell). Für

soziale Gerechtigkeit zu kämpfen, bedeutet aber auch, sich gegen den Niedergang der öffentlichen Institutionen zu stellen und Sicherheitskräfte zu verhindern, die im Namen des Kampfes gegen Drogen unkontrolliert und repressiv handeln.

Mit der Unfähigkeit demokratischer Institutionen, vor allem der Parteien, und der damit verbundenen Enttäuschung in der Bevölkerung droht auch die Akzeptanz autoritärer Lösungen (wieder) zuzunehmen. Sicherlich sind gegenwärtig keine militärischen Putsche in Sicht. Jedoch bieten sich – vor allem mit der dramatisch anwachsenden städtischen Armut – Möglichkeiten für populistische Politik, die sich „über die Parteien“ stellt, die Institutionen der Demokratie aushöhlt und unter Einbeziehung von Militärs – sei es von einzelnen Personen, Gruppen oder der Institution – autoritäre Lösungen anstrebt.

19. Das Militär wird auch künftig als Institution in den Gesellschaften Süd- und Mittelamerikas präsent sein, wobei es tendenziell vom Zentrum an den Rand wandert. Diese „relative Marginalisierung“ gehört zweifellos zur „demokratischen Normalität“; jedoch darf sie die feste Integration der Institution Militär im politischen System nicht in Frage stellen. Aber die Debatte zwischen den Militärs und den zivilen Politikern über die Neugestaltung der zivil-militärischen Beziehungen findet in diesem Raum (noch) nicht statt. Die zivilen Regierungen unterschätzen oft diese Themen – aus Desinteresse, Abneigung oder aus sachlicher Unkenntnis. Fragen des Militärs werden oftmals nur in der Haushaltsdebatte angesprochen, meist mit der Absicht, weitere Kürzungen vorzunehmen.

Obwohl Verallgemeinerungen aufgrund der regionalen Differenzierung schwierig sind, erscheinen uns folgende Themen für diesen zivil-militärischen Dialog wichtig:

a) die Aufarbeitung und Bestrafung der Menschenrechtsverletzungen;
b) die Bestimmung von Souveränität und „nationalen Sicherheit“ und damit der (neuen) Aufgaben für das Militär;
c) die Haushaltskürzungen für das Militär angesichts gravierender sozialer Probleme;
d) die institutionellen Herausforderungen für das Militär (Rekrutierung, Modernisierung der Ausrüstung, veränderte Ausbildungsinhalte und -strukturen, innere Kommandostrukturen);
e) das Verhältnis des Militärs zu anderen Institutionen des Staates, vor allem zur Polizei und zur Justiz; sowie
f) die sozialen Konsequenzen für Militärs (Offiziere und Soldaten) bei (weiteren) Abrüstungsschritten.

Die Debatte mit den Militärs zu diesen Fragen sollte von allen politischen Kräften Süd- und Mittelamerikas gesucht und dann mit offenem Visier und langem Atem geführt werden.

Literaturverzeichnis

Castañeda, Jorge C. (1993): Utopia Unarmed – The Latin American Left after the Cold War, New York, Alfred A. Knopf.

Fuchs, Ruth (2002/2003): Politik mit der Erinnerung. Zur öffentlichen Auseinandersetzung um Gedächnisorte der Diktatur in Argentinien, in: WeltTrends, Nr. 37 (Winter), S. 55-64.

Heinz, Wolfgang (2001): Neue Demokratien und Militär in Lateinamerika. Die Erfahrungen in Argentinien und Brasilien (1983–1999), Frankfurt a.M., Vervuert.

Kernic, Franz (2001): Krieg, Gesellschaft und Militär. Eine kultur- und ideengeschichtliche Spurensuche, Baden-Baden, Nomos.

Krämer, Raimund (1998): Von der Staatlichkeit des Friedens im Extreme Occident, in: Österreichisches Studienzentrum für Frieden und Konfliktlösung (Hrsg.), Über die Schönheit und Mächtigkeit des Kleinen, Münster.

Linz, Juan J. (2003²): Totalitäre und Autoritäre Regime, Berlin, Berliner Debatte Wissenschaftsverlag (Potsdamer Textbücher Band 4).

Loveman, Brian/Thomas M. Davies (Hrsg.) (1997): The Politics of Antipolitics. The Military in Latin America, Wilmington, Dlw..

Mansilla, H.C. F. (1995/1996): Violencia im Andenraum. Gedanken zu Politik und Gewalt in Lateinamerika, in: WeltTrends, Nr. 9 (Winter), S. 57-67.

Millett, Richard/Gold-Biss, Michael (1996): Beyond Praetorianism. The Latin American Military in Transition, Miami, North-South Center Press.

Mols, Manfred (1987): Begriff und Wirklichkeit des Staates in Lateinamerika, in: Hättich, Manfred (Hrsg.), Zum Staatsverständnis der Gegenwart, München, Olzog Verlag.

O'Donnell, Guillermo (1973): Modernization and Bureaucratic Authoritarianism. Studies in South American Politics, Berkeley.

Rouquié, Alain/Suffern, Stephen (1998): The military in Latin American politics since 1930, in: Bethell, Leslie (Hrsg.), Latin America. Politics and Society since 1930, Cambridge, Cambridge University Press.

Rojas Aravena, Francisco (Hrsg.) (2003): La seguridad en América Latina pos 11 de Septiembre, Caracas, Nueva Sociedad.

Smith, Peter H. (2002²): Talons of the Eagle. Dynamics of U.S.-Latin American Relations, Oxford, Oxford University Press.

Stepan, Alfred (1973): The New Professionalism of Internal Welfare and Military Role Expansion, in: ders. (Hrsg.), Authoritarian Brazil. Origins, Policies, and Future, New Haven, Yale University Press.

Waldmann, Peter (1994): Staatliche und parastaatliche Gewalt in Lateinamerika, in: Junker, Detlef/Nohlen, Dieter/Sangmeister, Hartmut (Hrsg.): Lateinamerika am Ende des 20. Jahrhunderts, München, Beck.

Weber, Max (1986): Soziologische Grundbegriffe, Tübingen, Mohr.

Literaturbericht

Wolfgang Muno

Lateinamerika: Linksruck im Schatten der Weltöffentlichkeit

Diese Region ist derzeit wahrlich nicht im Brennpunkt des Interesses. Die *hot spots* internationaler Politik – Irak, Afghanistan, Iran und Nordkorea – verdrängen Süd- und Mittelamerika trotz interessanter Entwicklungen aus den Medien. Entwicklungspolitische Foren konzentrieren sich auf den Sozialfall Afrika und den Globalisierungsaufsteiger Asien, die komplexere Situation in Lateinamerika ist kaum Thema. Nicht zuletzt sind europapolitische Fragen wie die gescheiterte EU-Verfassung, Entwicklungen in den neuen EU-Ländern und die Frage des Türkei-Beitritts sowie die innenpolitischen Krisen und Wahlarithmetiken von größerer Bedeutung für Medien und Wissenschaft. So wird hierzulande wenig über den eindeutigen Linksruck bei Wahlen in den letzten Jahren diskutiert, der in Venezuela, Chile, Brasilien, Argentinien und zuletzt in Uruguay zu Regierungen geführt hat, die politisch, ökonomisch und sozial neue Akzente setzen wollen. Auch in Mexiko sehen Umfragen den ehemaligen Bürgermeister von Mexiko-Stadt, Andrés Manuel López Obrador von der linken PRD, als Favoriten für die kommenden Präsidentschaftswahlen 2006. Glücklicherweise schwimmen einige neuere wissenschaftliche Publikationen zu Süd- und Mittelamerika gegen den Medientrend. Zwei Bücher, die hier angesprochen werden, behandeln die Region generell, das Lateinamerika Jahrbuch und die Monographie von Nikolaus Werz; drei Sammelbände sind aktuelle Länderkunden zu Chile, Mexiko und Venezuela.

Trends und Entwicklungen

Einen kleinen Rundumschlag bietet Nikolaus Werz. Auf 400 Seiten werden Geschichte, Wirtschaft und Gesellschaft, vor allem aber die Politik Lateinamerikas behandelt. Das Buch erscheint in der Reihe „Studienkurs Politikwissenschaft" des Nomos-Verlages und richtet sich, als einführendes Lehrbuch, eher an Studien-

* Dr. phil. Wolfgang Muno, M.A., geb. 1968, Mitarbeiter am Institut für Politikwissenschaft der Johannes-Gutenberg-Universität Mainz.
E-Mail: muno@uni-mainz.de

anfänger. Um dem Anspruch gerecht zu werden, ist das Buch „in Anlehnung an die durchschnittliche Veranstaltungszahl eines Semesters in 15 Kapitel untergliedert" (S. 16). Die verschiedenen Formen autoritärer Regime, vom Caudillismo bis zu bürokratisch-autoritären Militärdiktaturen, werden ebenso wie Populismus und Neopopulismus dargestellt. Ausführlicher geht es um die Grundlagen und Elemente der gegenwärtigen lateinamerikanischen Demokratien, um die Probleme präsidentieller Regierungssysteme, um Parteien, Wahlen, Interessengruppen, politische Kultur und Außenpolitik. Werz versucht dabei, stets den ganzen Kontinent ebenso wie die Grundlagen politikwissenschaftlicher Debatten im Blick zu behalten. Die Ausführungen zum Präsidentialismus beispielsweise stehen im Kontext der von Juan Linz initiierten Debatte über Schwächen des Präsidentialismus und Vorteile parlamentarischer Systeme. Dass dies nicht durchgehend gelingt und stellenweise oberflächlich wird, ist evident. Etwas kurz kommen beispielsweise die Demokratisierungsprozesse Lateinamerikas in den 1980er und 1990er Jahren, die nur kurz an verschiedenen Stellen und nicht gerade erschöpfend behandelt werden. Kürzungspotenzial hat dagegen das Kapitel über die Lateinamerikaforschung. Die größeren Länder Argentinien, Brasilien, Chile und Venezuela werden häufiger behandelt, die kleineren, vor allem die mittelamerikanischen, werden kaum erwähnt. An etlichen Stellen kommen dafür kurz die besonderen Erfahrungen einiger anderer lateinamerikanischer Länder vor, beispielsweise die bolivianische Revolution von 1952 oder der Sonderfall Kuba, sodass dennoch ein gesamtlateinamerikanisches Panorama entsteht.

Berücksichtigt man den Anspruch, so ist Werz ein gutes Einführungsbuch gelungen. Für Experten steht wenig Neues drin, aber alle wesentlichen politischen Themen werden angesprochen. Positiv ist der didaktische Anspruch des Buches. Wenn auch die Rubrik „Worüber es zu diskutieren lohnt" mitunter etwas bemüht wirkt, so sind die weiterführenden Hinweise rundum gelungen, vor allem die kommentierten Hinweise zu ausgewählter, weiterführender Literatur. Eine Vielzahl von Tabellen und Grafiken bieten gute Überblicke. Besonders erwähnenswert ist auch, dass Werz nicht nur Literatur (und einige Internet-Links) kommentiert, sondern auch ausgewählte Spielfilme zu Lateinamerika, z.B. „Amores perros", „Viva Zapata" oder „Mission". Dadurch bietet er den Lesern die Möglichkeit eines alternativen, unkonventionelleren Zugangs zu Lateinamerika. Mit diesem Einführungsbuch besteht die Hoffnung, ein paar Studierende wieder an das spannende, leider aus der Mode geratene Thema Lateinamerika heranzuführen.

Die Linke in Lateinamerika

Die Tatsache, dass diese Region aus der Mode ist, bestätigt das Schicksal des Lateinamerika Jahrbuchs. Der dreizehnte Band wird leider auch der letzte sein, wie die Herausgeber kürzlich in einem Rundbrief an Abonnenten des Jahrbuchs mitteilen mussten. Grund sind, wie so oft, Umstrukturierungen und Mittelkürzungen nach einer Evaluierung. Dass ausgerechnet eine Publikation eingestellt wird, die regelmäßig Grundinformationen zur politischen, ökonomischen und sozialen Entwicklung ganz Lateinamerikas bietet, spricht Bände. Das Konzept des Lateinamerika Jahrbuchs sah vor, wissenschaftliche Aufsätze mit einem umfangreichen statistischen Teil zu Entwicklungen in Ländern und Regionen zu verbinden. Dabei wurden Basisdaten und Chronologien aller Länder Lateinamerikas geboten. Die Einstellung des Jahrbuchs wird eine Lücke hinterlassen. Die wissenschaftlichen Artikel des letzten Bandes behandeln karibische Integrationsbemühungen (Beate Ratter), den Rechtsstaat (Norbert Lösing, Kai Ambos und Ezequiel Malarino) und die Linke in Lateinamerika. Besonders der letzte Artikel bietet sehr instruktive Hintergrundinformationen zum erwähnten Linksruck. Stephan Scheuzgers Beitrag 'What is left?' Zur historischen Entwicklung und gegenwärtigen Situation der Linken in Lateinamerika" thematisiert Entstehung und Wandel verschiedener, sich selbst als links begreifender politischer Gruppierungen, Parteien und Bewegungen zwischen Reformismus und Revolution. Im Kontext der Demokratisierung Lateinamerikas und der Krise (oder des Endes?) sozialistischer Alternativen sieht er vor dem Hintergrund eines massiven Armutsproblems die „Notwendigkeit einer realistischen Utopie", die wohl derzeit etwa von der PRD in Mexiko, den Sozialisten in Chile oder der PT Lulas in Brasilien verkörpert wird, eine „sozialdemokratische Pragmatik, die auf einen Systemwechsel nicht mehr in der Errichtung einer sozialistischen Ordnung, sondern in der Etablierung eines anderen, gerechteren marktwirtschaftlichen Modells hinarbeitet" (S. 34).

Modellfall Chile?

Zum Stichwort Modell passt Chile. „Land der Extreme, aber immer Modell" titulieren die Herausgeber des Chile-Sammelbandes „Chile heute" ihren Einleitungsbeitrag. Mit gut 1.000 Seiten und satten 1348 Gramm Gewicht kann man das Buch vielleicht nach der Lektüre auch für den Hausbau benutzen, wenn gerade die Backsteine knapp werden; auf jeden Fall bietet der Band ein umfassendes Panorama des heutigen Chile. Das geballte Expertenwissen deckt Geographie, Gesellschaft, Politik, Wirtschaft und Kultur ab und wird ergänzt durch eine umfassende Chronologie des Landes. Besonders ausführlich werden die deutsch-chilenischen Beziehungen in sieben Beiträgen behandelt. Dabei fällt positiv auf, dass die „ganz andere Beziehung" mit der DDR nicht unter den Tisch fällt (ein Beitrag von Raimund Krämer). Highlights sind zweifellos die sehr persönlich gefärbten Erinnerungen und Kommentare von Altmeistern und Wegbereitern der deutschen Lateinamerikaforschung: Dieter Nohlen sowie, in einem Roundtable-Gespräch, Dieter Boris, Klaus Meschkat und Urs Müller-Plantenberg, wenn auch diese Beiträge bereits als Vorabdruck in der Zeitschrift Lateinamerika Analysen erschienen sind. Sieht man im Register nach, merkt man schnell, wo der Schwerpunkt liegt: Salvador Allende und Pinochet haben mehr als 50 Verweise, Pablo Neruda gerade mal fünf. Insgesamt 43 durchwegs lesenswerte Beiträge bietet der Sammelband, mehr als die Hälfte davon mit einem deutlichen sozialwissenschaftlichen Bias. Dies ist nachvollziehbar, denn gerade im Politisch-Ökonomischen lagen und liegen die interessantesten Entwicklungen, die Chile immer wieder zum erwähnten Modellfall machten. Die Reformen unter Frei, die Präsidentschaft Allendes, des ersten frei gewählten marxistischen Präsidenten eines Landes, der Putsch Pinochets am 11. September 1973, dem „9-11" der Chilenen, die darauf folgende radikale Umstrukturierung von Wirtschaft und Gesellschaft im Zeichen der neoliberalen Chicago-Boys während der brutalen Diktatur und schließlich, nach der Rückkehr zur Demokratie, die Etablierung eines demokratischen Erfolgsmodells auf der Basis eines Wirtschaftsliberalismus mit sozialem Ausgleich – stets war Chile Vorreiter für Entwicklungen in Lateinamerika. So war denn auch Ricardo Lagos im Jahr 1999 der erste Politiker der pragmatischen, sozialdemokratisch-reformerischen Linken, der zum Präsidenten gewählt wurde. Der dritte konstitutionelle Präsident in Folge belegt die im regionalen Kontext der vorzeitigen Absetzungen, Rücktritte und Interimspräsidenten beispiellose politische Stabilität. Chile entging gleichzeitig weitgehend den Finanzkrisen der letzten Jahre, die wie Tsunamis über asiatische und lateinamerikanische Länder brausten, und weist ein solides Wirtschaftswachstum auf. Das Land gilt derzeit als das am wenigsten korrupte und bestorganisierte des Subkontinents, kurzum, ein Hort der Stabilität. Der Sammelband arbeitet in verschiedenen Beiträgen die politischen und ökonomischen Hintergründe dieser positiven Entwicklungen heraus, zeigt aber auch deutlich die Probleme und Grenzen des derzeitigen Modells: die unbewältigte Aufarbeitung der Vergangenheit (in den Beiträgen von Rainer Huhle und Norbert Lechner/Pedro Güell), der nach wie vor vorhandene übermäßige Einfluss des Militärs (im Beitrag von Michael Radseck), die schon immer existierende strukturelle Ungleichheit und Armut (in einem lesenswerten Beitrag von Urs Müller-Plantenberg, der zeigt, dass auch die Reformen unter Frei und Allende wenig geändert haben, aber durch die Pinochet-Ära eine dramatische Verschärfung der sozialen Situation stattfand) sowie vielfältige Umweltprobleme (in einem Beitrag von Elmar Römpczyk). Römpczyk bringt es auf den Punkt, wenn er schreibt, dass in Chile derzeit „eine Allianz aus politischer Elite und nationalen plus internationalen Großinvestoren weder an der sozialen noch an der ökologischen Dividende interessiert ist" (S. 495). Schon vor einigen Jahren hatte Römpczyk Chile als „Modell auf Ton" kritisiert. Ob man diese Kritik teilen mag oder eher als Optimist auf die positiven Elemente sieht, auf jeden Fall ist man nach der Lektüre dieses beeindruckenden Bandes schlauer.

Mexiko: Erosion der PRI

Ein nicht ganz so voluminöses Panorama bietet der in der gleichen Reihe und in gleicher Machart erschienene Mexiko-Sammelband „Mexiko heute“ – mit über 800 Seiten aber immer noch ein publizistisches Schwergewicht. Er erscheint bereits in dritter, komplett überarbeiteter Auflage und gibt einen Einblick in Geographie, Geschichte, Religion, Politik, Wirtschaft sowie Gesellschaft, Kultur, Literatur, Musik, Kunst, Architektur, Film und Theater. Dieser Band hat einen etwas anderen Schwerpunkt als der Chile-Band, was durch die Tatsache verdeutlicht wird, dass etwa der derzeitige Präsident Fox 22-mal im Register erwähnt wird, Octavio Paz immerhin aber 16-mal. Mit 13 von 27 Beiträgen ist hier die Kultur stärker gewichtet. Im politischen Teil kommen – neben grundlegenden Abhandlungen etwa zur Entwicklung Mexikos im 20. Jahrhundert (Hans-Werner Tobler), Verfassungsfragen (Hans-Rudolf Horn), dem Verhältnis von Kirche und Staat (Gerhard Kruip) – neuere Entwicklungen im Bereich Innen-, Außen- und Menschenrechtspolitik zur Sprache. Mexiko ist durch den Beitritt zur NAFTA und zur OECD kein klassisches Entwicklungsland mehr, formell eher Teil der Ersten Welt. Die ökonomischen und sozialen Realitäten sehen aber anders aus, wie etwa Marianne Braig in ihrem Beitrag „Fragmentierte Gesellschaft und Grenzen sozialer Politiken“ zeigt. Politisch hatte Mexiko immer einen Sonderstatus, verdeutlicht durch die über 70-jährige Einparteienherrschaft der PRI, der Partei der Institutionalisierten Revolution. Die Präsidentschaftswahlen im Jahr 2000, die der konservative Unternehmer und Oppositionspolitiker Vicente Fox gewann, bedeuteten das Ende dieser Einparteienherrschaft. Dabei war der Machtverlust keine Überraschung, die Erosion der PRI und der Aufstieg der Oppositionsparteien, der konservativen PAN und der linken PRD, zogen sich über einen Zeitraum von fast 20 Jahren, wie der sehr lesenswerte Artikel von Uwe Franke über „Parteien und politische Transformation in Mexiko“ zeigt. Die Analyse der gegenwärtigen politischen Realität Mexikos, die Franke vor dem Hintergrund der politischen Entwicklung des gesamten 20. Jahrhunderts vornimmt, ist ernüchternd. „Die Entwicklung einer konsolidierten Demokratie in Mexiko ist (...) keineswegs sicher (...) Mexiko ist offener und pluralistischer geworden, doch die Garantie für diesen weiteren Weg kann nur die Stabilisierung eines Rechtsstaates leisten, in dem die Zusammenarbeit im Parlament professionalisiert, die Korruption bekämpft und die Glaubwürdigkeit und Effizienz von Institutionen mit einer Reduktion von gesellschaftlicher Fragmentierung einhergehen“ (S. 196). Ob eine neue, linke Regierung des bereits erwähnten Andrés Manuel López Obrador diese herkulischen Aufgaben schultern kann oder vielleicht sogar wieder die PRI die Macht übernimmt, bleibt abzuwarten.

Venezuela: Chávez als linke Alternative?

Eine Alternative zur pragmatisch-sozialdemokratischen Linken verkörpert, mindestens auf rhetorischer Ebene, Hugo Chávez in Venezuela. Unter seiner Führung wurde das Institutionensystem der neben Costa Rica ältesten und ehemals stabilsten Demokratie Lateinamerikas radikal umgestaltet. An Stelle des bankrotten, durch Korruption und Misswirtschaft geprägten alten Systems der Elitendemokratie setzte Chávez mit der Bolivarischen Republik ein revolutionäres Projekt, das zunehmend den Anspruch erhebt, angesichts der Krise des Neoliberalismus ein antineoliberales Gegenmodell zu präsentieren. Die Beiträge in dem Sammelband „Venezuela – die Bolivarische Republik" analysieren die Hintergründe und Widersprüche des Aufstiegs von Hugo Chávez. Öl und Demokratie waren und sind die politisch-ökonomischen Kristallisationspunkte Venezuelas. Grundlagen des alten politisch-ökonomischen Verteilungssystems im venezolanischen Rentier-Staat sowie die Krise der 1980er und 1990er Jahre, die Chávez den Weg ebnete, behandeln die Beiträge von Andreas Boeckh und Nikolaus Werz. Hans-Jürgen Burchardt analysiert die venezolanische Wirtschafts- und Sozialpolitik unter Chávez zwischen hochtrabender Rhetorik und der traurigen Realität der „venezolanischen Krankheit", der Unfähigkeit, den Ölreichtum in eine nachhaltige Entwicklung umzusetzen, an der breite Bevölkerungsschichten partizipieren können. Die „Venezolaner" Friedrich Welsch, Teodoro Petkoff, Dorothea Melcher und Luis Britto García diskutieren verschiedene Aspekte des Chávez-Regimes, wobei es besonders interessant ist, die Positionen und Argumente des Chávez-Verteidigers Britto García direkt nach denen des Chávez-Kritikers Petkoff zu lesen. In dem Beitrag „Der Comandante in seinem Labyrinth: das bolivarische Gedankengut von Hugo Chávez" unternehmen Andreas Boeckh und Patricia Graf den Versuch, die Ideologie (oder wenn man will, die politische Philosophie, wenn das nicht gar zu hochtrabend für die Versatzstücke klingt) von Hugo Chávez zu untersuchen. Den ideologischen Kern bildet der Bolivarismo, vielfältige Anleihen bei dem Nationalhelden Simón Bolívar, dem aber fast alle Positionen zugeschrieben werden können, ein „Held für alle Fälle", sodass Chávez ideologische Präferenzen höchst unklar sind. Er ist gegen den US-Imperialismus, gegen eine interamerikanische Freihandelszone, gegen die Oligarchie, gegen Ungerechtigkeit und Neoliberalismus; bei der Frage nach positiven Inhalten bleibt aber alles sehr vage. Chávez paart revolutionäre Rhetorik mit politischem Pragmatismus und steht damit in der Tradition des klassischen Populismus von Juan Domingo Perón. Ob heute tatsächlich „die materiellen Voraussetzungen für eine distributive, (...) populistische Krisenbewältigung" (S. 103) fehlen, darf angesichts der momentanen Petrodollar-Schwemme in Venezuela gefragt werden. Außenpolitisch gelingt es Chávez jedenfalls immer besser, mit den anderen linken Präsidenten Lateinamerikas zusammen zu arbeiten, wobei nicht nur sein Freund Fidel Castro, sondern auch Brasiliens Lula, Uruguays

Tabaré Vázquez und in letzter Zeit besonders Argentiniens Néstor Kirchner nicht nur offene Ohren, sondern besonders offene Arme für Chávez' Geld- und Öl-geschenke haben.

Lateinamerika mag zwar derzeit nicht im Brennpunkt des Interesses stehen, aber wie die angesprochenen Publikationen zeigen, gibt es allemal interessante Entwicklungen.

Rezensierte Literatur:

Nikolaus Werz: Lateinamerika. Eine Einführung, Nomos Verlagsgesellschaft, Baden-Baden 2005, 400 S., ISBN 3-8329-1068-9

Klaus Bodemer/Detlef Nolte/Hartmut Sangmeister (Hrsg.): Lateinamerika Jahrbuch 2004, Vervuert, Frankfurt a.M. 2004, 385 S., ISBN 3-86527-123-5

Peter Imbusch/Dirk Messner/Detlef Nolte (Hrsg.): Chile heute. Politik, Wirtschaft, Kultur, Vervuert, Frankfurt a.M. 2004, 957 S., ISBN 3-89354-590-5

Walther L. Bernecker/Marianne Braig/Karl Hölz/Klaus Zimmermann (Hrsg.): Mexiko heute. Politik, Wirtschaft, Kultur, Vervuert, Frankfurt a.M. 2004, 3. vollständig neu bearbeitete Auflage, 826 S., ISBN 3-86527-140-5

Rafael Sevilla/Andreas Boeckh (Hrsg.): Venezuela – die Bolivarische Republik, Horlemann, Bad Honnef 2005, 322 S., ISBN 3-89502-197-0

Detlef Junker, Dieter Nohlen, Hartmut Sangmeister (Hrsg.), Lateinamerika am Ende des 20. Jahrhunderts, C. H. Beck Verlag, München 1994, 168 S., ISBN 3-406-37452-2

In Zeiten von Debatten über die Neugestaltung der internationalen Beziehungen ist es nützlich, dem lateinamerikanischen Kontinent mehr Aufmerksamkeit zu verleihen, der im Zuge der Konzentration auf die asiatische Region etwas in den Hintergrund getreten ist. In den letzten Jahren kennzeichnen teilweise geradezu spektakuläre Umbrüche die lateinamerikanische Situation, die einer sorgfältigen Analyse bedürfen. Dies zu leisten, verspricht der Band „Lateinamerika am Ende des 20. Jahrhunderts“.

Dieter Nohlen untersucht in seinem Beitrag die Bedingungen und Charakteristika des Wandels von diktatorischen zu demokratischen Systemen.Trotz einer begründeten Skepsis, die insbesondere in den sozialen und wirtschaftlichen Herausforderungen beruhen, sieht er die Chancen für eine Aufrechterhaltung der Demokratie durchaus gegeben („teils aus Gründen, die in historischen Erfahrungen und in politischen Innovationen liegen, teils aufgrund mangelnder Attraktivität oder Durchsetzungschancen diktatorialer Lösungen“ S. 26). Daß die Konsolidierung und Stabilität von Demokratie nicht unabhängig von sozialen Entwicklungen diskutiert werden kann, wird kaum bestritten. Allerdings ist nicht von einer mechanistisch verkürztem kausalen Beziehung auszugehen, wie Bernhard Thibaut in seinem Beitrag in der Untersuchung wesentlicher Sozialindikatoren belegt. Trotz eines Anstieges der sozialen Kosten in den 80er Jahren kam es kaum zu einer ernsthaften Gefährdung der politischen Stabilität. (S. 143) Gelingt es, die Partizipationschancen für alle Bevölkerungsgruppen einigermaßen zu sichern, könnte die damit verbundene Dynamik der politischen Prozesse Impulse für die Entschärfung der sozialen Lage liefern. Beide Autoren greifen zum Abschluß des Bandes die Frage der Demokratiekonsolidierung in einer länderdifferenzierten Betrachtung nochmals auf und diskutieren die Bedeutung verschiedener Herausforderungen. Unter anderen Aspekten betonen sie insbesondere die Veränderungen in der politischen Institutionenstruktur und in den Einstellungs- und Verhaltensmuster der politischen Eliten; Veränderungen, die zwar den Bestand von Demokratie nicht garantieren können, jedoch insgesamt eine optimistischere Sichtweise erlauben.

Auf die bleibende Last der Verschuldung, die zu einem Ressourcenabfluß von 163 Mrd. US-Dollar von 1982-1990 aus Lateinamerika geführt hat, weist der Beitrag von Hartmut Sangmeister hin, der deutlich macht, daß die damit verbundenen notwendigen Anpassungsprozesse die sozialen Probleme in vielen Länder signifikant erhöhte. Dem Abbau der „sozialen Schuld“ sollte in den folgenden Jahren deutlich mehr Beachtung geschenkt werden. „Dieses neoliberale Reformprojekt kann nur dann zu einem nachhaltigen wirtschaftlichen Erfolg führen, wenn es auch sozial abgesichert und ökologisch vertretbar wird“. (S. 121) Klaus Eßer unterwirft die wirtschaftsstrategischen Konzepte einer Analyse. Hierbei behandelt er zunächst die lange maßgebliche Strategie der Importsubstitution, um anschließend Charakteristika und Wirkungen der neoliberalen Konzeption zu untersuchen. Er sieht gleichfalls den Neoliberalismus des US-Typ als ungeeignet, die komplexen gesellschaftlichen und wirtschaftlichen Herausforderungen zu bewältigen. (S. 185f) Zur Erreichung der erforderlichen „systemischen Wettbewerbsfähigkeit“ befinde sich Lateinamerika daher erst am Anfang eines industrialisierungsstrategischen Suchprozesses. Der Beitrag der Industrieländer auf diesem Weg sei bislang unzureichend und inadäquat konzipiert. Ein wichtiger Schritt in der Lösung der wirtschaftlichen Probleme ist die Intensivierung der regionalen Wirtschaftskooperation. In seinem zweiten Beitrag skizziert Hartmut Sangmeister die Entwicklungen, Probleme und bislang durchaus beachtlichen Ergebnisse des *Gemeinsamen Marktes des Südens* (MERCOSUR), zu dem sich Argentinien, Brasilien, Paraguay und Uruguay 1991 zusammengeschlossen haben.

Zentrale gesellschaftliche Fragen greifen die Beiträge von Renate Rott und Peter Waldmann auf. Die Anstrengungen, Hindernisse und Auseinandersetzungen lateinamerikanischer Frauen auf ihrem Weg zu einem gleichberechtigten Platz in der Gesellschaft beschreibt Renate Rott. Hierbei habe die in den letzten Jahrzehnten gewachsene Erwerbsrate von Frauen und der erweiterte Zugang zur öffentlichen Bildung deren Voraussetzungen für politische Beteiligung verbessert. Das gewachsene Selbstbewußtsein spiegelt sich stärker als in der „offiziellen" Politik in den sozialen Bewegungen wider. Rott betont, „daß es mehrheitlich Frauen waren und sind, die das Rückgrat der Bewegungen ausmachten" (S. 164), sei es in ländlichen Gebieten oder in städtischen Unterschichten. Peter Waldmann behandelt die Rolle der staatlichen und parastaatlichen Gewalt in Lateinamerika. Diese ist nicht nur gegenüber der politischen Opposition relevant, sondern im wachsenden Maße gegenüber Kriminaltät und Kleinkriminalität. Die Untersuchung verweist zugleich auf die unscharfen Trennlinien zwischen staatlicher und „privater" parastaatlicher Gewalt (Todesschwadrone), die die Legitimität öffentlicher Institutionen (Polizei, Militär und Justiz) sukzessive untergraben, und dies aufgrund der erschreckenden Bilanz zu Recht. Die Anwendung rechtstaatlicher Kriterien in diesen Bereichen ist für den Autor ein zentraler und notwendiger Schritt, um diese verhängnisvolle Entwicklung zu bremsen.

Einen informativen vergleichenden Überblick aus historischer Perspektive zur Staatenbildung in Nord- und Südamerika gibt der Beitrag von Hans-Jürgen Puhle, der allerdings die Verbindung zur aktuellen Thematik des Buches nur begrenzt einlöst. Gleiches gilt für den Artikel von Detlef Junker, der die Geschichte der US-lateinamerikanischen Beziehungen unter dem Gesichtspunkt von Kontinuitäten untersucht, wobei zur aktuell wichtigsten Thematik NAFTA lediglich drei Sätze zu finden sind. Hier sind die Perspektiven zu korrigieren, wenn der eigene Anspruch Ernst genommen werden soll. Interessante außenpolitische Aspekte beleuchtet schließlich noch der Beitrag von Martina Müller, die der Bedeutung der Ökologie als Waffe der brasilianischen Umweltaußenpolitik nachgeht.

Insgesamt bietet der Band einen in vielen Aspekten repräsentativen Überblick zur aktuellen Situation Lateinamerikas, in dem kenntnisreich viele zentrale Problembereiche behandelt und bestehende Lösungsansätze analysiert werden. Zu wünschen wäre dem Band jedoch stärker aktuelle Veränderungen berücksichtigende Ausführungen zu den internationalen Beziehungen, wobei nicht nur an die USA zu denken wäre (Deutschland, Europa oder pazifische Region). Gleichfalls wäre ein weiterer Beitrag zu kulturellen Veränderungen eine Bereicherung, die die pulsierende Vitalität in Kunst und Kultur einerseits und die wachsende Kommerzialisierung der Medien andererseits einbringen könnte. Auch die teils rasanten Veränderungen von religiösen Verhaltensmuster bzw. kirchlichen Organisationen wären einer Reflexion wert. Dies könnte eventuell in einer zweiten Auflage Berücksichtigung finden, die dem Buch zu wünschen ist.

Hans-Joachim Lauth, Universität Mainz

Michael Krennerich, Wahlen und Antiregimekriege in Zentralamerika, Leske + Budrich, Opladen 1996, 422 S., ISBN 3-8100-1706-X

Michael Krennerich legt mit seiner Promotionsschrift - der 6. Band der Reihe „Politische Organisation und Repräsentation in Amerika“ - eine sehr umfassende Studie über Wahlen und Antiregimekriege vor. Das Literaturverzeichnis mit 44 Seiten ist sehr umfassend und bietet den Lesern Gelegenheit, eine Bibliographie mit der neuesten Fachliteratur einzusehen. Die Kontinuität dieser Reihe läßt die Vermutung aufkommen, daß sich hier eine „Nohlen-Schule“ in Heidelberg etabliert hat. Der Respekt gegenüber dem Herausgeber und erstklassigen Wissenschaftler Dieter Nohlen ist in den Arbeiten seiner Schützlinge aber nicht nur im Literaturverzeichnis deutlich zu spüren. Gerade in den neunziger Jahren, die als Aufbruchsjahre Lateinamerikas in Richtung Demokratie bezeichnet werden können, paßt eine Arbeit, die sich mit dem Funktionswandel von Wahlen auseinandersetzt. Mit der Unterzeichnung des Friedensabkommens zwischen der Guerilla und der Regierung in Guatemala 1996 wurde die letzte kriegerische Auseinandersetzung zugunsten einer friedlichen Konfliktbewältigung in Zentralamerika beendet. Krennerichs Werk ist nun keine chronologische Dokumentation der Friedensprozesse, sondern der Autor lotet im Ländervergleich aus, „inwieweit die außerhalb der eigentlichen Verhandlungs- und Vermittlungsprozessen liegenden Rahmenbedingungen den Friedensbemühungen zuträglich oder abträglich waren.“ (S. 20)

Die Studie ist in drei größere Abschnitte unterteilt, womit der Autor augenscheinlich auch der allgegenwärtigen Trinität unterliegt. An den Anfang der einzelnen Abschnitte setzt Krennerich als Orientierungshilfe jeweils eine kurze theoretische Einleitung über Ziel und Vorgehensweise im entsprechenden Kapitel. Daran schließt sich ein auf empirische Daten und Fakten aufgebauter Ländervergleich an.

Im ersten Abschnitt versucht der Autor anhand eines von Dieter Nohlen übernommenen und konkretisierten Kriterienkatalogs, die Kompetitivität von Wahlen in Nicaragua, El Salvador und Guatemala zu beurteilen. Der Konzentration auf diese drei Länder liegt die Annahme zugrunde, Wahlen und Antiregimekriege (im Kontext der gewachsenen gesellschaftspolitischen Bedingungen) zu untersuchen. Als Antiregimekriege bezeichnet Krennerich, nach Klaus Jürgen Gantzel, „innerstaatliche Kriege mit oder ohne Fremdbeteiligung, in denen es primär '... um den Erhalt bzw. um die Veränderung oder den Sturz der bestehenden Regierung oder gar des Gesellschaftssystems geht'“. (S. 16) Die historisch vergleichende Perspektive ermöglicht es auch, Rückschläge oder Fortschritte bei der Durchführung von Wahlen in wechselnden Regierungsformen aufzuzeigen. Krennerich bricht damit das Vorurteil, daß Wahlen in autoritären Staaten nur Scheinwahlen darstellen und somit als Gegenstand politikwissenschaftlicher Auseinandersetzung uninteressant seien. Eine Bedingung, die der Autor dafür voraussetzt, ist die gründliche Beschäftigung mit dem Wahlkontext und eine vorsichtige Interpretation der Wahlergebnisse. Dies ist sehr gut gelungen. Dem Leser wird im ersten Kapitel ein umfassender Einblick in den Funktionswandel von Wahlen unter den autoritären Regimen bis zur heutigen politischen Öffnung geboten. Im zweiten großen Abschnitt wird der Zusammenhang zwischen dem Funktionswandel von Wahlen und dem Entstehen von Antiregimekriegen hergestellt. Inwieweit „haben Wahlmanipulation und Wahlbetrug dazu beigetragen, daß der politische Konfliktaustrag zugunsten des kriegerischen an Bedeutung verlor“? (S. 20) Oder konnten durch faire Wahlbedingungen die kriegerischen Macht und Verteilungskämpfe politisch ausgetragen werden? Bevor Krennerich diese Fragen beantwortet, analysiert er die ökonomischen, sozialen, ethnischen und politischen Strukturen und Strukturveränderungen im Vorfeld der Kriege in Zentralamerika. Dabei kommt er zu dem Schluß, daß den Antiregimekriegen eine Teilmodernisierung von Wirtschaft und Gesellschaft vorausging. Diese wurde von reformunwilligen autoritären Regimen fehlgeleitet und führte zur Verarmung und Desintegration großer Teile der Bevölkerung. Der sich daraus ergebene Widerstand wurde durch die Behinderung von Oppositionsgruppen seitens der Regierung verschärft. „Vor dem Hintergrund hochkonfliktiver gesellschaftlicher und politischer Strukturen gewann die Option eines gewaltsamen Regimesturzes an Bedeutung, weil die Option eines gewaltlosen Regimewandels von einem gewissen Punkt an versperrt zu sein schien." (S. 365)

Der Vorteil, daß Michael Krennerich bewußt nur drei Länder untersucht, macht sich besonders in diesem Kapitel bemerkbar. Der Anspruch vieler Kriegsursachenforscher, möglichst allgemeingültige Theorien zu erstellen, zerbricht oft an der Heterogenität der untersuchten Fälle. Krennerich dagegen versucht, Theorien mittlerer Reichweite zu erstellen, die auch, wie z.B. die Funktion von Wahlen in autoritären Regimen, auf andere Regionen übertragbar sind.

Die Bedeutung der Wahlen als Zielgröße von Verhandlungen oder als Katalysator der Friedensprozesse in Zentralamerika wird im letzten Kapitel der Studie behandelt. In der Einleitung stellt der Autor einen Überblick über Entwicklung und Stand der Friedensverhandlungen zwischen Regierung und bewaffneter Opposition in Nicaragua, El Salvador und Guatemala dar. Ausgehend von der Beobachtung, „daß sich in Zentralamerika die Formen des Konfliktaustrages und damit verbunden der politische Konflikthintergrund eher veränderten, als die sozioökonomischen und ethnischen Konfliktstrukturen" (S. 23), stellt sich der Autor die Fragen: Warum verlagerte sich der Konfliktaustrag trotz allem von einem kriegerischen zu einem politischen? Welche Bestimmungsgründe führten zu einer Beendigung der Antiregimekriege? Krennerich kommt zu dem Schluß, daß eine militärische (Patt-)Situation entstanden war, in der keine Partei die andere zu besiegen vermochte, die Kosten des Krieges aber ständig stiegen. Die Veränderung der internationalen Beziehungen in den neunziger Jahren trugen ebenso zur Friedenssuche bei, so Krennerich, wie ein nationales Umfeld, in dem sich die gesellschaftspolitischen Gestaltungs- und Mitwirkungsmöglichkeiten vergrößerten.

Die Stärke der Studie besteht darin, daß sie die Beendigung von Antiregimekriegen nicht nur auf Veränderungen des strukturellen Konfliktpotentials bezieht, sondern eingehend die Neubewertung von friedliche Konfliktregulierungen in Verlauf der kriegerischen Auseinandersetzungen untersucht. Dies ist mit einer umfassenden historischen Analyse über den gesellschaftlichen, ökonomischen und politischen Wandel in Zentralamerika verbunden. Trotz der Fülle von Informationen, die auf den Leser einströmen, gelingt es dem Autor, seine Ausführungen in einem verständlichen Sprachstil zu kleiden und gleichzeitig fundiertes Wissen über die politische Entwicklung in Zentralamerika zu vermitteln. Diese Kombination erscheint in der politischen Fachliteratur eher als Ausnahme denn als Regel. Interessant erscheint dabei die Beobachtung, daß Wahlen zum einen als Mittel autoritärer Regime genutzt wurden und zum anderen zu einer Beendigung der Kriege führten und demokratischen Bewegungen den Weg zur Regierung öffneten. Bleibt zu hoffen, daß auch weiterhin Wahlen als ein geeignetes Instrument betrachtet werden, um Macht und Herrschaftskonflikte in diesen Ländern friedlich zu lösen.

Mario Kölling, Universität Potsdam

Petra Bendel: Parteiensysteme in Zentralamerika. Typologien und Erklärungsfaktoren, Leske + Budrich, Opladen 1996, 441 S., ISBN 3-8100-1707-8

Zentralamerika stand in den achtziger Jahren noch im Blickpunkt des öffentlichen Interesses in Deutschland. Medien und Wissenschaft beschäftigten sich mit der sandinistischen Revolution und dem Bürgerkrieg in El Salvador, Städtepartnerschaften mit sandinistisch regierten Gemeinden wurden propagiert, Geld für revolutionäre Bewegungen gesammelt. In den neunziger Jahren kühlte dieses Interesse merklich ab, trotz (oder wegen?) der Befriedung und Demokratisierung Zentralamerikas. Die Region ist jedoch noch nicht gänzlich in politikwissenschaftliche Vergessenheit geraten.

Die Erlanger Politikwissenschaftlerin Petra Bendel untersucht in ihrer Studie die Parteiensysteme der zentralamerikanischen Länder Honduras, Guatemala, El Salvador, Nicaragua und, in geringerem Maße, Costa Rica. Die Arbeit, eine unter Dieter Nohlen entstandene Dissertation, ist als Band 7 der Reihe „Politische Organisation und Repräsentation in Amerika" erschienen und setzt die Kontinuität hervorragender Heidelberger Lateinamerikastudien fort, die 1996 bereits in der Reihe publiziert wurden (Band 5: Bernhard Thibaut: Präsidentialismus und Demokratie in Lateinamerika. Argentinien, Brasilien, Chile und Uruguay im historischen Vergleich; Band 6: Michael Krennerich: Wahlen und Antiregimekriege in Zentralamerika. Im Mittelpunkt steht die Frage nach „Ursachen für die Ausprägung der ganz unterschiedlichen Strukturen in den Parteiensystemen der Länder Zentralamerikas" (S. 21). So existiert in Honduras ein zu klarer Mehrheitsbildung neigendes Zweiparteiensystem mit geringer ideologischer Distanz; in Guatemala liegt ein extrem fragmentiertes und asymmetrisches, kaum institutionalisiertes Parteiensystem mit geringem Polarisierungsgrad vor; in Nicaragua findet sich ein wenig institutionalisiertes, hochgradig fragmentiertes Parteiensystem mit starker ideologischer Polarisierung; in El Salvador gibt es ein geringer fragmentiertes Mehrparteiensystem mit hoher Polarisierung. Diese Unterschiedlichkeit der Parteiensysteme kontrastiert nach Meinung der Autorin auffällig mit einem hohem Maß an zentralamerikanischer Gemeinsamkeit hinsichtlich historischer Entwicklung und geographischen, wirtschaftlichen, sozialen und politischen Faktoren.

Anhand der Auswertung von Sekundärliteratur und Originaldokumenten (Parteiprogramme, Satzungen, amtliche Wahldaten) sowie von 1993 und 1994 durchgeführten teilstrukturierten Interviews mit 51 Parteiführern und Abgeordneten aus Zentralamerika analysiert Petra Bendel nach einem einleitenden Kapitel die vier erwähnten Länder zunächst durch historisch-empirisch angelegte Studien der Entwicklung der einzelnen Parteiensysteme (Kapitel 2). Diese monographisch angelegten Einzelfallstudien sind anhand einer die sozioökonomische und politische Entwicklung der Region strukturierenden Einteilung in fünf Phasen gegliedert: 1) die liberal-oligarchische Phase um die Jahrhundertwende; 2) die Weltwirtschaftskrise und die Diktaturen der dreißiger Jahre; 3) die wirtschaftliche und politische Erholung gegen Ende des Zweiten Weltkrieges; 4) die wirtschaftliche Modernisierung der autoritären Regime in den fünfziger, sechziger und siebziger Jahren; 5) die „verlorene Dekade" und wirtschaftspolitische Umorientierung in den achtziger und neunziger Jahren und die Transition zur Demokratie. Hier wird ein profunder und detaillierter Überblick vermittelt. Im daran anschließenden Kapitel 3 erfolgt, unter kontrastierender Einbeziehung des seit 1948 demokratisch-stabilen Costa Ricas mit seinem ideologisch gering polarisierten Zweiparteiensystem als abweichender Fall zur Variablenkontrolle, ein Fünf-Länder-Vergleich, der Aufschluß geben soll hinsichtlich ländergemeinsamer und länderspezifischer Einflußfaktoren sowie der Bedingungen und ausschlaggebenden Faktoren für Entstehung, Konstanz und Wandel der Parteiensysteme. Die Ergebnisse für jedes Land im einzelnen darzustellen, würde den Rahmen dieser Rezension sprengen, aber auch hier bietet die Autorin fundierte und scharfsinnige Analysen parteipolitischer Entwicklungen.

Im abschließenden Kapitel 4 dient die vergleichende Analyse der Überprüfung gängiger Klassifikations- und Typologisierungskriterien sowie gängiger Erklärungsansätze für die Entstehung von Parteiensystemen. Interessanterweise zeigt sich, daß etwa die Variablen „cleavage" oder „Wahlrecht und Wahlsystem" nur begrenzte Erklärungskraft für die Entstehung der zentralamerikanischen Parteiensysteme haben, ebenso auch die Variable „externe Einflüsse". Bedeutender für die Entwicklung dieser Parteiensysteme war die Variable „Regimetyp". An diese Ergebnisse anknüpfend entwickelt Petra Bendel einen Vorschlag zur Modifikation der klassischen Typologie Sartoris, der vorsieht, die Unterscheidung kompetitive-nichtkompetitive Parteiensysteme durch die Kategorie „semi-kompetitiv" zu ergänzen, die adäquater erscheint für Fälle wie die zentralamerikanischen Fassadendemokratien mit eingeschränktem Pluralismus.

Insgesamt ist Petra Bendel ein hervorragender Beitrag zur deutschsprachigen politikwissenschaftlichen Lateinamerikaforschung gelungen. Die Arbeit ist gut strukturiert und zeichnet sich durch ihr argumentatives Niveau aus. Trotz der bedauerlichen Tatsache, daß Costa Rica deutlich weniger Aufmerksamkeit gewidmet wurde als den übrigen zentralamerikanischen Ländern, zeichnen sich insbesondere die Einzelfallstudien der Entwicklung der zentralamerikanischen Parteiensysteme durch ihre profunde Detailkenntnis aus und bieten eine Fülle von Informationen, abgerundet durch das enorme und umfassende Literaturverzeichnis von 59 Seiten.

Besonders hervorzuheben ist die Tatsache, daß es sich um eine echte vergleichende Studie handelt. Die Länderbeispiele werden nicht nur nebeneinander dargestellt, sondern auch wirklich vergleichend analysiert. Dadurch erfüllt sich Petra Bendels Hoffnung, „...zu einem Erkenntnisfortschritt für die allgemeine vergleichende Erforschung politischer Systeme und schließlich für die von Parteienforschern und Komparatisten häufig geforderte Einbeziehung des lateinamerikanischen Subkontinents in die theoriegeleitete, empirische Forschung von Parteien und Parteiensystemen allgemein beizutragen" (S. 34).

Wolfgang Muno, Universität Mainz

Peter Waldmann, Der anomische Staat. Über Recht, öffentliche Sicherheit und Alltag in Lateinamerika, Verlag Leske + Budrich, Opladen 2002, 261 S., ISBN 3-8100-3434-7

Gewalt und Korruption gehören in Lateinamerika zum Alltag. Kolumbien hält den Weltrekord in Morden und Entführungen, die Leichen der Opfer werden – zum Teil entsetzlich zugerichtet – am Straßenrand aufgefunden. In Brasilien machen Todesschwadronen Jagd auf Straßenkinder und in Mexiko hat sich ein System etabliert, wonach Polizeioffiziere regelmäßig einen Teil des Gehaltes ihrer Untergebenen kassieren. Die Untergebenen wiederum akzeptieren diese Tatsache mit fatalistischer Gelassenheit, in der Hoffnung, eines Tages befördert zu werden und selbst Bestechungsgelder einstreichen zu dürfen.

Dies alles seien Symptome einer chronischen Schwäche des Staates, schlussfolgert Peter Waldmann in seiner Studie über Recht, öffentliche Sicherheit und Alltag in Lateinamerika. Die lateinamerikanischen Staaten hätten es weder geschafft, ein staatliches Gewaltmonopol durchzusetzen, noch ihre eigenen Sicherheitskräfte zu disziplinieren. Dabei wäre es verfehlt anzunehmen, ein schwacher Staat sei ein harmloser. Im Gegenteil – ein schwacher Staat, so Waldmanns These, kann für seine Bürger mindestens ebenso gefährlich sein wie ein zu starker.

Einerseits gebe es zwar in den meisten Staaten gleiche Rechte und demokratische Verfassungen – aber sie stünden lediglich auf dem Papier. Militär und Polizei verstoßen ungeniert gegen Gesetze und Menschenrechte, Verwaltungsbeamte lassen sich gewohnheitsmäßig bestechen und die wohlhabenderen Bürger verschieben ihr Geld auf ausländische Konten, um keine Steuern zahlen zu müssen.

Selbst die in den siebziger Jahren weit verbreiteten Militärdiktaturen (man denkt zunächst, eine Militärdiktatur wäre ein starker Staat), sind folglich das Resultat staatlicher Schwäche. Das Militär in Lateinamerika ist eine „undisziplinierte Institution" (S. 43), es ist gegenüber seinem Staat, seiner Regierung nicht loyal, sondern strebt selbst nach der Macht.

Die meisten süd- und mittelamerikanischen Länder standen Jahrzehnte lang unter Militärregimen, die die Gewaltenteilung aufgehoben und die politische Opposition aufs Grausamste verfolgt haben. Zwar kehrten die Staaten – zumindest formell – zur Demokratie zurück, doch die Demokratisierung ging nicht automatisch mit einer Etablierung rechtsstaatlicher Verhältnisse einher.

Der Autor spricht ganz bewusst von Etablierung und nicht von Wiederherstellung, denn so etwas wie ein allgemein verbindliches Regelwerk – die Voraussetzung, damit überhaupt ein Rechtsstaat entstehen kann – hätte es in Lateinamerika nie gegeben. Das offiziell geltende Recht mit seiner Intransparenz und Unübersichtlichkeit genießt beim Bürger wenig Achtung.

Somit haben sich alternative Normen- und Wertesysteme herausgebildet, bestimmte Bevölkerungsgruppen – vor allem Indios – leben nach ihren eigenen Regeln und in einigen Teilen des Hinterlandes sind staatliche Einrichtungen praktisch nicht existent. Aber selbst mitten im Zentrum der Staatsgewalt – zum Beispiel in Haftanstalten – erkennt Waldmann rechtsfreie Räume. Die Gefängnisse in Lateinamerika „bilden Enklaven mit einer eigenen Normenordnung, in denen die Häftlinge ihr Zusammenleben selbst organisiert haben. Dies kann je nach Land und Einzelfall nach marktwirtschaftlichen Prinzipien geschehen (begüterte Gefangene könne sich in solchen Gefängnissen sehr komfortabel einrichten) oder gemäß einer auf physischem Zwang basierenden hierarchischen Hackordnung. Das Vollzugspersonal ist entmachtet, bzw. zum Dienstleistungsorgan für die Gefangenen degradiert" (S. 26).

Statt für den inneren Frieden und die öffentliche Sicherheit zu sorgen, seien die Staatsorgane eine zusätzliche Bedrohung und Quelle ständiger Unsicherheit für den Bürger, konstatiert Waldmann. Daraus entwickelt er seine These vom anomischen Staat. „Mit dem von Emile Durkheim in den Sozialwissenschaften eingeführten Anomie-Begriff sind Zustände der Regellosigkeit oder einer verwirrenden Regelvielfalt gemeint, die keine konstante Verhaltensorientierung auf Seiten der Betroffenen mehr zulassen" (S. 93).

Mit diesem Ansatz bewegt sich Waldmann – wie er selbst betont – außerhalb des Mainstreams in der Entwicklungssoziologie. Das Buch ist in drei Hauptteile untergliedert. Der erste Teil enthält Überlegungen allgemeiner historischer und theoretischer Art. Hier sucht der Autor nach den Ursachen von Anomie und stellt fest, dass die Weichen bereits in der Kolonialzeit falsch gestellt worden sind. Von den Wirren der Unabhängigkeitskriege und den anschließenden Fehden zwischen rivalisierenden Caudillos hätte sich Lateinamerika bis heute nicht erholt, meint Waldmann. In dieser Phase sei der Grundstein für eine Verrohung der politischen Kultur und eine Zersplitterung des Staatsvolkes gelegt worden.

Der zweite Teil beschäftigt sich speziell mit den staatlichen Sicherheitskräften und den verschiedenen Formen des Machtmissbrauchs. Dabei kommt der Autor zu der traurigen Feststellung, dass Menschenrechtsverletzungen und Gewaltexzesse mit dem Übergang vieler Diktaturen zur Demokratie keineswegs abgenommen hätten. Lediglich das Profil der Opfer hätte sich geändert. Waren es zu Zeiten der Militärdiktaturen besonders Angehörige der Mittelschicht, Intellektuelle und Studenten, die von den Sicherheitskräften verhaftet, gefoltert und umgebracht wurden, so sind es heute vor allem kleine Unterschichtkriminelle, für die sich – wie der Autor zu Recht beklagt – kaum eine Lobby oder Menschenrechtsorganisation stark macht.

Das extrem brutale Vorgehen der Polizei gegen Kriminelle sieht Waldmann als Ausdruck der Hilflosigkeit und Unfähigkeit staatlicher Organe, mit der explosionsartig ansteigenden Kriminalität fertig zu werden. Seine diesbezüglichen Prognosen sind pessimistisch, denn die Hauptursache des Verbrechens, die soziale Ungleichheit, sei in Lateinamerika so krass wie in keiner anderen Region der Welt. Mit den neoliberalen Wirtschaftsreformen, die unter vielen Militärdiktaturen durchgesetzt wurden, hätte sich die Einkommensschere zwischen den oberen und unteren sozialen Schichten noch weiter geöffnet. Trotz rigoroser Abschreckungsmaßnahmen, Razzien, Misshandlungen und Erschießungen Verdächtiger nehmen Diebstähle, Erpressungen und Raubüberfälle nicht etwa ab, sondern zu. Die Säuberungsaktionen gegen Protestbewegungen und politische „Feinde" seien von mehr Erfolg gekrönt gewesen, bemerkt Waldmann.

Dies mag faktisch richtig sein; allerdings erscheint es fragwürdig, in diesem Zusammenhang von „Erfolg" zu sprechen. Außerdem hat die Ausrottung der Linken während der Militärdiktatur jener neoliberalen Wirtschaftspolitik Vorschub geleistet, die die Reichen immer reicher und die Armen noch ärmer werden lässt – ein Zusammenhang, den der Autor meines Erachtens nicht deutlich genug herausstellt.

Den dritten und letzten Teil bilden Einzelfallstudien. Anhand von drei Beispielen werden hier interessante Einblicke in das lateinamerikanische Alltagsleben gewährt. Der Leser gewinnt einen bildhaften Eindruck vom sozialen Leben in der abgelegenen Region Santa Cruz de la Sierra (Bolivien), kann den Überlebenskampf der Argentinier während der Mega- und Hyperinflation nachempfinden und erfährt, wie die Gewalt in Kolumbien derartig eskalieren konnte, dass sich das Land heute in einem permanenten Ausnahmezustand befindet. All diese Beispiele zeigen eindrucksvoll, wie ein anomischer Staat das Leben jedes Individuums ständig gefährdet, bedroht, beeinträchtigt.

Etwa die Hälfte der Kapitel sind Originalbeiträge, die bereits anderweitig publiziert wurden. Dies tut der Qualität der Studie jedoch keinen Abbruch. Waldmanns Buch erweckt keineswegs den Eindruck eines „Flickenteppichs", denn die Grundfrage, weshalb der lateinamerikanische Staat außer Stande ist, ein transparentes, effektives, allgemein akzeptiertes Rechts- und Normensystem zu schaffen, zieht sich wie ein roter Faden durch den ganzen Band. Es hätte mir dennoch gefallen, wenn der Autor seine Überlegungen durch ein allgemeines Fazit abgerundet hätte.

Abgesehen davon, vermag es Peter Waldmann, ein äußerst komplexes Thema leserfreundlich an den Mann und die Frau zu bringen. Wer also Interesse für Entwicklungssoziologie, Staats- und Rechtsphilosophie oder einfach für Lateinamerika mitbringt, sollte sich dieses Buch nicht entgehen lassen.

Adriane Wipperling, Universität Potsdam

Oliver Diehl/Wolfgang Muno (Hrsg.): Venezuela unter Chávez – Aufbruch oder Niedergang?, Vervuert Verlagsgesellschaft, Frankfurt am Main 2005, 176 S., ISBN 3-86527-180-4

„*Venezuela's oil-rich troublemaker*" nannte *The Economist* am 14. Mai dieses Jahres den venezolanischen Präsidenten Hugo Chávez Frías. Es existiert eine Fülle von Bezeichnungen, die Journalisten wie Autoren für den Präsidenten bereithalten – Despot, Demokrat, Messias, Witzfigur. Der Wortreichtum belegt dabei unfreiwillig, wie schwer es fällt, „das Phänomen Chávez" fassbar zu machen. Wer ist dieser Mann? Bedeutet er den Aufbruch Venezuelas in eine sozial gerechtere, wenn auch unvollkommene Demokratie? Oder aber Venezuelas Niedergang im populistischen Despotismus? Eine Tagung an der Johannes-Gutenberg-Universität Mainz suchte nach Antworten. Sie war zugleich Ursprung des vorliegenden Sammelbandes. Oft scheitern derartige Sammelbände an der Herausforderung, verschiedene Perspektiven zu eröffnen und doch nicht Artikel zusammenhanglos aneinander zu reihen. Was also bieten Diehl und Muno, die Herausgeber der acht Beiträge, mit ihrem Buch?

Muno selbst ist Autor des ersten Artikels, der die politischen wie ökonomischen Entwicklungen einer „durch die Ölrente genährte[n] Schönwetterdemokratie" skizziert, „die funktionierte, solange genügend populistischer Brosamen für die Bevölkerung abfiel" (S. 32). Anschaulich und präzise, sinnvoll ergänzt durch Tabellendaten, vermittelt Muno dem Leser einen Einblick in den wechselseitigen Einfluss ökonomischer und politischer Entwicklungen im Venezuela des 20. Jahrhunderts bis hin zu Chávez' Wahl zum Präsidenten 1998. Muno sieht in Chávez' Populismus schließlich eine Absage des venezolanischen Volkes an die Demokratie und ihre Institutionen, denen die Bevölkerung nach den sozioökonomischen und politischen Krisen des Landes misstraut.

Ähnlich fragt Zimmerling in ihrem Beitrag, ob denn die venezolanische Demokratie die Schöne ist, die sich des Biestes Chávez nicht entledigen kann? Nein, sie war nie die Schöne, mag auch Chávez „das Biest“ sein, lautet auch ihr Fazit. Ihre zwei wesentlichen Fragen sind einerseits, zukunftsgerichtet, ob der Übergang von der Revolution zur „soliden Demokratie" möglich sein wird (in fünf Jahren, wie Chávez versprach), als auch, vergangenheitsorientiert, „warum überhaupt Revolution anstatt Demokratie?“ Zimmerling verdeutlicht, wie der Mangel an gefestigten Institutionen in Venezuela bewirkt, dass politische Tatkraft und Erwartungssicherheit nur mehr im Rahmen einer „Revolution“ vorstellbar werden, in der die persönlichen Fähigkeiten der politischen Leitfigur dieses strukturelle Defizit ausgleichen zu können scheinen. 80% der Venezolaner lebten 1997/98, d.h. kurz bevor Chávez ins Amt gewählt wurde, in Armut. Provokativ zitiert Zimmerling Ugalde, der eine Autorität, die das Elend (anstatt das öffentliche Wohl) betreibt, mit einer Diktatur gleichsetzt, gleichauf welchem Wege der Regierende ermächtigt worden sei. Weder gab es also noch gibt es Demokratie in Venezuela, und auch die Zukunft vertraut man nicht ihr, sondern einem scheinbar „politisch Tatkräftigen“ an.

Kann der Mann aber sein Wort halten? Der Titel eines anderen Beitrags des Sammelbandes nimmt den Standpunkt seines Autors bereits vorweg: „Das soziale Elend unter Hugo Chávez“. Burchardt analysiert die Sozial- und Wirtschaftspolitik der „Bolivarischen Revolution“ und ihr Potenzial, der Diktatur des Elends ein Ende zu bereiten. Er urteilt, dass Chávez sein Land keineswegs in eine „unvollkommene“, aber sozial gerechtere Demokratie führt. Nach der Aufführung eigentlich beeindruckender Statistiken unterzieht der Autor sowohl Sozial- als auch Wirtschaftspolitik einer vernichtenden Kritik. Entziehe sich die wirtschaftspolitische Wirklichkeit Venezuelas sozialistischen wie neoliberalen Paradigmen, so stelle sie schlicht einen „Erdölappendix“ dar, bemerkt Burchardt lakonisch. Die Popularität Chávez' resultiere nicht aus politischer Tatkraft, sondern aus einer erfolgreichen politischen Massenmobilisierung.

Zwei weitere Beiträge beschäftigen sich mit dieser politischen Mobilisierung der Massen. Beispielhaft beschreibt der Artikel Jungemanns deren Ablauf im Stadtkosmos von Caracas. Sie schildert die Hintergründe und den Dezentralisierungsprozess der Stadtverwaltung, der seit den 1980er Jahren zur Bewältigung der Krise des politischen Systems eingeleitet wurde. Die sozial-räumliche Segregation und die politisch-administrative Fragmentierung verschärften unter Chávez die bereits bestehende, soziale Polarisierung um eine politische Dimension. Chávez' Regime beschleunigt dem gemäß die Desintegration und erhöht auf dieses Weise das Konfliktpotenzial. Leider lässt Jungemann oft im Unklaren, wie viel Verantwortung der Regierung zuzusprechen ist, und inwieweit es sich um einen Prozess handelt, der sich vielerorts in Süd- und Mittelamerika vollzieht. Der Beitrag Diehls hingegen beschäftigt sich mit dem „kulturellen Phänomen Chávez“. Aus sozialpsychologischer Perspektive sucht Diehl nach einer Erklärung für Chávez' Talent, das Volk für sich zu gewinnen. Das Unverständnis außenstehender Beobachter sowie „Gebildeter“ für Chávez' Popularität folge aus dem Auftreten des Präsidenten, das sich explizit und exklusiv an der ungebildeten, verarmten Unterschicht orientiere, so Diehl. Für die demographische Minderheit der Mittel- und Oberschicht Venezuelas sei Demokratie sehr wohl ein Identifikationskriterium und „*Loco* Chávez“ eine verrückte Person. Aber während Chávez „dem Volk aufs Maul schaut“, sich weniger um Seri6sität schert als um seine Rolle als Vertrauensmann, ist diese Gesellschaftsschicht zur *Outgroup* im eigenen Land geworden. Die „Bolivarische Revolution“ ist somit ein „Produkt des Auseinanderdriftens gesellschaftlicher Realitäten zwischen Arm und Reich“ (S. 82) und Chávez (nur) Sprachrohr legitimer Ansprüche und Indiz nicht eines „Kulturwandels“, sondern „längst eingetretene[r] Werteveränderungen“ (S. 80), die Venezuelas Gesellschaft charakterisieren, so Diehls Standpunkt.

Ein weiterer Artikel analysiert die Wirkung der Regierung Chávez über die Grenzen Venezuelas hinaus. Boeckhs Beitrag diskutiert nicht, ob das Regime Chávez zu verurteilen sei, denn die „defekte Demokratie“ ist bereits sein Ausgangspunkt, sondern inwiefern sich der Wandel der außenpolitischen Beziehungen seit Chávez' Regierungsantritt auf die Position des Landes in der internationalen Politik auswirkt. Wie in Munos Beitrag kommt auch in Boeckhs außenpolitischer Analyse dem Öl eine zentrale, fast determinierende Rolle zu. Die den USA gegenüber provokante Außenpolitik beschreibt er gleichzeitig als Solidarität mit der Dritten Welt in der Tradition des *tercermundismo* der 1970er Jahre und innenpolitisch adressierten „politischen Machismo“ (S. 92), der außer bei der venezolanischen Bevölkerung wenig Wirkung hinterließe.

Der Artikel von Blessing über die „Ästhetik der Gewalt“ im venezolanischen Film, der laut der Herausgeber „den Nährboden, auf den die Versprechungen Chávez' fruchtbar fallen“ (S. 9) zeigen soll, wirkt im Zusammenhang leider deplaziert und scheint unter dem Deckmantel moderner wissenschaftlicher Interdisziplinarität mitveröffentlicht worden zu sein. Er kann bestenfalls als literarischer *gimmick* verstanden werden, der jedoch der Qualität der übrigen Beiträge keinen Abbruch leistet. Sprachlich lebendig geschrieben, beinhalten die einzelnen Beiträge eine Fülle interessanter *hard facts*, die dem Leser in konzentrierter und doch sehr lesbarer Weise dargeboten werden. Trotz einer offensichtlichen Kongruenz der Meinungen bietet der Sammelband verschiedene Perspektiven, *ohne* dass die einzelnen Beiträge zusammenhanglos wirkten. Gewisse inhaltliche Wiederholungen mögen stören, verankern aber historische Eckdaten im Bewusstsein. Nur selten wird eine Tendenz zu ausufernden Details spürbar; die Lektüre bewegt sich in sicherer Distanz zu dem – leider häufig vorzufindenden – trockenen Stil wissenschaftlicher Abhandlungen. Für einen Interkontinentalflug nach Südamerika also durchaus zu empfehlen!

Janika Albers, Johns Hopkins University Bologna Center, Bologna

Ottmar Ette, Martin Franzbach (Hrsg.), Kuba heute. Politik, Wirtschaft, Kultur, Vervuert Verlag, Frankfurt am Main 2001, 864 S., ISBN 3-89354-575-1

Kuba gilt auch zu Beginn des 21. Jahrhunderts ungebrochenes Interesse. Bald 13 Jahre hat der kubanische Tropensozialismus den Zusammenbruch des sozialistischen Lagers überlebt und nach wie vor scheiden sich an ihm die Geister. Umso verdienstvoller erscheint deshalb der Versuch, ein breites Spektrum der jüngeren Entwicklungen auf Kuba einem kritischen Publikum vorzustellen und jenseits gängiger Klischees die Vielfalt der Inselrealitäten und ihre Veränderungen insbesondere seit den 90er Jahren zu zeigen.

Im umfangreichen Sammelband von Ottmar Ette und Martin Franzbach zeichnen denn auch die Autoren in 31 Aufsätzen ein weites Panorama der gegenwärtigen kubanischen Wirklichkeit, das mit Hintergrundinformationen zur Kultur und Geschichte ergänzt wird. Angefangen mit einem Kapitel über Geographie und Stadtentwicklung, weiter mit Abschnitten zur Politik und Gesellschaft, Wirtschaft, Kultur und einem über Deutschland und Kuba sind die Themen – ganz gemäß der Konzeption eines Handbuchs – interdisziplinär und relativ breit gestreut. Dabei stehen die Abhandlungen über die Kultur des Landes, die beinahe die Hälfte des Buches beanspruchen, im Vordergrund.

Nach der Einleitung von Ottmar Ette über die sich zusehends überlagernden kulturellen Realitäten der Inselbewohner, stehen im ersten Kapitel über „Geographie und Stadtentwicklung" zunächst die Bevölkerungsentwicklung und die räumlichen Veränderungsprozesse im Mittelpunkt. Dabei zeigen sich immer wieder die lateinamerikanischen Wurzeln und Verbindungen, die durch den unterschiedlichen Entwicklungsweg und die regionale Isolierung der Insel – vor allem in den 60er bis 80er Jahren – zwar zum Teil gekappt werden konnten, seither jedoch wieder stärker zum Vorschein kommen. Günter Mertins behandelt etwa in seinem Aufsatz über die Regional- und Bevölkerungsentwicklung mit einem umfangreichen statistischen Anhang die Faktoren, wie z.B. umfangreiche Regionalförderung und Gesundheitsversorgung, die die kubanische Binnenwanderung und vor allem das Bevölkerungswachstum den Indikatoren der Industrienationen angenähert haben. Es folgen Artikel über die Städte Kubas, ihre Entwicklung und Veränderung durch die Jahrhunderte sowie ein Aufsatz über die Wohnungspolitik des revolutionären Kubas und deren Ziele. Eines der gravierendsten sozialen Probleme der Gegenwart und der jüngeren Vergangenheit, das umfangreiche Wohnraumproblem und der Verfall der städtebaulichen Infrastruktur, stellt Hans Harms in seinem sehr detailreichen Abschnitt über die Probleme der Stadterneuerung in Kuba in den Vordergrund.

Die Neugestaltung der Politik, die aufgrund des Zusammenbruches der Sowjetunion und der sich daran anschließenden und bis heute spürbaren wirtschaftlichen Krise notwendig geworden war, sowie deren Folgen sind Gegenstand der Kapitel über „Politik und Gesellschaft" sowie „Wirtschaft".

Bert Hoffman thematisiert das schwierige Verhältnis zu den USA, das sich nach einer deutlichen Verhärtung bis in die Mitte der 90er Jahre in den letzten Jahren wieder etwas entspannt hat, sich aber immer noch durch eine rigide Frontstellung auszeichnet und zur Stabilisierung des Castro-Regimes beiträgt. Die Beziehungen zwischen Kuba und seinem neuen wichtigsten Handelspartner, die Europäische Union, untersucht Susanne Gratius. Sie zeigt den schwierigen Spagat der EU zwischen Demokratieförderung einerseits und Wirtschaftsinteressen andererseits. Den ständigen Veränderungen der Machtstrukturen um den immer noch unbestrittenen *Caudillo* Fidel Castro und die Entwicklung und Einschätzung der Revolution widmen sich die Beiträge von Raimund Krämer bzw. Frank Niess. Beide beurteilen im Hinblick auf die Zukunft die jüngsten politischen Entwicklungen eher skeptisch und weisen auf die Gefahren der Nach-Castro-Ära hin. Die Dissidentenbewegung, die Peter B. Schumann analysiert, könnte hierbei eine entscheidende Rolle spielen, wobei sie sich trotz eines ständigen Zulaufs in den letzten Jahren erst noch als ernst zu nehmende Opposition formieren müsste. Ergänzt werden diese Aufsätze durch einen Artikel von Monika Krause-Fuchs über das Geschlechterverhältnis auf Kuba, in dem sie die erreichten Fortschritte und bleibenden Probleme bei der Gleichberechtigung aufzeigt.

Hans-Jürgen Burchhardt überblickt in seinen beiden Beiträgen die Entwicklung der schwierigen wirtschaftlichen Verhältnisse in den 90er Jahren und beschreibt Handlungsfelder und Strategien zur Überwindung der Wirtschaftskrise. Charakteristisch für die gegenwärtige wirtschaftliche Lage sei dabei eine „stabile Stagnation", die sich nach der Öffnung des Landes für den Weltmarkt und den erst zögerlich begonnen Reformen im Inneren, allen voran die Dollarlegalisierung und Teilprivatisierung der Wirtschaft, eingestellt habe. Um die daraus entstehenden entwicklungspolitischen Gefahren zu vermeiden, bedürfe es seiner Ansicht nach, besser früher als später, weiter reichender Wirtschaftsreformen, vor allem in der Landwirtschaft. Weitere Beiträge beschäftigen sich mit zwei einzelnen Bereichen der wirtschaftlichen Entwicklung, mit den Zukunftsaussichten der High-Tech-Industrie sowie dem Tourismus.

Die kulturellen Erscheinungsformen und Entwicklungen werden im folgenden Kapitel sehr breit diskutiert, wobei ein wichtiges Augenmerk auf den Vergleich zwischen der vor- und nachrevolutionären Zeit gerichtet wird. Die Analyse und Darstellung der kubanischen Literatur, ihrer Hintergründe, Aufgaben, Gattungen und Strömungen, nehmen dabei den größten Raum ein. Thematisiert werden aber auch in einzelnen Aufsätzen die Identität von Exilkubanern in Miami, die allgemeine Sprechsituation auf Kuba sowie der kubanische Film, die Musik, Malerei und Philosophie.

Eingehend auf die Verbindungen zwischen Kuba und Deutschland schließt das letzte Kapitel mit einem Überblick über die deutsche Kuba-Politik nach der Wiedervereinigung sowie einer sehr lesenswerten Abhandlung von Matthias Hucke über die deutsche Kolonie auf Kuba zu Zeiten des Nationalsozialismus.

Der Leser erhält mit diesem Band einen schnellen Zugriff auf verschiedene Perspektiven der jüngeren kubanischen Entwicklung, wobei sich besonders auch die Chronologie zur Geschichte Kubas bzw. ein gut gestaltetes Personen- und Sachregister im Anhang des Buches als nützlich für einen schnellen Überblick erweisen. Leider fehlt ein Vorwort, so dass sich weder die Vorgeschichte des Bandes noch die genaue Absicht der Herausgeber einschließlich ihrer Themenauswahl genau erschließen lassen. So leuchtet beispielsweise die Zusammenstellung der Themen in den einzelnen Kapiteln nicht auf den ersten Blick ein. Insbesondere in den ersten drei Kapiteln stehen übergreifende Darstellungen häufig in einem Kontrast zu verschiedenen Detailproblemen. So folgt beispielsweise im Kapitel Politik und Gesellschaft einem Aufsatz über die Wandlungen und Grundlagen der Herrschaftsstruktur ein Artikel über das Geschlechterverhältnis auf Kuba. Andererseits erscheinen wichtige Themen, wie z.B. die seit Beginn der 90er Jahre doch zum Teil gravierenden Veränderungen der Sozialstruktur und die anwachsenden Probleme, wie Armut, Korruption, Kriminalität oder Menschenrechtsverletzungen, nur ganz am Rande. Nichtsdestotrotz gelang es den Herausgebern mit den bekanntesten deutschen Kubaspezialisten und vereinzelten Beiträgen kubanischer Kollegen ein lesenswertes erstes Nachschlagewerk und einen Ausgangspunkt für weitere Forschungen für den kubainteressierten Leser zu produzieren, und gerade auch deshalb, weil es das erste seiner Art in deutscher Sprache darstellt.

Hans-Jürgen Frieß, Berlin

Dieter Boris, Albert Sterr, FOXtrott in Mexiko. Demokratisierung oder Neopopulismus? Neuer ISP Verlag, Köln 2002, 270 S., ISBN 3-89900-102-8

Der 2. Juli 2000 stellt einen Wendepunkt sowohl in der Geschichte als auch in der Politik Mexikos dar. Die „Partei der institutionellen Revolution“ (PRI) verlor nach 71 Jahren ihre Alleinherrschaft in einem demokratischen Wahlprozess. Der neue Präsident Vicente Fox von der „Partei der nationalen Aktion“ (PAN) versprach, vieles anders, alles aber besser machen zu wollen. Dieter Boris und Albert Sterr, beide an der Universität Marburg, nehmen dies zum Anlass für eine Analyse des sich verändernden Mexiko nach der Jahrtausendwende. Gleichzeitig ziehen sie ein Resümee der ersten anderthalb Jahre Amtszeit der neuen mexikanischen Regierung. Dabei stützen sie sich auf umfangreiches aktuelles Quellenmaterial.

Der erste Teil, „Der Niedergang des PRI-Systems“, beginnt mit einem Abriss der mexikanischen Geschichte seit der Revolution 1910. Dabei werden die Ereignisse seit 1968, dem Massaker von Tlatelolco, genauer betrachtet. Hier, so die Autoren, ist der Scheitelpunkt zwischen Auf- und Abstieg der bis vor kurzem dienstältesten amtierenden Partei der Welt anzusiedeln (S. 27). Andere Faktoren, die den Machtwechsel begünstigt haben, sind nach Boris/Sterr das Erstarken der Oppositionsbewegungen und -parteien in den 1990er Jahren, die Spaltung innerhalb der PRI. Schließlich führen sie die Unbeweglichkeit des PRI-Apparates an, welcher aufgrund hoffnungslos verkrusteter und unbeweglicher Strukturen nicht in der Lage war, auf Veränderungen angemessen zu reagieren. Insofern wird die Wahl von 2000 zwar als politische Zäsur betrachtet, der Prozess der Erosion der ehemaligen Staatspartei PRI, der einen solchen Wechsel ja erst möglich gemacht hat, jedoch bis weit hinein ins letzte Jahrhundert datiert. Aber ist diese Wende auch ein solcher Wandel, wie ihn die Medien weltweit gefeiert haben? Boris und Sterr machen dies im zweiten und umfangreicheren Teil ihres Buches unter dem Titel „Wende ohne Wandel“ zur zentralen Frage. Bei genauerer Betrachtung der 1990er Jahre unter der PRI-Präsidentschaft von Ernesto Zedillo fällt auf, dass die PAN sehr wohl in vielen Belangen mit der PRI gut zusammenarbeiten konnte. Denn neoliberale Strukturanpassungsmaßnahmen, für die PAN und Fox ganz deutlich stehen, gab es in Mexiko spätestens seit der Ära Salinas Gortari, also ab 1988, mit Blick auf die

Vorbereitungen zum NAFTA-Beitritt 1994.

So kommen die Autoren dann auch zu dem Schluss, „dass lediglich der Fahrer und Beifahrer ihren Platz getauscht haben, während der Wagen weiter die von beiden vereinbarte Wegstrecke zurücklegt“ (S. 113). Die Politik des Präsidenten Fox und seines Kabinetts im Bereich der Wirtschaft wird daher nicht als Wandel, sondern als Kontinuität begriffen.

Auch in anderen Bereichen fällt die Bewertung der Autoren eher nüchtern aus. Die versprochene Zuwendung zur immer größeren Schicht der Armen war sehr bescheiden. Gelder aus dem Sozialsystem wandern weiterhin in die Bankensanierung, und statt der halben Million neuer Arbeitsplätze verloren im Jahr 2001 über 400.000 Mexikaner ihren Job. Die einheimische Wirtschaft stagniert, bei der Korruptions- und Kriminalitätsbekämpfung sind keine sichtbaren Erfolge zu verzeichnen, in Fragen der Menschenrechte kam die Regierung nicht über symbolische Gesten hinaus, die COCOPA-Gesetzesinitiative zur Autonomie der indigenen Bevölkerung wurde verwässert und die Gespräche mit den Zapatisten sind ergebnislos abgebrochen worden. Die Gründe für die Nichteinlösung derartig populistischen Wahlversprechen liegen laut Boris/Sterr einerseits darin, dass die PRI noch immer in vielen Landesteilen an der Macht ist. Deren klientelistische Struktur ist zwar geschwächt, aber nicht überwunden. Außerdem verweisen sie auf den Zwiespalt von Fox und seiner Partei, der PAN, die nicht selten dem Präsidenten bei Gesetzesinitiativen die Gefolgschaft verweigert.

Allerdings ist auch der Handlungsspielraum der neuen Regierung durch die wirtschaftliche Integration in die NAFTA, durch voran gegangene Privatisierungen von Staatsbetrieben und durch internationale Abkommen und Verpflichtungen stark eingeschränkt. Detailliert und komparativ gehen die Autoren nämlich auf die außerparlamentarischen Oppositionsbewegungen ein, stellen diese in den gesellschaftlichen Kontext und loten deren Potenzial aus. Dabei berücksichtigen sie sowohl die legalen Bewegungen, – Bauern-, PRI-unabhängige Arbeiterorganisationen und die Studenten-, Frauen-, Indìgena- und Umweltbewegungen – als auch jene Organisationen, die bewaffnet und illegal gegen das Regime kämpfen: EZLN, ERP, EPRI und FARP. Der legalen Opposition und der Unterstützerorganisation der EZLN, den Zapatisten, wird eine maßgebliche Rolle beim Transformationsprozess hinsichtlich der Demokratisierung zugeschrieben. Die meist regional agierenden bewaffneten Aufstandsbewegungen sind dagegen gesellschaftlich isoliert. Das muss jedoch nicht so bleiben. Die zunehmende Verarmung und Marginalisierung der Landbevölkerung und der Bewohner der urbanen Elendsviertel könnte mit einer Radikalisierung einher gehen, die diesen Gruppen Zulauf bringt. Für den mexikanischen Staat kann das zu einer realen Bedrohung werden.

Im dritten und letzten Teil fragen die Autoren unter dem Titel „Neoliberalismus, (Neo-)Populismus und Demokratie“, inwieweit es sich in Mexiko unter Fox um ein populistisches bzw. neopopulistisches System handelt. Dabei unterscheiden Boris/Sterr zwischen dem „klassischen Populismus" Lateinamerikas, der sich mit Klientelismus, Importsubstitution und einen mächtigen Staatsapparat beschreiben lässt, und dem „Neopopulismus", der zwar auch einen charismatischen „Lìder" hat, aber stark an der neoliberalen Wirtschaftspolitik orientiert ist. Für Mexiko wird dann – wie stets, wenn man sich vor eindeutigen Klassifizierungen scheut – eine Mischform aus beiden Elementen prognostiziert. Einerseits wird die Rückkehr der Caudillos (allen voran Fox) mit stark neoliberal ausgerichteter Politik beobachtet. Aufgrund der historischen Konstellation in Mexiko wird dies gewürzt mit korporatistischen Elementen. Darin sehen die Autoren die Gefahr der Wiederbelebung autoritärer Tendenzen, die der erhofften Demokratisierung zuwider laufen würden (S. 244f.).

Vicente Fox, Politstar des Wahlkampfes, Träger der Hoffnung auf neuen Wind in Mexiko, hatte nur anderthalb Jahre nach seiner Wahl mit Gegenwind aus allen Richtungen zu kämpfen. Statt Fortschritt und Wandel herrscht Stagnation in Politik und Wirtschaft. Die Umverteilung von unten nach oben geht einher mit dem Festhalten an der ultraorthodoxen Doktrin des freien Marktes, wonach die unsichtbare Smithsche Hand wie von allein Wohlstand und Stabilität mit sich bringe.

Und heute, mehr als ein Jahr nach Erscheinen dieses Buches – was hat sich geändert? Nichts! Sicher ist dieses Buch die aktuellste Analyse von Mexikos politischem System. Zwar ist es schwierig, dies auf 250 Seiten erschöpfend zu behandeln, aber durch die Beleuchtung möglichst vieler Teilaspekte dieses mexikanischen Transformationsprozesses gelingt den Autoren ein differenziertes Gesamtbild des heutigen Mexiko. Das hebt sie erfreulicherweise von anderen Publikationen zu Mexiko ab. Zu oft werden nur Teilbereiche, wie die zapatistische Aufstandsbewegung oder die Wirtschaftspolitik, isoliert betrachtet. Die historische Einführung bietet einen guten Erklärungsrahmen der derzeitigen Situation; so ist es möglich, auch ohne fundiertes Vorwissen die Aussagen nachzuvollziehen. Daher ist das Buch von Boris und Sterr ein Muss für all jene, die an Mexiko interessiert sind.

Christian Kube, Universität Potsdam

Quellennachweis

Buisson, Inge: Zerfall des spanischen Weltreiches und die Staatenbildung in Spanisch-Amerika, in: WeltTrends Nr. 6 (Frühjahr 1995), S. 25–35.

Mols, Manfred: Begriff und Wirklichkeit des Staates in Lateinamerika, in: Manfred Hättich (Hrsg.): Zum Staatsverständnis der Gegenwart, Akademie für Politische Bildung, München OLZOG Verlag, 1987, S. 185 – 220.

Krämer, Raimund: Von der Staatlichkeit des Friedens im *Extrême Occident,* in: Österreichisches Studienzentrum für Frieden und Konfliktlösung (Hrsg.): Über die Schönheit und Mächtigkeit des Kleinen, agenda Frieden 26, Münster 1998.

Mansilla, H. C. Felipe:Violencia im Andenraum: Gedanken zu Politik und Gewalt in Lateinamerika, in: WeltTrends Nr. 9 (Winter 1995/1996), S. 57–67.

Faust, Jörg/Muno, Wolfgang: Ökonomische Reformen versus Demokratie, in: WeltTrends Nr. 20 (Herbst 1998), S. 127–150.

Sperberg, Jaime: Städtische Armut und Partizipation in Brasilien und Chile, in: WeltTrends Nr. 32 (Herbst 2001), S. 177–195.

Boeckh, Andreas: Wie läßt sich heute lateinamerikanische Außenabhängigkeit diskutieren?, in: WeltTrends Nr. 13 (Winter 1996/1997), S. 146–162.

Fuchs, Ruth: Politik mit der Erinnerung, in: WeltTrends Nr. 37 (Winter 2002/ 2003), S. 55–64.

Vanden Berghe, Kristine, Maddens, Bart: Mexiko: (De-)Konstruktion von Nation und Ethnie im Diskurs der Guerilla, in: WeltTrends Nr. 38 (Frühjahr 2003), S. 99–107.

Friesendorf, Cornelius: Drogen, Krieg und Drogenkrieg, in: WeltTrends Nr. 49 (Winter 2005/2006), S. 47–59.

Raimund Krämer/Armin Kuhn: Militär und Politik in Süd- und Mittelamerika: Thesen, in: WeltTrends Nr. 49 (Winter 2005/2006), S. 11–23.

Bücher

Muno, Wolfgang: Lateinamerika: Linksruck im Schatten der Weltöffentlichkeit – Ein Literaturbericht, in: WeltTrends Nr. 49 (Winter 2005/2006), S. 156–162.

Rezensionen zu

D. Junker u.a. (Hrsg.), Lateinamerika am Ende des 20. Jahrhunderts
WeltTrends Nr. 6

M. Krennerich, Wahlen und Antiregimekriege in Zentralamerika
WeltTrends Nr. 19

P. Bendel. Parteiensysteme in Zentralamerika
WeltTrends Nr. 20

P. Waldmann, Der anomische Staat
WeltTrends Nr. 41

O. Diehl/W. Muno (Hrsg.), Venezuela unter Chávez
WeltTrends Nr. 49

O. Ette, M. Franzbach (Hrsg.), Kuba heute. Politik, Wirtschaft, Kultur
WeltTrends Nr. 36

D. Boris, A. Sterr, FOXtrott in Mexiko
WeltTrends Nr. 41
